A Arte da G

孫家兵法

A Arte da Guerra
Edição Completa

SUN TZU
SUN PIN

Tradução para o inglês, introdução e comentário de

Ralph D. Sawyer

Colaboração de

Mei-chun Lee Sawyer

Tradução a partir do inglês de

Ana Aguiar Cotrim

SÃO PAULO 2016

Título da edição americana: THE COMPLETE ART OF WAR.
Copyright © 1996, Ralph D. Sawyer para a tradução e aparelho crítico americano.
Copyright © 2002, Livraria Martins Fontes Editora Ltda.
Copyright © 2014, Editora WMF Martins Fontes Ltda.,
São Paulo, para a presente edição.

1ª edição 2002
3ª edição 2014
3ª tiragem 2016

Tradução a partir da edição americana
ANA AGUIAR COTRIM

Revisões gráficas
Solange Martins
Flávia Schiavo
Helena Guimarães Bittencourt
Produção gráfica
Geraldo Alves
Paginação
Studio 3 Desenvolvimento Editorial
Projeto gráfico
Katia Harumi Terasaka

Dados Internacionais de Catalogação na Publicação (CIP)
(Câmara Brasileira do Livro, SP, Brasil)

Sun-Tzu
 A arte da guerra / Sun-Tzu, Sun-Pin ; colaboração de Mei-chun Lee Sawyer ; tradução para o inglês, introdução e comentário de Ralph D. Sawyer ; tradução a partir do inglês de Ana Aguiar Cotrim. – 3ª. ed. – São Paulo : Editora WMF Martins Fontes, 2014.

 Título original: The art of war.
 ISBN 978-85-7827-797-0

 1. Arte e ciência militar – Obras anteriores a 1800 I. Sun-Pin. II. Sawyer, Ralph D. III. Sawyer, Mei-chun Lee. IV. Título.

13-13638 CDD-355

Índices para catálogo sistemático:
1. Arte e ciência militar 355

Todos os direitos desta edição reservados à
Editora WMF Martins Fontes Ltda.
Rua Prof. Laerte Ramos de Carvalho, 133 01325-030 São Paulo SP Brasil
Tel. (11) 3293.8150 Fax (11) 3101.1042
e-mail: info@wmfmartinsfontes.com.br http://www.wmfmartinsfontes.com.br

Em memória de Achilles Fang

Índice

Prefácio à edição americana   X
Nota sobre a pronúncia   XVI
Cronologia dos períodos dinásticos aproximados   XVII

Introdução   1

A arte da guerra, de Sun Tzu

1	Estimativas iniciais	49
2	Realizando a guerra	55
3	Planejando ofensivas	61
4	A disposição militar	69
5	Poder estratégico militar	75
6	Vacuidade e substância	81
7	Combate militar	89
8	Nove variações	95
9	Manobrando o exército	101
10	Configurações de terreno	109
11	Nove terrenos	115
12	Ataques incendiários	127
13	Empregando espiões	133
14	Nove configurações e duas questões	139

Métodos militares, de Sun Pin

1	A captura de P'ang Chuan	153
2	Audiência com o Rei Wei	157
3	As indagações do Rei Wei	161
4	T'ien Chi indaga sobre fortificações	169
5	Selecionando as tropas	175
6	Guerra lunar	179
7	Oito formações	185
8	Tesouros do terreno	191
9	A preparação do poder estratégico	195
10	A natureza do exército	201
11	Realizando a seleção	205
12	Matando oficiais	209
13	Expandindo o *ch'i*	213
14	Postos, I	223
15	Fortalecendo o exército	231
16	Dez disposições	235
17	Dez questões	243
18	Ordenando as tropas armadas de cotas de malha	251
19	A distinção entre hóspedes e anfitrião	253
20	Aqueles que excelem	259
21	Cinco nomes, cinco respeitos	263
22	As perdas do exército	269
23	A retidão do general	275
24	A virtude do general	279
25	As derrotas do general	285

26	As perdas do general	289
27	Cidades masculinas e femininas	293
28	Cinco critérios, nove apropriações	301
29	O denso e o difuso	305
30	O heterodoxo e o ortodoxo	311
31	Cinco instruções	319
32	Empregando a cavalaria	325
33	Atacando o coração	329

Índice de conceitos estratégicos e princípios táticos   331

Prefácio à edição americana

Quem conhecer o Tao da família Sun unir-se-á invariavelmente ao Céu e à Terra

Os conceitos e princípios presentes em *A arte da guerra*, de Sun Tzu, há muito célebre, não apenas determinaram o avanço da ciência militar chinesa por dois milênios e meio, como se mantêm importantes ainda nos dias de hoje, sendo encontrados em muitas esferas e com diversas aplicações. Além disso, as implicações desse texto lacônico – assim como, agora, dos *Métodos militares* de Sun Pin – são limitadas somente pela perspectiva e imaginação do leitor. Entre as inúmeras interpretações que existem atualmente no Oriente e, de modo mais restrito, também em países ocidentais, talvez a mais frutífera derive sua utilidade da projeção do pensamento militar em domínios análogos. Naturalmente, os conceitos e táticas fornecem um importante material para a ciência militar em geral, e muitos foram incorporados à doutrina contemporânea de exércitos de todo o mundo, inclusive da marinha americana. O mundo dos negócios e especialmente o *marketing*, há muito considerados campos de batalha e caracterizados em termos de linguagens e táticas militares, configuram os ambientes mais conducentes e frequentemente explorados. Em países asiáticos, entretanto, tornou-se habitual adotar as táticas abstratas e os princípios conceituais dos escritos militares da família Sun para a vida pessoal, desde as mais simples atividades sociais até o desenvolvimento de carreira e as relações com a sociedade de modo mais amplo. Alguns livros aplicam essas percepções fundamentais até mesmo ao mercado de ações, às relações sexuais e à autodefesa, o que fazem, em grande medida, estimulando no leitor a consciência de que diferentes perspectivas e princípios táticos heterodoxos podem ser aplicados nas chamadas situações comuns.

O propósito desta edição é oferecer aos leitores uma versão integrada dos extraordinários escritos militares da família Sun – o famoso compêndio analítico da natureza da guerra de Sun Tzu, conhecido como *A arte da guerra*, e a obra recentemente recuperada de uma tumba da dinastia Han atribuída a seu descendente direto Sun Pin, também intitulada *A arte da guerra*, mas, por conveniência, mais bem identificada como *Métodos militares*. Esta edição integrada difere das nossas edições de volume único anteriores (e da tradução de *A arte da guerra* inclusa na nossa tradução de *Sete clássicos militares*) por unificar e ampliar os comentários aos capítulos, conter um índice de táticas, revisar ligeiramente as traduções para torná-las mais acessíveis à primeira leitura, excluir o material de interesse primordialmente acadêmico, resumir o plano de fundo histórico e eliminar a análise tática das diversas batalhas.

Embora os escritos militares da família Sun permaneçam eminentemente compreensíveis mesmo quando considerados apartados de suas respectivas épocas, um entendimento básico dos principais eventos políticos, das batalhas decisivas e da natureza da guerra nos dois períodos proporciona incomensurável auxílio à compreensão de muitas das mais enigmáticas afirmações encontradas em ambos os escritores. Portanto, para esta edição integrada preparamos uma breve introdução centrada no contexto histórico, que inclui traduções completas das biografias tradicionais dos autores. Ademais, leitores anteriores consideraram os comentários conceituais anexados a cada capítulo, que têm o intuito de explicar as táticas e doutrinas conforme são apresentadas, mais úteis que uma análise longa e exposta em uma introdução geral que os sintetizasse. Optamos, assim, por continuar essa antiga tradição chinesa. Além disso, um extenso índice de conceitos e estratégias foi anexado para facilitar o estudo de tópicos decisivos e táticas cruciais tanto em *A arte da guerra* como em *Métodos militares*. Com a ajuda do material introdutório, juntamente com os comentários aos capítulos e o índice, o leitor não deve encontrar dificuldades em adaptar seletivamente o material de *A arte da guerra* e de *Métodos militares* para as situações apropriadas da vida e dos negócios. Para facilitar esse processo – ainda que evitemos observações que restrinjam demais a resposta imaginativa – são feitas algumas sugestões nos comentários aos capítulos, particularmente para aplicações nos negócios, conforme os temas aparecem. *Essas sugestões têm o intuito de constituir explicações; sua aplicabilidade e propriedade à situação e às atividades do leitor, se as houver, permanecerão de responsabilidade do leitor.* Como esses escritos são produto de atividades militares, seu entendimento primeiro – ou, ao menos, inicial – deve considerá-los como realizados por homens e exércitos na difícil arena do campo de batalha. Somente sobre essa base de entendimento pode-se extrapolar com sucesso seus princípios e projetar as aplicações para o contexto pessoal.

A arte da guerra de Sun Tzu é há muito reconhecida como o tratado militar chinês mais antigo e profundo, sendo todas as outras obras, quando muito, relegadas a um plano secundário. Os tradicionalistas atribuem o livro ao histórico Sun Wu, cujo período de atividade, de acordo com os escritos históricos antigos que o retratam, se inicia aproximadamente em 512 a.C. e percorre os últimos anos do século VI. De acordo com eles, o livro preserva os conceitos estratégicos e princípios táticos de Sun Wu e deve, portanto, ser datado desse período. Ao longo dos tempos, no entanto, estudiosos mais céticos questionaram a autenticidade da obra, citando certas discrepâncias históricas e anacronismos notórios para justificar suas posições. Embora a credibilidade de seus argumentos varie, apenas os mais radicais negam o papel militar de Sun Wu ou questionam sua própria existência. Uma visão ponderada – que leva em conta a natureza evolvente da guerra, a necessidade crescente de especialização militar e burocrática, as personalidades envolvidas, a complexidade da política e a fragilidade do material de que se tem registro – deve realmente concluir que o histórico Sun Wu existiu, e que não apenas serviu como estrategista e possivelmente general, como também compôs o cerne do livro que leva seu nome. Os ensinamentos essenciais foram então transmitidos talvez no interior de sua família ou em uma restrita escola de discípulos, sendo desenvolvidos e revisados com o passar das décadas ao mesmo tempo que ganhavam gradualmente ampla disseminação. O texto inicial pode até mesmo ter sido editado por seu famoso descendente Sun Pin, que também empregou extensivamente seus ensinamentos em seus próprios *Métodos militares* e simultaneamente tornou ainda mais glorioso o nome Sun.

Os escritos militares recentemente descobertos incluem uma cópia parcial de *A arte da guerra*, essencialmente na sua forma tradicional, juntamente com materiais adicionais significativos, como "As questões do Rei de Wu". Nossa tradução, todavia, foi baseada na edição clássica, profundamente comentada, porque ela reflete os entendimentos e visões dos últimos mil anos, as crenças sobre as quais oficiais governamentais e militares fundamentaram suas ações na história real, e que continua a ser a versão mais amplamente divulgada na Ásia. Entretanto, o texto tradicional foi revisado nos trechos em que os materiais tumulares resolvem de maneira diversa as passagens obscuras ou suprem deficiências óbvias, embora o impacto dessas mudanças sobre o conteúdo geral seja mínimo.

Ainda que existam alguns problemas com o próprio texto de *A arte da guerra* de Sun Tzu, *Métodos militares* de Sun Pin é difícil e tortuoso, já que foi reconstruído a partir de centenas de tiras de bambu misturadas e muitas vezes danificadas. Mesmo nessas condições imperfeitas, a obra continua sendo um notável texto de meados do período dos Reinos Combatentes, que presumivelmente incorpora as visões do grande estrategista, cuja atividade em *Ch'i* se deu ao menos de 356 a 341 a.C., e que talvez tenha vivido até o final do século. Uma tradução precisa, como a que se pode encontrar em nossa edição de volume único de *Métodos militares*, indica necessariamente todas as lacunas, as reconstruções baseadas em interposições a partir de passagens paralelas, outras dificuldades e especulações grosseiras. Na expectativa de que os leitores não especializados lerão os *Métodos militares* com maior fluência e interesse se esses problemas forem solucionados, ainda que de modo não definitivo, exceto em alguns poucos casos revisamos o material e ocasionalmente extraímos fragmentos incompreensíveis. Em algumas passagens também acrescentamos pontes até certo ponto especulativas, fundamentadas no aparente propósito do capítulo e em nossas leituras especializadas de obras militares realizadas ao longo das últimas três décadas. Quem desejar pesquisar os originais pode, evidentemente, consultar nossa edição de 1995 de *Métodos militares*, disponível pela Westview Press.

Com respeito à data dos originais de *Métodos militares* e sobre até que ponto a cópia recuperada representa uma versão embelezada ou alterada de alguma outra forma, o livro parece basear-se no pensamento de Sun Pin que, talvez pelo desejo de se igualar a seu famoso predecessor, compôs um esboço ou desenvolveu um núcleo de ensinamentos fixos, que foi, no entanto, compilado e editado por discípulos ou membros da família. Os primeiros quinze capítulos se dispõem em forma de diálogo, comum a outros escritos antigos (como o *Mêncio*), e quase sempre indicam quem fala. A segunda parte do livro pode ter originalmente compreendido extensas discussões sobre temas concretos (como a encontrada no capítulo crucial sobre o heterodoxo e o ortodoxo) que Sun Pin não colocou na forma de diálogo ou que seus alunos simplesmente não formataram desse modo. É óbvio que Sun Pin reuniu discípulos ao longo de sua vida, posto que são mencionados no texto que o questiona sobre suas discussões com Rei Wei e T'ien Chi. Isso sugere, juntamente com outras evidências internas, que seus discípulos devem ter concluído *Métodos militares* no final de sua vida ou o compilado logo após a sua morte, de memória, para preservar o ensinamento do mestre.

Afora o débito abstrato que temos com os muitos estudiosos que trabalharam arduamente e sem cessar nessas obras ao longo dos séculos, gostaríamos de demonstrar nosso reconhecimento pela contínua assistência de Zhao Yong em localizar e obter materiais textuais obscuros. Além disso, beneficiamo-nos amplamente das abrangentes discussões com o Coronel Karl Eikenberry, Bruce I. Gudmundsson, C. S.

Shim, Cleon Brewer, Rob Wadleigh e Guy Baer, aqui e na Ásia. Por seu esforço em tornar esta obra possível, gostaríamos de expressar nosso agradecimento ao pessoal da Westview Press, e em particular a Peter Kracht, editor chefe, e a Kermit Hummel, editor. Somos, também, profundamente gratos a Max Gartenberg por sua sabedoria e otimismo, e a Lee T'ing-jung, que mais uma vez honrou a obra com sua caligrafia.

Ralph D. Sawyer

Nota sobre a pronúncia

Como as nossas visões sobre a ortografia não mudaram, repetimos os mesmos comentários de nossas obras anteriores: infelizmente, nenhuma das duas ortografias comumente empregadas torna fácil a pronúncia dos caracteres chineses romanizados. Cada sistema tem suas inconveniências, e não nos convencemos de que o *qi* do sistema Pinyin é inerentemente mais compreensível para leitores que não têm prática do que o *ch'i* do Wade-Giles, embora não seja menos compreensível que o uso de *j* para *r* do Wade-Giles. Entretanto, como muitos dos termos importantes devam ser familiares e como as traduções anteriores de *A arte da guerra* de Sun Tzu usaram em sua maioria o Wade-Giles, optamos por empregar esse sistema em nossas obras, inclusive nos textos de *A arte da guerra* e *Métodos militares* encontrados nesta edição integrada. Cidades, nomes e livros conhecidos – como Pequim – foram mantidos em sua forma usual, e livros e artigos publicados com nomes e títulos romanizados aparecem também em sua forma original.

Como um guia simples de pronúncia, oferecemos as seguintes notas sobre exceções significativas aos sons que normalmente se esperam:

t, como em *Tao*: sem apóstrofo, é pronunciado como *d*
p, como em *ping*: sem apóstrofo, é pronunciado como *b*
ch, como em *chuang*: sem apóstrofo, é pronunciado como *dj*
hs, como em *hsi*: é pronunciado *sh*
j, como em *jen*: é pronunciado como *r* em inglês

Logo, o nome da famosa dinastia Chou é pronunciado como se se escrevesse "jou" e soa exatamente como o nome inglês "Joe".

Cronologia dos períodos dinásticos aproximados

Período dinástico	*Anos*
Lendários Imperadores Sábios	2852-2255 a.C.
Hsia	2205-1766
Shang	1766-1045
Chou	
Chou Ocidental	1045-770
Chou Oriental	770-256
Primavera e Outono	722-481
Reinos Combatentes	403-221
Ch'in	221-207
Han anterior (Han Ocidental)	206 a.C.-8 d.C.
Han posterior (Han Oriental)	23-220
Seis Dinastias	222-589
Sui	589-618
T'ang	618-907
Cinco Dinastias	907-959
Sung	960-1126
Sung do Sul	1127-1279
Yuan (Mongol)	1279-1368
Ming	1368-1644
Ch'ing (Manchu)	1644-1911

Introdução

SUN TZU E SUA ERA

O período de Primavera e Outono

O estado de Chou, que derrubou legitimamente o decadente Shang para instituir, em 1054 a.C., sua própria dinastia sobre um declarado fundamento de virtude moral e benevolência, estabeleceu sua autoridade enviando grupos do clã real para domínios inimigos ou instáveis. No entanto, em poucas gerações, os Chou começaram a sofrer pressões nômades no norte e oeste; desse modo, a busca por aliados, recursos e força política teve que ser redirecionada para o sul e sudeste. Muitos dos primeiros reis Chou se encarregaram com entusiasmo de campanhas militares para o sul, com resultados diversos, e o Rei Chao, o quinto do reino, até pereceu misteriosamente, levando à acusação tantas vezes repetida de que o estado de Ch'u o havia assassinado. Embora os membros dos clãs governantes emigrassem originariamente para essas áreas com propósitos defensivos, essa ofensiva ao sul passou a ser de natureza essencialmente cultural. Os povos que circundavam os primeiros enclaves de Chou tornaram-se gradualmente achinesados, particularmente enquanto adquiriam um gosto, e em seguida uma necessidade, pelos produtos e tecnologias de Chou. Inúmeros pequenos estados alegavam-se com orgulho descendentes de um ou outro membro da família real de Chou, e a maioria, ao menos nominalmente, aliou-se aos Chou, e posteriormente aos estados mais fortes do norte que emergiram quando o poder de Chou declinou visivelmente.

O período de Primavera e Outono (722-481 a.C.) foi caracterizado por grandes personalidades, intrigas inescapáveis, assassinatos, a progressiva expansão da guerra e o desdobramento de dramas estarrecedores em meio aos quais estados inteiros ascenderam e pereceram, frequentemente aos caprichos de indivíduos dominantes. Testemunhou a ascensão de grandes famílias e seu conflito inevitável, muitas vezes brutal, com a nobreza governante de Chou mais antiga, assim como a emergência destrutiva de sete grandes estados, cada um supostamente capaz de reunir 10.000 carros. No início do século IV, o estado de Chin já havia formado seis exércitos, usurpando claramente a prerrogativa real de Chou, e podia facilmente mobilizar 75.000 homens sempre que necessário. (Esses mesmos seis exércitos, sob o controle de facções rivais, dividiriam por fim o estado, enquanto as seis famílias ministeriais lutavam pela autoridade máxima.) Fundado originalmente pela casa real de Chou, o imponente Chin abdicou então de sua função hegemônica, isto é, de ser o governante de fato, sob o pretexto legitimador de manter o governo de Chou, e coagiu os outros estados a reconhecerem formalmente e mesmo santificarem a função prestigiosa do governo de Chou.

Embora os estados centrais lutassem vigorosamente entre si por supremacia relativa, mantinham em comum um senso de identidade, distinguindo-se deliberadamente das áreas e povos "bárbaros" incivilizados. Por conseguinte, observaram ao mesmo tempo com desdém e ansiedade o rápido desenvolvimento das áreas selvagens do sul, onde os estados de Ch'u (que estimulou de maneira significativa o pensamento de Sun Tzu), Wu (o lar das atividades de Sun Tzu) e Yueh (o inimigo de Wu) se formavam. Também temiam o estado cada vez menos submisso de Ch'in, no coração do antigo território de Chou. O sul não era apenas diferente, mas gozava também de vantagens distintas, entre as quais um clima mais quente e produtivo, recursos aquáticos abundantes e extensos rios, lagos, montanhas e florestas densas. Um bastião natural que frequentemente tornava inúteis as guerras que se utilizavam primordialmente dos carros, o terreno desencorajava invasões pelo norte, ao mesmo tempo que compelia o desenvolvimento das forças navais. Essas forças navais do interior aproveitavam-se das habilidades que os nativos haviam desenvolvido para explorar os rios Yangtze, Han e Huai, os numerosos lagos e os extensos charcos.

O poderoso estado de Wu alegava ser ainda mais antigo que o próprio Chou, fundado supostamente pelo filho mais velho de um antigo antepassado de Chou. Pelo fato de que a maior parte do estado ocupava uma planície aluvial, formada pelo rio Yangtze, Wu possuía apenas pequenas montanhas e carecia de tudo o mais; aproximadamente quinze por cento de sua área era úmida e formada por charcos, rios, lagos e lagoas. (Esses obstáculos naturais provavelmente estimularam Sun Tzu a desenvolver princípios táticos baseados na forma do terreno.) Antes de Sun Tzu assumir sua função consultiva, os estados contíguos de Wu e Ch'u haviam lutado por mais de cinquenta anos. Embora Ch'u fosse inicialmente forte, com o passar das décadas Wu iniciava ações cada vez mais agressivas, forçando Ch'u a empreender *preparações* defensivas massivas, entre as quais a construção de cidades muradas e outras fortificações, que tiveram início aproximadamente em 538 a.C. Wu também beneficiou-se da tendência de Ch'u a reprimir brutalmente povos minoritários e estados menores da região, encontrando facilmente inúmeros aliados e apoio local entre eles. Explorando o senso de identidade comum promovido pelo confronto com um inimigo mútuo, Wu pôde utilizar-se deles para obter apoio material, guias locais e inteligência de campo, um importante elemento na doutrina geral de Sun Tzu.

Por ser um estado jovem, Wu se caracterizava por uma autoconsciência em desenvolvimento, mas ainda assim era em geral governado por líderes dinâmicos, que em grande medida evitavam as armadilhas da extravagância e da decadência. Ao invés de explorar ou esgotar o povo, seus reis promoviam políticas para nutri-lo, aumentar a população e estimular a produtividade. Por consequência, ao longo de suas numerosas campanhas militares, os guerreiros de Wu eram corajosos e enérgicos, suportavam intensas privações e frequentemente transformavam a derrota em vitória. Sua liderança era também mais unificada que em outros estados, talvez por conta da flexibilidade do exército e de sua habilidade para reagir rapidamente. Além disso, já que seus exércitos eram menos numerosos em praticamente todos os confrontos com os exércitos de Ch'u, os líderes de Wu tinham que desenvolver táticas criativas e necessariamente evitar ataques frontais e de força bruta, que poderiam dizimar suas tropas, uma abordagem que se refletiu na ênfase de Sun Tzu nas manobras de guerra e em evitar confrontos diretos com inimigos superiores. Os ataques de Wu acentuavam velocidade e mobilidade, empregavam muitas vezes ardis e estratagemas engenhosos, e concentravam-se em frustrar os planos e movimentos do inimigo – todos princípios cardeais de *A arte da guerra*.

Por outro lado, Wu também montava defesas tão temíveis que os exércitos de Ch'u dificilmente descobririam alguma fraqueza para explorar. Os esforços de Wu anteriores a Sun Tzu exemplificaram claramente e forneceram, talvez, a base histórica para muitos dos principais ensinamentos de *A arte da guerra*, entre os quais: "Subjugar o exército inimigo sem lutar é o verdadeiro ápice da excelência. A estratégia para empregar o exército não é confiar em que o inimigo não virá, mas ter em nossas mãos os meios de esperá-lo. Não confiar em que ele não atacará, mas termos nós uma posição inatacável. Quando alguém excele na defesa, o inimigo não sabe onde atacar. Se não quero travar combate, mesmo que eu simplesmente desenhe uma linha no chão e a defenda, ele não conseguirá fazer-me combater, porque nós frustraremos seus movimentos."

No primeiro ano do reinado do Rei Ho-lu, após alguns anos de preparação, Wu removeu sua capital para Ku-su, perto da moderna Su-chou. A nova capital, erigida no modelo de Chou com muralhas fortificadas internas e externas, evidencia claramente a eficiência da administração burocrática de Wu, bem como seus recursos materiais e capacidade de planejamento. A cidade era imensa, o perímetro de seus muros internos media, de acordo com relatos, 30 quilômetros, e dos externos alcançava 50 quilômetros. Construída às margens do Lago T'ai Hu, situava-se ao longo da primeira seção de uma futura rede de extensos canais que seriam de grande importância para a história chinesa. Desenvolvida aparentemente para transportar grãos e fomentar o comércio, essa primeira seção de canais foi, no entanto, primordialmente estratégica, designada para facilitar o movimento das tropas em direção ao norte.

INTRODUÇÃO

A partir do terceiro ano do reinado de Ho-lu, Wu lançou uma série de ataques quase anuais contra Ch'u, dos quais se saía sempre vitorioso. Com cada ataque, Wu subjugava estados anexados protetorados de Ch'u, os quais por vezes incorporava permanentemente, e outras vezes simplesmente libertava do jugo da dominação. Ao mesmo tempo, Wu procurava assegurar-se de que nenhum dos estados poderosos menores que pudessem organizar um ataque surpresa em sua terra — se se mobilizasse para empreender uma campanha de longo alcance — tivesse seu potencial militar anulado através de ações ofensivas antecipadas. Wu também organizou seu primeiro ataque no conflito longo e por fim fatal com Yueh em 510 a.C.; depois disso, temendo de maneira astuta o grande potencial militar de Yueh, o Rei Ho-lu expandiu e fortaleceu ainda mais as já extensas fortificações com o intuito de abranger toda a população. Em 509 a.C., Ch'u decidiu finalmente tentar um ataque contra Wu, o que apenas o levou a ser afugentado e sofrer a perda de vilas anexas.

Entrementes, Wu adotara deliberadamente uma estratégia de contemporização e estorvo para enfraquecer Ch'u e desvanecer seus recursos. Dividiu suas forças entre três exércitos de campo e enviou um por vez para enfrentar o inimigo, sem se envolver em batalhas prolongadas ou confrontos decisivos. Enfatizava do mesmo modo a mobilidade para efetivar uma campanha de longo prazo, que não tinha apenas objetivos materiais, mas concentrava-se em impedir o comando de Ch'u, semeando a dúvida e a discórdia e frustrando sua liderança até que Ch'u se tornasse simplesmente incapaz de lidar com as ameaças de Wu.

A estratégia de organizar uma campanha saqueadora foi aparentemente escolhida para dar às forças de Wu tempo para descansarem e se recuperarem, bem como para debilitar e enfraquecer o inimigo. Entretanto, a força esmagadora de Ch'u e a natureza em grande parte impenetrável de seu estado também impunham a necessidade de evitar confrontos diretos, que inevitavelmente dizimariam Wu. Desse modo, Wu foi forçado a considerar o emprego do terreno restrito para sua vantagem tática, a dispersar o inimigo, escolher cuidadosamente seus objetivos, concentrar subitamente suas forças onde não se esperava —

todos princípios encontrados em *A arte da guerra* de Sun Tzu, que acentua a segmentação e a reunião, a mudança e a transformação quando necessárias: "O exército se estabelece pelo logro, move-se por vantagem e se transforma através da segmentação e da reunião. Assim, sua velocidade é como o vento, sua lentidão como a floresta; sua invasão e pilhagem como uma fogueira; estático, é como as montanhas. É tão difícil de conhecer quanto a escuridão; em movimento, é como o trovão."

A vida e as realizações de Sun Tzu

O espaço não permite recontar as batalhas anteriores ao aparecimento de Sun Tzu ou analisar a brilhante campanha de 506 a.C. contra Ch'u, embora em praticamente todas Wu tenha tomado a iniciativa, manipulado os exércitos de Ch'u e empregado extensivamente ardis e táticas heterodoxas. A experiência de Wu transformou generais talentosos em comandantes eficientes e unificou os soldados sob um rei que com eles compartilhava de bom grado todas as privações. Ch'u, ao contrário, hostilizava progressivamente seus aliados e estados subordinados dos quais se deveria ter utilizado, debilitava seu povo e caminhava para a autodestruição.

Vestígios da vida dramática de Sun Tzu e de seu envolvimento em eventos de sua época estão preservados em duas biografias similares, uma presente no *Shih Chi*, conhecido por toda a Ásia como a primeira verdadeira história da China e uma obra-prima literária, e outra no *Wu Yueh Ch'un-ch'iu*. O último relata uma versão mais interessante da carreira e das experiências de Sun Tzu:

> No terceiro ano do reinado do Rei Ho-lu, os generais de Wu queriam atacar Ch'u, mas não se realizava nenhuma ação. Wu Tzu-hsu e Po P'i falaram entre si: "Nós alimentamos oficiais e fazemos planos em nome do rei. Essas estratégias serão vantajosas para o estado, e por essa razão o rei deve atacar Ch'u. Mas ele adiou a emissão das ordens e não tem nenhuma intenção de mobilizar o exército. O que devemos fazer?"
>
> Dali a algum tempo, o Rei de Wu perguntou a Wu Tzu-hsu e Po P'i: "Quero enviar o exército. O que achais?" Wu Tzu-hsu e Po P'i responderam: "Gostaríamos de receber a ordem." O Rei de Wu pensava secreta-

INTRODUÇÃO

mente que ambos nutriam uma grande inimizade por Ch'u e estava profundamente temeroso de que eles enviariam o exército para ser exterminado. Ele subiu em sua torre, voltou-se para o vento do sul e se lamentou. Após alguns instantes, suspirou. Nenhum dos ministros entendia os pensamentos do rei. Wu Tzu-hsu percebeu secretamente que o rei não se decidiria e, assim, recomendou-lhe Sun Tzu.

Sun Tzu, cujo nome era Wu, era natural de Wu. Excelia em estratégia militar mas habitava em segredo muito longe da civilização, o que tornava sua habilidade desconhecida das pessoas comuns. Wu Tzu-hsu, ele mesmo culto, sábio e pleno de discernimento, sabia que Sun Tzu podia penetrar e destruir o inimigo. Em uma manhã, quando discutia assuntos militares, recomendou Sun Tzu sete vezes. O Rei de Wu disse: "Já que encontraste uma justificativa para propor esse oficial, quero que ele seja trazido aqui." Questionou Sun Tzu sobre estratégia militar, e a cada vez que ele expunha uma seção de seu livro o rei não se cansava de o louvar.

Extremamente satisfeito, indagou: "Se possível, gostaria de um pequeno teste de sua estratégia militar." Sun Tzu disse: "É possível. Podemos conduzir um pequeno teste com as mulheres do palácio." O rei disse: "De acordo."

Sun Tzu disse: "Gostaria que duas das amadas concubinas de Vossa Majestade atuassem como comandantes de companhia, cada uma para dirigir uma companhia." Ele ordenou que todas as 300 mulheres usassem capacetes e armaduras, que portassem espadas e escudos e que se colocassem em pé. Instruiu-as sobre métodos militares, que de acordo com o tambor elas deveriam avançar, retirar-se, ir à direita ou à esquerda, ou virar-se. Informou-as sobre as proibições e então ordenou: "À primeira batida do tambor deveis todas juntar-se, à segunda batida deveis avançar com suas armas e, à terceira, dispor-se em formação militar." Com isso, todas as mulheres do palácio cobriram suas bocas e riram.

Sun Tzu, então, pegou das baquetas pessoalmente e bateu no tambor, dando as ordens três vezes e explicando-as cinco vezes. Elas riram como antes. Sun Tzu viu que as mulheres riam continuamente e que não parariam. Sun Tzu estava enfurecido, seus olhos de súbito se arregalaram, sua voz soava como um tigre aterrorizante, seus cabelos ficaram em pé sob o quepe e seu pescoço rompeu as borlas laterais. Disse ao Mestre de Leis: "Traga os machados do executor."

Sun Tzu então disse: "Se as instruções não são claras, se não se acredita nas ordens, a falta é do general. Quando já foram instruídas três vezes e as ordens explicadas cinco vezes, se ainda assim as tropas não agem, a falta é dos oficiais. De acordo com as normas de disciplina militar, qual é o procedimento?" O Mestre de Leis disse: "Decapitação!" Sun Tzu então ordenou que as comandantes das duas companhias, as concubinas favoritas do rei, fossem decapitadas.

O Rei de Wu subiu em sua plataforma para observar justamente no momento em que suas amadas concubinas estavam prestes a ser decapitadas. Mandou um oficial descer às pressas com ordens para dizer: "Já sei que o general é capaz de comandar as forças. Sem essas duas concubinas, minha comida não será doce. Seria apropriado não as decapitar."

Sun Tzu disse: "Já recebi minha ordem para exercer a função de general comandante. De acordo com as regras para os generais, quando eu, enquanto general, estou no comando do exército, mesmo se ditares ordens a mim, não tenho que aceitá-las." Fez, então, com que fossem decapitadas.

Bateu novamente o tambor, e as mulheres foram para a esquerda e para a direita, avançaram e se retiraram, e se viraram de acordo com os padrões prescritos sem ousarem um piscar de olhos. As duas companhias estavam em silêncio e não se atreviam a olhar para os lados. Com isso, Sun Tzu anunciou ao Rei de Wu: "O exército já está bem organizado. Gostaria que Vossa Majestade o observasse. Como quer que o desejes empregar, mesmo que o mandes para o fogo e para a água, não apresentará dificuldades. Pode ser utilizado para ordenar Tudo que há sob o Céu."

O Rei de Wu tornou-se repentinamente insatisfeito. Disse: "Sei que exceles no emprego do exército. Mesmo que eu possa com isso tornar-me hegemônico, não há lugar para o colocar em prática. General, por favor dispensa o exército e retorna para onde habitas. Estou relutante em ir adiante."

Sun Tzu disse: "Vossa Majestade só gosta de palavras; não é capaz de compreender sua substância." Wu Tzu-hsu protestou: "Ouvi que o exército é um negócio desfavorável e não pode ser testado de modo irresponsável. Assim, se se forma um exército mas não se vai adiante para lançar um ataque severo, então, o Tao militar não será claro. Ora, se Vossa Majestade procura sinceramente por oficiais talentosos e quer mobilizar o exército para executar o brutal estado de Ch'u, tornar-se hegemônico de Tudo o que há sob o Céu e intimidar os senhores feudais, se não empregar Sun Tzu como seu general, quem poderá vadear o Huai, cruzar o Ssu e atravessar mil quilômetros para travar batalha?"

Com isso, o Rei de Wu rejubilou-se. Fez soar o tambor para convocar o corpo do exército, reuniu as tropas e atacou Ch'u. Sun Tzu tomou Shu, matando dois generais renegados de Wu, os Príncipes Kai-yu e Chu-yung.

O *Shih Chi* resume sucintamente as realizações de Sun Tzu: "A oeste, o rei derrotou o poderoso estado de Ch'u e avançou para Ying. Ao norte, o rei intimidou Ch'i e Chin e manifestou seu nome entre os senhores feudais. Isso se deveu ao poder que Sun Tzu lhe conferiu."

Se a biografia de Sun Tzu é totalmente digna de crédito, pareceria razoável, como alegam os estudiosos tradicionalistas, que as forças militares de Wu lhe tenham sido confiadas para que ele as reorganizasse e treinasse. Está claro, pelo que expressa *A arte da guerra* e outros clássicos militares, que mesmo nesta data remota, aproximadamente 509 a.C., a organização em pequenas unidades, a segmentação, a articulação e a manobra eram objetivos primordiais da preparação militar, e forneciam a base para implementar complexas táticas de batalha, enquanto as forças de infantaria massivas começavam a aparecer, supridas, sempre que viável, por carros para enfrentamentos em terreno aberto. Diferentemente, os exércitos encontrados no norte utilizavam-se principalmente dos carros, secundados pelas forças de infantaria, embora as últimas tenham se tornado o elemento tático central conforme progredia o tempo e desenvolviam-se as táticas durante o período de Primavera e Outono. Na campanha contra Ch'u, que ao final alcançou a capital de Ying, os três exércitos de Wu totalizavam 33.600 soldados de combate altamente disciplinados e bem organizados, capazes de seguir ordens e executar táticas.

Sun Tzu permanece, ele mesmo, um mistério, não só pela ausência de dados históricos nos textos do período considerados autênticos, mas também porque sua vida nunca gerou anedotas e histórias ilustrativas frequentemente encontradas nos períodos subsequentes sobre personagens famosas. Seus antecedentes e história juvenil são completamente desconhecidos e, apesar dos materiais recentemente descobertos, permanece a dúvida de se ele nasceu no estado de Wu ou Ch'i e se ele estudou estratégia militar ou serviu em algum cargo de comando antes de se aventurar a instruir o rei de Wu. O modo dramático como ele ilustrou suas teorias sobre disciplina e organização militar com 300 das concubinas do rei, recebendo, assim, sua nomeação, pode bem ser apócrifo. Embora nunca seja mencionado em nenhum registro como comandante único das tropas, depois que Wu conquistou Ying, a capital de Ch'u, seu nome desaparece por completo. Talvez ele tenha percebido a dificuldade de sobreviver nas instáveis condições políticas de seu tempo, ou temesse ser executado pelo novo rei, Fu-cha'i, após ter-se emaranhado nas constantes tramas políticas, e constituiu um exemplo para as épocas posteriores ao retirar-se para a obscuridade, deixando seu trabalho para trás. Muitas teorias foram propostas de modo altissonante para explicar esse desaparecimento; entretanto, o que há de mais importante entre elas é que a maior parte do crédito que era dele por direito foi atribuída a seu mentor, Wu Tzu-hsu, por ser este mais proeminente e porque sua vida, retrato exacerbado de um contínuo melodrama, fornecia um foco natural para contos de intrigas e retratos de realizações. É notável que alguns estudiosos neguem a própria existência de Sun Tzu e proponham a teoria de que ele e Wu Tzu-hsu se confundiam, eram uma e mesma pessoa.

SUN PIN E SUA ÉPOCA

O período dos Reinos Combatentes

As táticas militares, por se fundarem sobre antecedentes históricos, serem formuladas em termos de conceitos contemporâneos, se centrarem em capacidades reconhecidas e se dirigirem para a realização de objetivos políticos, são inevitavelmente produto de ambientes específicos. A evolução do campo de batalha estimula outros desenvolvimentos, como pode ser visto claramente na influência que o período dos Reinos Combatentes exerceu sobre os *Métodos militares* de Sun Pin, em comparação com *A arte da guerra* de Sun Tzu.

INTRODUÇÃO

O período dos Reinos Combatentes (403-221 a.C.) é adequadamente denominado, posto que testemunhou conflitos quase intermináveis entre os estados feudais sobreviventes que lutavam para se fortalecer através de reformas internas e da anexação forçada de seus vizinhos. Diferentemente do período de Primavera e Outono, em que uma aparência de civilidade e vestígios de comedimento persistiram sob a égide nominal do impotente rei de Chou, durante o período dos Reinos Combatentes o poder passou a ditar de modo exclusivo a política e as relações. Embora quatro entidades poderosas (Chin, Ch'u, Ch'i e Yueh) tivessem dominado o reino no final do período de Primavera e Outono, no início do período dos Reinos Combatentes os poderosos clãs de Chin se separaram, dando origem aos três estados menores, mas ainda temíveis, de Han, Wei e Chao – também conhecidos como os "Três Chin" –, além de remanescentes menores mantidos por pouco tempo pela casa real do antigo Chin. Yueh, na costa leste, iniciou o período como um poder respeitado porque extinguira Wu, mas devido a discórdias internas foi gradualmente subjugado por Ch'u, que completou sua conquista em 306 a.C. Ao norte, Yen emergiu como um estado competente mas relativamente fraco, enquanto Ch'in, que ao final derrotou todos os poderes maiores e exterminou todos os menores restantes, proclamando formalmente a dinastia Ch'in em 221 a.C., desenvolveu agressivamente sua base de poder no território original de Chou desde o começo do século IV.

Quatro dos chamados "sete estados poderosos" da época – Han, Wei, Chao e Ch'i – tiveram uma participação essencial nos eventos que cercavam Sun Pin, ao passo que Ch'in, fortalecendo-se cada vez mais no oeste, lançava perpetuamente uma sombra agourenta sobre os acontecimentos que se desdobravam. Apesar (ou por causa) da incessante guerra, foi uma época de agitação intelectual notável, já que os governantes, muitas vezes sitiados, lutavam vigorosamente para unificar seus estados, impor o controle centralizado e estabelecer a prosperidade material necessária para sustentar longas campanhas militares. Pontos de vista e políticas extremamente diferentes foram adotadas, embora todas elas se centrassem em empregar indivíduos competentes, criar uma administração eficiente, melhorar a agricultura e expandir a capacidade militar através de melhor organização, treinamento e seleção. Diferentemente do período de Primavera e Outono, quando governantes feudais ainda eram suficientemente fortes para não se sentirem ameaçados, no período dos Reinos Combatentes pensadores criativos (como Confúcio) não podiam mais ser ignorados ou meramente tolerados. Na instabilidade deste período, um único indivíduo, como Shang Yang, às vezes ocupava o papel principal na revitalização de um estado moribundo, frequentemente contra uma oposição esmagadora de interesses privilegiados. Em outros casos, uma sucessão de "Méritos" ou uma conjunção propícia de talentos persuadiam um governante a avançar implementando medidas revolucionárias.

A organização militar se fortaleceu consideravelmente no período dos Reinos Combatentes, na medida em que tanto os exércitos em campanha quanto os aquartelados se expandiram. Não foi, entretanto, apenas o aumento numérico, mas principalmente o acentuado desenvolvimento das qualificações básicas e da perícia dos soldados que causaram o maior impacto. O desenvolvimento da infantaria atingiu seu auge, e a cavalaria foi introduzida, embora esta última não se tenha configurado como um fator importante – se é que existiu – nas duas famosas batalhas relacionadas com o nome de Sun Pin, Kuei-ling e Ma-ling. Uma segunda grande diferença com relação ao período de Primavera e Outono foi a imposição do serviço anual e períodos fixos de serviço, em lugar da mera reunião de forças com habilidades medianas para suprir a nobreza guerreira durante mobilizações e treinamentos sazonais apropriados. Os primeiros escritos militares contêm muitas vezes injunções contra a violação das estações, e muitas campanhas históricas foram de fato iniciadas no outono, a estação da morte; mas, quando os enfrentamentos prolongados passaram a requerer de seis meses a um ano, as preocupações relativas às estações se tornaram obviamente discutíveis. Treinamento e disciplina rigorosos passaram a constituir a norma invariável no período dos Reinos Combatentes, sendo os soldados educados não apenas nas técnicas do uso das armas, mas também em inúmeras formações, como as descritas nos *Métodos militares*. Com a articulação, segmentação e capacidade de manobra adquiridas pelas tropas, os generais podiam configurar sua própria disposição no terreno e a disposição do inimigo. Como o período dos Reinos Combatentes progredia e os exércitos de campanha rotineiramente excediam 100.000 homens, a maioria dos estados impôs uma espécie de sistema de responsabilidade mútua em que as recompensas e punições eram severas, e a derrota, a perda de um companheiro ou a covardia eram normalmente punidas com a morte. Naturalmente, a receptividade dos soldados às ordens ainda dependia da dificuldade da tarefa que os confrontava, aliada à severidade de seu comandante. Não é provável, entretanto, que a disciplina fosse lassa em qualquer exército, já que a derrota significava a morte nas mãos do inimigo. Capturar prisioneiros não era mais a prioridade; destruir as forças do inimigo havia se tornado primordial.

No período dos Reinos Combatentes, a infantaria tornou-se a força principal, tomando o lugar dos carros e dos engenhos antiquados e obsoletos usados pelos nobres que conduziam carros. No entanto, as unidades formadas primordialmente pelos carros mantiveram-se significativas, e em terrenos razoavelmente nivelados podiam proporcionar uma força de penetração temível, especialmente quando dispostas contra infantarias posicionadas sem proteção. Pelotões de combate eram designados para apoiar de perto os carros que avançavam, protegendo-os dos ataques laterais da infantaria inimiga, mas também podiam ser destacados para agir como uma força de base independente e suprir os regimentos de infantaria regulares. Dentro dos limites impostos pelo terreno, o comandante podia selecionar e empregar uma combinação adequada de forças de carros, de infantaria e (finalmente) de cavalaria. A mobilidade é historicamente identificada à cavalaria, mas mil carros podiam rapidamente pôr à disposição pelo menos a mesma quantidade de arqueiros, assim como mil guerreiros providos de armas de choque, assumindo que o condutor permanecesse junto a eles. Em ambas as batalhas de Sun Pin contra Wei, as forças desorganizadas de P'ang Chuan precipitaram-se para o campo de batalha, presumivelmente lideradas por seus carros e acompanhadas pela veloz infantaria correndo a pé, para confrontar um inimigo estabelecido e fortalecido por defesas previamente preparadas. Pelo que é exposto em *Métodos militares*, parece que Sun Pin não empregava os carros nem mesmo a cavalaria como uma força móvel no conflito real, mas os dispunha como elementos fixos. Especialmente no terreno mais aberto de Kuei-ling, ele deve ter utilizado os carros como carretas de guerra (talvez como John Zizka) ou construído com eles fortificações temporárias.

A vida e os conflitos de Sun Pin

Praticamente todas as fontes tradicionais identificam Sun Pin como descendente linear de Sun Tzu, embora a relação real deva ter sido em alguma medida menos direta. Muitas árvores genealógicas foram sugeridas, mas são todas reconstruções dúbias que naturalmente ignoram a possibilidade de o próprio Sun Tzu não ter existido. A opinião comumente aceita identifica Sun Pin como neto de Sun Tzu, mas já que mais de um século separa os anos ativos de ambos, "bisneto" ou mesmo "tataraneto" é mais provável. Considerando que Sun Pin deveria ter pelo menos vinte e cinco anos durante o desdobramento da campanha de Kuei-ling, de 354 a 353 a.C., somos levados a uma data de nascimento projetada para aproximadamente 380 a.C., consistente com uma afirmação presente no *Shih Chi*, que o localiza mais de um século depois de Sun Tzu.

Ainda que desfrute de uma biografia conjunta com Sun Tzu no *Shih Chi*, praticamente nada se sabe sobre a vida e as experiências de Sun Pin, afora os incidentes presentes neste relato. Muitas edições populares e acadêmicas publicadas na década passada forneceram biografias de Sun Pin surpreendentemente embelezadas, mas todas derivam essencialmente de inferências baseadas no *Shih Chi* e algumas breves referências existentes em outros escritos associados com o período. A vida e as realizações de Sun Pin foram reprisadas por Ssu-ma Ch'ien, uns dois séculos após a sua morte, do seguinte modo:

> Aproximadamente cem anos após a morte de Sun Tzu surgiu Sun Pin. Sun Pin nasceu entre Ah e Chuan em Ch'i e era um descendente di-

reto de Sun Tzu. Sun Pin havia certa vez estudado estratégia militar junto com P'ang Chuan. P'ang Chuan já servia no estado de Wei, pois que obtivera uma nomeação como um dos generais do Rei Hui. Percebendo que suas habilidades não se igualavam às de Sun Pin, enviou secretamente um emissário para convocar Sun Pin. Quando Sun Pin chegou, P'ang Chuan temeu que ele fosse mais Meritório que ele próprio e o invejou. Manipulando as leis, conseguiu sentenciá-lo à pena de ter seus pés amputados e seu rosto marcado com ferro quente, pretendendo, com isso, mantê-lo escondido, de modo que não fosse visto pelo rei.

Um emissário do estado de Ch'i chegou a Liang, em Wei. Sun Pin, que havia sido banido da corte por conta de sua pena, conseguiu secretamente uma audiência com ele e exerceu sua persuasão. O emissário de Ch'i achou-o extraordinário, e levou-o clandestinamente de volta a Ch'i em sua carruagem. T'ien Chi, general comandante de Ch'i, teve dele uma boa impressão e o tratou como convidado de honra.

T'ien Chi frequentemente apostava de modo excessivo, com os príncipes, em corridas de cavalos encadeadas. Sun Pin observou que a velocidade de seus cavalos não diferia muito da velocidade dos cavalos dos príncipes. Os cavalos tinham três classes: superior, intermediária e inferior. Assim, Sun Pin disse a T'ien Chi: "Meu senhor deveria apostar novamente, porque posso fazê-lo ganhar." T'ien Chi confiou nele e jogou mil moedas de ouro com o rei e os príncipes. Quando se aproximou o momento da disputa, Sun Pin disse: "Ponha seu time inferior de cavalos contra o melhor deles; seu melhor time contra o intermediário deles; e seu time intermediário contra o inferior deles." Quando os três times competiram, T'ien Chi perdeu uma corrida, mas venceu duas, de modo que, ao final, ganhou as mil moedas de ouro do rei. T'ien Chi, então, apresentou Sun Pin ao Rei Wei. O Rei Wei o indagou sobre questões militares e o nomeou estrategista.

Depois disso, o estado de Wei atacou Chao. Chao estava extremamente pressionado e requisitou auxílio de Ch'i. O Rei Wei de Ch'i queria nomear Sun Pin como general comandante, mas Sun Pin recusou respeitosamente, dizendo: "Não é possível para um homem que foi mutilado por punição." Desse modo, o rei nomeou T'ien Chi general comandante e Sun Pin estrategista. Sun Pin viajou em uma carruagem fechada, fazendo planos durante o trajeto.

T'ien Chi queria levar o exército para Chao, mas Sun Pin disse: "Ora, quem pretende desembaraçar fios confusos e emaranhados não lhes bate com os punhos cerrados. Quem pretende separar dois combatentes não os ataca com uma alabarda. Enquanto eles se opõem frontalmente, deve-se atingir suas vacuidades. Nesse caso, sendo suas disposições contrárias mas seu poder estratégico bloqueado, a dificuldade se resolverá por si mesma. Já que Wei e Chao estão se atacando, as tropas ligeiras e os soldados de elite de Wei devem estar, pois, certamente dispostos fora de seu estado, permanecendo no interior deste apenas os fracos e os velhos. Não seria melhor conduzir as tropas em uma marcha vigorosa a Ta-liang, ocupando suas estradas e atacando seus pontos recém-evacuados? Eles certamente deixarão Chao com o intuito de salvar a si mesmos. Assim, com um movimento nós libertaremos Chao de seu cerco e colheremos os benefícios da exaustão de Wei." T'ien Chi seguiu seu plano, e Wei de fato abandonou Han-tan, travando uma batalha com Ch'i em Kuei-ling. Ch'i destruiu extensivamente o exército de Wei.

 Treze anos mais tarde, Wei e Chao atacaram o estado de Han. Han relatou a Ch'i o quão extrema era sua situação. Ch'i ordenou que T'ien Chi tomasse o comando e avançasse, dirigindo-se diretamente a Ta-liang. Quando o General P'ang Chuan de Wei ouviu sobre a ida de T'ien Chi a Ta-liang, abandonou seu ataque a Han e embarcou de volta. O exército de Ch'i já havia passado e se dirigia para o oeste. Sun Pin disse a T'ien Chi: "Os soldados dos Três Chin (Han, Wei e Chao) são rudes, destemidos e corajosos, e dão pouca importância a Ch'i. Ch'i tem sido designado de maneira covarde. Quem excele na guerra confia em seu poder estratégico e percebe as vantagens de se conduzir o inimigo para onde se quer. Como aponta *A arte da guerra*, 'Aquele que correr 100 quilômetros procurando obter vantagem sofrerá a destruição de seu principal general; aquele que correr 50 quilômetros procurando obter vantagem chegará com apenas a metade de seu exército.' Faz com que nosso exército de Ch'i, ao adentrar as fronteiras de Wei, acenda 100.000 fogueiras de cozinhar. Amanhã 50.000, e novamente depois de amanhã acenda 30.000 fogueiras."

 P'ang Chuan, passados três dias, disse com grande exaltação: "Agora sei realmente que o exército de Ch'i está apavorado. Estão em nosso território há apenas três dias, mas mais da metade dos oficiais e soldados desertaram." Com isso, ele abandonou sua infantaria e cobriu o dobro da distância que normalmente se percorre em um dia apenas com as unidades ligeiras e de elite, em direção ao local onde se encontrava o exército de Ch'i. Sun Pin, estimando sua velocidade, calculou que eles chegariam a Ma-ling ao anoitecer.

A estrada para Ma-ling era estreita e ladeada por numerosos barrancos e ravinas, onde as tropas podiam ser dispostas para realizar emboscadas. Lá, cortou a casca do tronco de uma grande árvore até que se mostrasse branco e nele escreveu: "Pang Chuan morrerá sob esta árvore."

Ordenou então que 10.000 hábeis besteiros esperassem em emboscada em ambos os lados, e os instruiu: "Ao anoitecer, quando virdes um fogo, subi e atirai todos juntos." À noite, Pang Chuan realmente chegou ao local em que se encontrava a árvore descascada. Viu o tronco branco com o escrito, bateu uma pedra e acendeu uma tocha. Não tinha ainda acabado de ler a mensagem quando 10.000 besteiros atiraram em massa. O exército de Wei desmoronou-se em caos e desordem coletiva. Pang Chuan percebeu que sua sabedoria estava esgotada e seu exército derrotado, e assim cortou sua própria garganta, dizendo: "Instituí essa fama de estúpido!" Ch'i, então, se aproveitou da vitória para destruir completamente seu exército e retornar com o Príncipe Shen de Wei como prisioneiro. Por essa razão, o nome de Sun Pin se tornou conhecido por todo o reino, e as gerações transmitiram seus *Métodos militares*.

Essa comovente biografia sem dúvida encontrou fortes ecos em Ssu-ma Ch'ien, posto que ambos haviam sofrido a humilhação da punição corporal, ainda assim sobrevivendo para adquirir fama e grandeza.

Não se mencionam papéis importantes de T'ien Chi e Sun Pin nos negócios governamentais ou militares de Ch'i após a batalha de Ma-ling, embora sua reputação anterior tenha se difundido até nos estados inimigos. Dado que os *Métodos militares* contêm referências a batalhas subsequentes à de Ma-ling, mas não posteriores à virada do século, há uma pequena possibilidade (assumindo que essas referências não foram simplesmente adicionadas por discípulos) de que Sun Pin tenha vivido até aproximadamente 305 ou 300 a.C., quando estaria perto dos oitenta anos. Entretanto, faltam igualmente evidências para determinar se ele exerceu continuamente a função de conselheiro tático ou permaneceu na obscuridade do retiro.

CONCEITOS E PRINCÍPIOS NOS ESCRITOS MILITARES DA FAMÍLIA SUN

A arte da guerra de Sun Tzu, da maneira como foi transmitida através dos anos, consiste em treze capítulos de diferentes extensões, cada um aparentemente centrado em um tópico específico. Embora a maioria dos estudiosos chineses contemporâneos de questões militares continuem a caracterizar a obra inteira como um todo orgânico marcado pela progressão lógica e pelo desenvolvimento dos temas do início à conclusão, relações óbvias entre passagens supostamente conectadas são frequentemente difíceis de determinar, ou simplesmente não existem. No entanto, os principais conceitos geralmente recebem tratamento frequente e consistente ao longo do texto, o que corrobora a atribuição do livro a uma única pessoa ou uma escola de pensamento bem integrada.

Como *A arte da guerra* é uma obra extraordinariamente lúcida, mesmo que sintética e às vezes enigmática, apresentaremos aqui apenas uma mínima introdução, complementada por um extenso índice dos principais conceitos, princípios e táticas. Ao contrário, como *Métodos militares* de Sun Pin é extremamente fragmentado e as passagens recuperadas tendem a enfatizar questões concretas em lugar de princípios gerais, será útil um breve resumo dos principais conceitos e táticas fundamentais, juntamente com comentários um pouco mais extensos aos capítulos. Embora permaneça a discordância quanto a considerar cada metade de *Métodos militares* uma obra individual, a análise que se segue trata todos os trinta e um capítulos originais como uma única obra, o produto, senão do próprio Sun Pin, da escola de pensamento de Sun Pin. Ademais, como ele baseou a maioria de seus conceitos e muitas de suas táticas em *A arte da guerra* de Sun Tzu, os comentários individuais fornecem mais explicações sobre seus respectivos pontos de vista.

Fundamentos

A guerra como a empresa essencial do estado

Como já foi mencionado, na época de Sun Tzu, a prática e o escopo da guerra haviam se desenvolvido suficientemente para pôr em risco a existência de praticamente todos os estados, tanto grandes quanto pequenos. Muitos já haviam perecido; inúmeras famílias governantes haviam sido dizimadas e seus povos subjugados; outros sobreviveram, embora enfraquecidos e somente através de habilidosas manobras políticas e submissão servil. Por conseguinte, em meio ao tumulto do final do período de Primavera e Outono, Sun Tzu percebeu que mobilizar a nação para a guerra, conduzir o exército para a batalha e arriscar a destruição do estado só poderiam ser empreendidos com o máximo de sobriedade. As palavras com que inicia *A arte da guerra* enfatizam sua importância decisiva: "A guerra é a empresa essencial do estado, a base da vida e da morte, o Caminho para a sobrevivência ou a extinção. Deve ser profundamente ponderada e analisada."

Diferentemente de incidentes históricos em que os reis conduziam as tropas à batalha apenas por divertimento, ou das políticas propostas pelos Legalistas, nas quais as medidas militares são vistas simplesmente como mais um modo de ampliar a riqueza e a prosperidade do estado, Sun Tzu enfatizava que não se deve empreender a guerra senão quando o estado é ameaçado. Além disso, nunca se deve permitir que a precipitação, o medo de ser rotulado como covarde e emoções pessoais, tais como exasperação e ódio, influenciem adversamente o estado e determinem a tomada de decisão. O exército não pode ser simplesmente lançado a um confronto, impulsionado para a guerra ou mobilizado sem necessidade. Ao contrário, caso se veja ameaçado, mas incapaz de organizar uma reação vitoriosa, deve-se exercitar a moderação enquanto se tomam medidas para assegurar que o exército não possa ser derrotado.

Sun Pin também acreditava que a guerra era de suma importância, decisiva para a sobrevivência de um estado no ambiente predatório do período dos Reinos Combatentes. Além disso, talvez em reação às atividades expansionistas e às novas visões políticas que defendiam a organização de campanhas agressivas em busca de lucros, *Métodos militares* enfatiza da mesma forma que as guerras não devem ser empreendidas senão quando são inevitáveis, nunca devem ser levadas a cabo por prazer ou lucro. Entretanto, depois de ponderar sobre o curso da história humana e a natureza semelhante do homem e dos animais, Sun Pin concluiu que o conflito surgira nas névoas da antiguidade, era inerente à condição humana e permanecia inevitável. Apesar dos enormes esforços, os choques armados continuaram a se intensificar, porque a Virtude, ainda que essencial e fundamental (como sugeriram os confucianos), mostrou-se incapaz de controlar o mal até mesmo no período dos lendários Imperadores Sábios, os incomparáveis paradigmas de perfeição da China. O corolário dessa ênfase existencial na guerra é evitar conflitos debilitadores que viciem o estado e talvez criem oportunidades de fácil exploração por parte de terceiros. Grande parte do segundo capítulo de Sun Tzu, "Realizando a Guerra", é dedicada à argumentação contra a guerra prolongada, já que suas consequências econômicas se tornam rapidamente drásticas. Ademais, guerras prolongadas desgastam as energias do estado e minam o desejo de lutar (como o conflito do Vietnã fez com a América), mesmo quando o povo está de acordo com o governante. Outros escritores da era dos Reinos Combatentes fizeram eco ao tema de Sun Tzu, todos espelhando sua ênfase na rapidez e na decisão – um fundamento essencial para todas as suas táticas –, embora muitos, inclusive Sun Pin, transfiram suas máximas sobre a guerra prolongada para os conflitos frequentes, evidenciando que numerosas batalhas, mesmo vitoriosas, ao final esgotam tanto o exército quanto o estado e culminam inevitavelmente em desastre.

Na base da formidável estratégia de Sun Tzu – e daquelas de praticamente todos os escritores militares que vieram em seguida, incluindo Sun Pin – está a afirmação de que o estado deve nutrir uma população próspera e contente cuja lealdade espontânea a seu governante seja inquestionável. Essa noção é de fato a única lição do texto tumular intitulado "As questões do Rei de Wu", em que Sun Tzu conclui que as facções que cobram de seu povo o menor imposto possível, e desse modo estimulam a prosperidade econômica, prevaleçam no conflito fatal que ocorria então no poderoso estado de Chin. Mais tarde, Sun Pin aconselhou sugestivamente ao Rei Wei que sua primeira política deveria ser enriquecer o estado e depois disso fortalecer o exército.

Inteligência, análise e planejamento acurados

Ao longo do livro, a abordagem de Sun Tzu é minuciosamente analítica, propondo um planejamento cuidadoso e a formulação de uma estratégia geral antes do início de uma campanha. Em consonância com sua ênfase na necessidade de racionalidade e autocontrole, Sun Tzu priorizava a exigência de evitar todos os confrontos não erigidos sobre uma análise extensa e concreta da situação geral, incluindo as opções de combate e as próprias capacidades. Em uma de suas postulações mais famosas, Sun Tzu disse: "Aquele que conhece o inimigo e a si mesmo não correrá perigo algum em cem enfrentamentos."

Cálculos detalhados eram efetuados, aparentemente, no templo ancestral antes da mobilização para uma campanha, e é provável que avaliações similares mais específicas fossem feitas pelo comandante antes de fazer frente a um exército inimigo no campo. Apesar de serem realizados no templo ancestral, esses procedimentos não eram divinatórios, mas sim baseados, provavelmente, em estimativas quantificadas que atribuíam sistematicamente valores numéricos para a força de aspectos objetivamente examinados de ambos os lados, como se vê no Capítulo 1, "Estimativas iniciais". Algumas categorias inter-relacionadas, estreitamente conectadas e mutuamente definidas para analisar a força e a prontidão do inimigo – como Céu e Terra, prosperidade ou pobreza, unidade ou desunião, governo competente ou fraqueza, ordem ou desordem social e outros indicadores de força econômica e militar –, podem ser abstraídas de *A arte da guerra*. Avaliações anteriores à batalha verificadas numericamente, como respectivamente muito ou pouco; quanto à força, como poderoso ou fraco; quanto à disciplina, como bem treinado ou lasso; e vários indicativos de competência em comando e controle. As táticas para a batalha propriamente dita devem ser concebidas em termos de capacidades ofensivas ou defensivas; avançar e retroceder; o heterodoxo e o ortodoxo. O estado relativo de prontidão deve ser determinado pela análise de pares tais quais esfomeado ou saciado, exausto ou descansado, organizado ou desordenado, amedrontado ou confiante, frio ou calor, úmido ou seco, lasso ou alerta. Sempre que, após terem sido ajustados adequadamente para um impacto proporcional, os cálculos indicavam que um inimigo levava uma clara vantagem, o governante deveria suspender a guerra. Do mesmo modo, os comandantes de batalha deveriam evitar essas forças inimigas, assumindo uma postura defensiva e concebendo táticas que convertessem em fraqueza a superioridade do inimigo, como perseguir os descansados até que se encontrem exaustos, ou forçar os que estão unidos a se separarem.

Sun Tzu também acreditava que reunir inteligência militar deveria ser uma atividade engajada e contínua, explorando todos os possíveis canais para adquirir conhecimento sobre o inimigo. Naturalmente, os comerciantes, embora ainda limitados no período de Primavera e Outono, deveriam fornecer inteligência comercial valiosa sobre as colheitas, metalurgia e outras indústrias de potencial importância militar, enquanto os diplomatas forneceriam avaliações sobre a situação geral. Mais tarde, no período dos Reinos Combatentes, persuasores peripatéticos forneceriam até mesmo conhecimento detalhado sobre defesa e outros aspectos. Fontes abertas podiam apenas descrever o visível, não, porém, o invisível – planos, segredos militares, a ambição do governante, a personalidade de oficiais-chave, o caráter dos generais. Por conseguinte, em "Empregando espiões", o primeiro capítulo da história sobre espionagem, Sun Tzu defendia firmemente o emprego judicioso de espiões, categorizando-os de acordo com a função e indicando as bases da interpretação e do controle.

Em uma famosa passagem, Sun Tzu afirmou: "O meio pelo qual governantes sábios e generais sagazes se moveram e conquistaram outros, pelo qual suas realizações ultrapassaram as massas, foi o conhecimento acurado." Essa sentença sintetiza a visão que Sun Tzu tinha da guerra e o distingue de muitos outros líderes políticos e militares his-

INTRODUÇÃO

tóricos que de modo ignorante conduziram seus estados à batalha. Como ele postulou em "Combate militar": "Quem não conhece os planos dos senhores feudais não pode fazer alianças previamente. Alguém que não está familiarizado com montanhas e florestas, gargantas e desfiladeiros, com a forma dos charcos e pantanais, não pode fazer avançar o exército. Quem não lança mão de guias locais não pode obter vantagens do terreno." Textos militares posteriores, como *Métodos militares*, evidenciam a necessidade de reunir inteligência militar e política, e mesmo de empregar espiões, como essencial para os preparativos anteriores à campanha, mas principalmente como afirmação de um fato ou como simples lembrança, não com a intensidade que se encontra em *A arte da guerra*.

Métodos e objetivos estratégicos

Sun Tzu, que considerou a guerra de um modo um pouco mais transcendente que os escritores posteriores, acreditava que o primeiro objetivo deveria ser derrotar o inimigo sem realmente travar combate, realizando desse modo o ideal da vitória completa: "A mais alta realização da guerra é atacar os planos do inimigo; depois atacar suas alianças; em seguida atacar seu exército; e a mais baixa é atacar suas cidades fortificadas. Assim, quem excele em empregar a força militar subjuga os exércitos dos outros povos sem travar batalha, toma as cidades fortificadas dos outros povos sem as atacar e destrói os estados dos outros povos sem lutas prolongadas. Deve lutar sob o Céu com o propósito primordial da preservação. Desse modo suas armas não se embotarão e os ganhos poderão ser preservados. Essa é a estratégia para planejar ofensivas."

Sempre que possível, a vitória deve ser alcançada através da coerção diplomática, interrompendo as alianças do inimigo, baldando seus planos e frustrando suas estratégias. O governo só deve recorrer ao combate armado se alguém ameaça com uma ação militar ou se recusa a ceder sem ser brutalizado. Mesmo quando exercendo a opção militar, toda campanha deve se esforçar para obter o máximo de resultados com o mínimo de exposição, evitando o quanto possível infligir e sofrer destruição.

Na visão de Sun Tzu, medidas defensivas são também agressivas, porque asseguram que a força do exército será suficiente para triunfar nas situações em que outras técnicas, incluindo o ardil, não puderem ser implementadas com eficácia: "Quem não pode ser vitorioso assume uma postura defensiva; quem pode ser vitorioso ataca. Nessas circunstâncias, assumindo a postura defensiva, a força será mais que suficiente, ao passo que em ações ofensivas seria insuficiente. Aqueles que excelem na defesa se enterram além das mais baixas profundezas da Terra. Aqueles que excelem no ataque se movem acima das mais elevadas alturas do Céu. Assim são capazes de se preservar e alcançam a plena vitória." Em consonância com essas crenças, Sun Tzu observou: "O exército vitorioso primeiro realiza as condições para a vitória e só depois procura travar batalha. O exército derrotado luta primeiro e só depois procura a vitória." Obviamente, seu dito era dirigido aos generais que, tendo assumido o manto do comando, atiravam-se precipitadamente para a batalha, que lutavam sempre que confrontados por uma força inimiga e assim colocavam em risco não apenas suas próprias tropas, mas também o estado.

Comando e controle

O comandante

Como o comandante em chefe controla o destino do estado, tanto Sun Tzu quanto Sun Pin discutiram amplamente suas qualificações, enumerando qualidades e habilidades decisivas e identificando habilidades e fragilidades. Essas discussões, juntamente com asserções em ambos os textos em favor da independência necessária do comandante uma vez em campo, fornecem evidências claras da elevação e do *status* dos generais profissionais, embora os governantes também devessem possuir essas qualidades, seja quando simplesmente regiam o estado, seja quando atuavam como comandantes de seus próprios campos de batalha.

Todos os escritos militares e filosóficos que propõem combinações ideais de traços para comandantes enfatizam coragem e sabedoria. O capítulo intitulado "Estimativas iniciais" de *A arte da guerra* identifica as seguintes características como requisito para qualquer general: sabedoria, credibilidade, benevolência, coragem e retidão. Os comentadores tradicionalmente salientam a precedência da sabedoria em relação à coragem, ainda que Sun Tzu em nenhum momento justifique essa prioridade. No entanto, posicionar a sabedoria como fundamental concorda plenamente com a importância atribuída aos cálculos, conhecimento e perícia tática ao longo do livro. Ao contrário, Sun Tzu nunca comentou o papel da coragem senão para condenar generais obcecados por um compromisso de morte.

Relacionar os traços e habilidades importantes com as fraquezas especificamente mencionadas em *A arte da guerra* resulta em um retrato completo de um bom comandante. Ao lado das qualidades positivas listadas acima, o general deve ser culto, habilidoso na análise e despreocupado com a fama e a punição. Ele considera primeiro o exército e é calmo, obscuro, impenetrável, disciplinado, esperto e inventivo. Seus talentos formam um todo coeso. Em oposição, um general fraco é estúpido. Brutaliza e teme as massas, não é rigoroso, ama o povo, é comprometido com a vida, incapaz de compreender o inimigo e obcecado pela obtenção de fama. Ademais, é arrogante, se exaspera com facilidade e age precipitadamente. Segue-se naturalmente que a ausência das qualidades desejáveis ou a presença de seus opostos constituem defeitos sérios que os comandantes inimigos deliberadamente procurarão e explorarão. Textos militares subsequentes discutem, dessa forma, numerosas deficiências de caráter e traços exploráveis, inclusive virtudes que vieram a se tornar excessivas e assim desequilibradas, tanto em comandantes quanto em governantes, e sugerem meios concretos de os investigar sistematicamente e com isso torná-los vantajosos.

Finalmente, os comandantes e governantes devem cultivar a Virtude, a retidão e outros aspectos da destreza de governo e comando e assim obter *Te*, o poder pessoal abrangente necessário para intimidar o reino e seus subordinados. Esses e outros temas de qualificação idônea são apenas brevemente mencionados em *A arte da guerra*, nunca constituindo temas centrais ou desenvolvidos como em tantos outros escritos, inclusive *Métodos militares*. Na época de Sun Pin, entretanto, pelo fato de que o general comandante não apenas controlava o poder militar que decidia em última instância a sorte de um reino, mas também devia formular estratégias e executar táticas complexas durante longas campanhas, como as de Kuei-ling e Ma-ling, os governantes eram forçados a ter um cuidado ainda maior na avaliação de candidatos para a posição. Sem dúvida a lealdade se tornou primordial porque, uma vez disposto em campo, no comando direto de tropas cada vez mais leais, um general descontente ou ambicioso poderia facilmente se rebelar ou transferir sua fidelidade a autoridades inimigas. O rei correria, assim, duplo risco, na mesma proporção em que conduzisse suas melhores tropas para o campo.

De acordo com as indicações encontradas em muitos capítulos de *Métodos militares*, o general comandante, assim como praticamente qualquer oficial que exerça autoridade sobre unidades militares, deve ser qualificado por características pessoais, inteligência, conhecimento e habilidade de comando. Deve ser um homem de Virtude em todos os sentidos: benevolente, corajoso, justo, incorruptível e cuidadoso. Ao lado disso, deve não apenas manifestar qualidades positivas, mas também estar livre de inúmeros defeitos de caráter que podem levar as campanhas ao fracasso ou ser facilmente explorados, como arrogância, avareza, frivolidade, covardia, indecisão, preguiça, lentidão, brutalidade, egocentrismo, sublevação, descuido, dúvida, irritabilidade e depressão.

A inteligência, o conhecimento (adquiridos através do estudo e da experiência) e a sabedoria para fazer avaliações adequadas eram também requisitos mínimos. Além disso, acreditava Sun Pin, um bom general tinha que estar de posse e exercer habilidades suficientes de comando e controle para que o exército fosse unido, disciplinado, submisso e determinado. Devia ser imponente para evocar respeito e obediência, mas não brutal; tratar bem os homens, evidenciando preocupação, mas sem os fazer perder seu espírito marcial; e eliciar grande esforço sem esgotar o exército. Tinha que ser confiante, de modo que o povo pudesse confiar em suas ordens, e decidido, mudando apenas raramente seus comandos ou direções.

INTRODUÇÃO

Finalmente, tanto Sun Tzu quanto Sun Pin afirmaram inúmeras vezes que o general comandante, uma vez nomeado, deve não apenas gozar de total confiança do governante, mas também obter o poder de autoridade absoluta para conduzir os assuntos militares unicamente de acordo com seu próprio juízo. O governante jamais deve interferir e aos altos oficiais do governo não deve ser permitido desafiar as ordens do comandante. Naturalmente, oficiais subordinados só questionariam seus julgamentos e ordens sob pena de morte.

Selecionando, treinando e controlando as tropas

A época da qualificação dos homens para o serviço militar baseada em padrões cada vez mais severos é comumente identificada ao brilhante general Wu Ch'i, que atuou em Wei nos finais do século V, aproximadamente em meados do período que separa Sun Tzu e Sun Pin. Como Sun Tzu praticamente não se pronuncia sobre qualificações (exceto relativas aos comandantes), organização e treinamento, os escritos de Wu Ch'i provavelmente refletem tendências que haviam se tornado perceptíveis nos estados mais fortes no século decorrente. Em 350 a.C., Sun Pin aparentemente assumia que os soldados deveriam ser ao menos minimamente qualificados para o serviço militar, embora também enfatizasse o emprego de unidades de elite compostas de homens selecionados para as tarefas decisivas de encabeçar ataques e formações de penetração. Além disso, apesar de salientar a necessidade de ganhar as massas, já que podiam fornecer os meios para a vitória, Sun Pin depreciava o papel exclusivo de um grande número, acreditando que não se pode confiar em massas destreinadas para o sucesso. Para que sejam eficazes, dizia ele, as tropas devem ser controladas, motivadas e moldadas de modo que componham uma força unificada em que todas as unidades individuais cooperem e sustentem umas às outras. No entanto, a tarefa de extrair a vitória geralmente recai sobre forças selecionadas e determinadas.

Ao longo dos períodos de Primavera e Outono e dos Reinos Combatentes, repletos de ameaças à vida e à existência, além da organização hierárquica imposta às tropas juntamente com as várias formas de responsabilidade mútua que mantinham (ou atavam) os membros de cada esquadra inextrincavelmente juntos, o principal método de controle era a implementação rígida de sistemas de recompensa e punição. Embora tanto Sun Tzu quanto Sun Pin tenham certamente aderido às crenças contemporâneas sobre a necessidade e a eficácia desses sistemas, de uma doutrina completamente formulada são vistos apenas os contornos, em umas poucas afirmações presentes em *A arte da guerra* e *Métodos militares*. Sun Tzu menciona o poder e a importância das recompensas na motivação dos homens no campo de batalha e dos espiões em território estrangeiro em não mais que três ou quatro passagens. As punições recebem um tratamento ainda mais breve, mas como parte de uma passagem muito conhecida que enfatiza que elas podem ser aplicadas apenas depois de constituída uma base emocional: "Se impuseres punições às tropas antes que se tornem afeiçoadas, elas não serão submissas. Se não forem submissas, serão difíceis de empregar. Se não impuseres punições depois que as tropas se tornarem afeiçoadas, elas não poderão ser utilizadas."

Sun Pin deixou o Rei Wei estarrecido ao sugerir que as recompensas não configuram uma questão importante; no entanto, claramente atribuiu a elas um papel maior na motivação dos homens, pois que fazem com que se esqueçam da morte e entrem na batalha de bom grado. Ademais, aparentemente aderiu à ideia de que a excessiva riqueza material na sociedade reduziria o efeito das recompensas, embora sua visão econômica não seja clara, uma vez que também salienta como uma doutrina fundamental o enriquecimento do estado. As punições, ao contrário, tornam possível incutir a ordem e compelem os homens a obedecer comandos odiosos simplesmente por temerem os poderes punitivos de seus superiores. Claramente, as punições que ele tinha em mente eram severas, apesar de não discutir amplamente sua psicologia. Em todos os casos, as ações requeridas deviam ser razoáveis para motivar os homens a realizá-las e com isso colher os incentivos das recompensas, ao passo que a implementação conjunta de recompensas e punições tinha que ser metódica, clara e justa.

A psicologia de Ch'i *ou espírito*

Sun Tzu frequentemente discutia o problema essencial do comando: forjar uma organização claramente definida no controle de tropas completamente disciplinadas e bem-ordenadas. O elemento decisivo é o espírito, tecnicamente conhecido como *ch'i*, o pneuma ou a energia vital essencial. O conceito de *ch'i* tem sido há muito fundamental para inúmeros aspectos do pensamento chinês, que variam da metafísica à medicina, da ciência à religião. Uma visão popular é a de que o caracter para a palavra representava originalmente os vapores que emanavam do arroz enquanto era cozido e, desse modo, simbolizava a nutrição em todos os sentidos. *Ch'i* é o fundamento e a base da coragem, o espírito vital dirigido pela vontade e pela intenção. Como Sun Tzu mostra em *A arte da guerra*, quando os soldados forem bem treinados, descansados, adequadamente alimentados, vestidos e equipados, se seus espíritos estiverem despertos, lutarão vigorosamente. No entanto, se as condições físicas e materiais tiverem amortecido seus espíritos, se houver algum desequilíbrio na relação entre o comando e as tropas, ou se por alguma razão eles tiverem perdido sua motivação, serão derrotados.

Inversamente, o general comandante deve manipular a situação para evitar o inimigo quando seus espíritos estiverem fortes, como no início do dia, e explorar qualquer oportunidade apresentada por seu enfraquecimento, atacando quando eles não se sentem mais inclinados a lutar, como no momento em que estão prestes a retornar ao acampamento. Guerras prolongadas só podem levar ao esgotamento; portanto, um planejamento cuidadoso que garanta a execução rápida de uma campanha é primordial. Certas situações – como ser impelido a um terreno fatal onde se deverá travar uma batalha desesperada – conduzem inerentemente à eliciação dos maiores esforços do exército, enquanto outras debilitam, são perigosas e até fatais, e devem ser escrupulosamente evitadas. Ainda que as recompensas e punições forneçam as bases do controle, deve-se fazer todo o esforço para promover e manter a atitude genuína de desejo e compromisso. Do mesmo modo, todo estímulo prejudicial, como agouros e rumores, deve ser proibido.

A psicologia motivacional de Sun Pin é igualmente fundada em uma psicologia do *ch'i* e totalmente consistente com as análises e opiniões de Sun Tzu. Embora as recompensas fossem o principal método de estímulo dos homens no período dos Reinos Combatentes, Sun Pin dedica um capítulo inteiro – "Expandindo *Ch'i*" – para explicitar os passos motivacionais exigidos para preparar psicologicamente um exército para a batalha. Embora outros textos discutam *ch'i* e uma psicologia de *ch'i* possa ser construída a partir de muitos deles, a extraordinária análise passo a passo de Sun Pin permanece única.

Métodos e estratégias importantes de guerra

O ardil e o informe

O pensamento militar de Sun Tzu foi muitas vezes identificado erroneamente como apenas "logro e ardil", tanto na China como no Ocidente, pelo fato de defender vigorosamente seu emprego para a obtenção dos objetivos militares. Por essa razão foi frequentemente desprezado pelos literatos, mas seguido de perto por escritores militares posteriores, inclusive Sun Pin. Apesar de muitas das táticas propostas por Sun Tzu ao longo de *A arte da guerra* serem baseadas na execução de medidas ardilosas, apenas duas afirmações explícitas aparecem no livro. A principal delas ancora boa parte do Capítulo 1: "A guerra é o Tao do ardil. Assim, ainda que sejas capaz, exibe incapacidade. Quando decidido a empregar tuas forças, finge inatividade. Quando teu objetivo estiver próximo, faze com que pareça distante; quando distante, cria a ilusão de que está próximo." A segunda, em "Combate Militar", afirma: "O exército se funda no logro, se move pela vantagem e se transforma através da segmentação e reunião."

Entretanto, apesar de sua ênfase, o ardil não é praticado como uma arte ou um fim em si mesmo, diferentemente das tendências contemporâneas. Ao contrário, medidas falsas, dissimulações, prevaricações, disposições das tropas, rastreamentos, fingimento de uma situação caótica e outras ações semelhantes são todas designadas para promover o objetivo único de enganar o inimigo, com o objetivo de confundi-lo ou forçá-lo a responder de uma forma predeterminada, e com isso fazer com que o exército ganhe uma vantagem explorável. Assim, a guerra deve ser vista como uma questão de ardil, que cria constantemente falsas aparências, difunde a desinformação e emprega a astúcia e o logro. Quando criadas com imaginação e implementada com eficiência, o inimigo não saberá onde atacar e tampouco que formações usar, e será por conseguinte levado a cometer erros fatais. A concordância de Sun Pin pode ser vista ao longo de *Métodos militares*, em que frequentemente aconselha a implementação de medidas astuciosas para facilitar a resolução de problemas táticos. Sua ênfase, entretanto, permanece concreta, e nenhuma afirmação ampla de sua utilidade aparece.

O ardil, por mais habilmente praticado, se mostrará invariavelmente ineficaz a menos que o exército consiga ocultar seus planos. Embora os escritos militares posteriores se dirijam mais explicitamente à necessidade do segredo, em "Nove Terrenos" Sun Tzu salienta que o general comandante deve ser obscuro e impenetrável, nunca revelar seus planos e intenções *nem mesmo para suas próprias tropas*. Além disso, ele diz: "Dirige as massas dos Três Exércitos como se comandasse um único homem. Incumbe-os de tarefas, não lhes expliques seu propósito."

Ardil e manipulação são na verdade aspectos de um princípio maior que envolve a forma e o informe. Sempre que o exército se dispõe em um campo de batalha, sua configuração, por ser imediatamente visível, evoca uma reação do inimigo. Se o inimigo então irá modificar suas expectativas, transformar suas táticas ou considerar os eventos como uma confirmação do plano de batalha previamente concebido, isso dependerá de sua avaliação da situação decorrente. Em circunstâncias normais, a disposição das forças trai rapidamente as intenções e os métodos do comandante. Embora a guerra nesse período não fosse tão rígida e previsível como no primeiro período Chou ou no Ocidente antigo, porque a segmentação, a articulação em pequenas unidades e o movimento independente haviam sido minuciosamente desenvolvidos no tempo de Sun Tzu, em geral um impulso de ataque ainda podia ser previsto pelo modo de ordenação e disposição das forças.

Percebendo que qualquer ação eliciaria uma reação, já que é impossível permanecer invisível, Sun Tzu propôs a teoria do que pode ser sintetizado como "ardiloso e informe". Embora o princípio não seja postulado em *A arte da guerra*, obviamente a melhor maneira de ser incompreensível – isto é, ser informe – é mostrar falsas aparências ao inimigo. Integrando esses dois princípios, um comandante astuto pode manipular o oponente e preservar o segredo vital. Muitos comentadores ao longo dos séculos não perceberam que o informe é obtido através do logro e, por conta disso, os isolaram artificial e erroneamente.

Em "Vacuidade e substância", Sun Tzu elucidou dois princípios básicos para empreender a guerra com eficácia: atacar os vazios e concentrar força substancial em pontos escolhidos. O meio para compelir o inimigo a dispersar suas forças é novamente o informe: "Se eu precisar a disposição de forças do inimigo sem ter eu mesmo uma forma perceptível, posso concentrar minhas forças enquanto o inimigo está fragmentado. Se estamos concentrados em uma única força enquanto ele está fragmentado em dez, então o atacaremos com dez vezes a sua força. Assim somos muitos e o inimigo é parco. Se pudermos atacar seus poucos com nossos muitos, aqueles com quem travarmos batalha ficarão extremamente pressionados." Naturalmente, para assim fragmentar o inimigo, o exército não pode trair suas intenções e o segredo deve ser mantido.

Configurações de terreno

O reconhecimento de que a topografia é fundamental para as táticas militares, a classificação dos tipos de terreno e a correlação dos princípios táticos básicos com terrenos específicos são geralmente atribuídos a Sun Tzu. Mesmo que um rápido exame de batalhas anteriores indique que comandantes eficientes viessem implementando táticas baseadas no tipo do terreno muito antes de Sun Tzu entrar para a história e que algumas configurações de terra, como cavidades de escoamento, fossem comumente reconhecidas como fatais para qualquer disposição de forças, Sun Tzu foi talvez o primeiro a estudar sistematicamente essas questões e desenvolver um corpo coerente de princípios operacionais. *A arte da guerra* influenciou, assim, muitos escritos militares posteriores, particularmente *Seis ensinamentos secretos*, que contém vários capítulos propondo táticas adequadas para uma grande variedade de situações.

O primeiro capítulo de *A arte da guerra* identifica o terreno (Terra) como um dos cinco maiores fatores da guerra. Na definição de Sun Tzu, "A Terra encerra terrenos distantes ou próximos, difíceis ou fáceis, extensos ou restritos, fatais ou acessíveis." Conclui, portanto, que um critério eficaz para avaliar o provável vencedor em qualquer enfrentamento é baseado na questão: "Quem obteve vantagens da Terra?"

Tudo depende do terreno porque "o terreno dá a luz à medição", fornecendo os meios para determinar os níveis de força apropriados às situações e à configuração do solo. Por conseguinte, a inteligência militar consiste não apenas do conhecimento do inimigo mas também da topografia da rota de invasão e de possíveis solos de batalha. Consequentemente, Sun Tzu disse: "A configuração de terreno é um auxílio para o exército. Analisar o inimigo, deter o controle da vitória, avaliar ravinas e desfiladeiros, o distante e o próximo, são o Tao do general superior. Quem os conhecer e os empregar no combate será vitorioso. Quem não os conhecer ou não os empregar no combate será certamente derrotado." Ainda que sua asserção pareça na essência senso comum, muitas batalhas foram perdidas mesmo no século XX porque os comandantes foram negligentes em adquirir e se familiarizar com informações topográficas acuradas.

"Nove Terrenos" é frequentemente associado a Sun Tzu porque é o título de seu famoso capítulo onde esses nove aparecem: dispersivo, leve, contencioso, atravessável, focal, pesado, capcioso, cercado e fatal. Entretanto, um estudo cuidadoso de *A arte da guerra* revela mais de vinte configurações de terreno distintas, assim como inúmeras formações específicas de terra mortais, como o "Poço do Céu". São discutidas nos Capítulos 8, 10 e 11, e mais longamente categorizadas no Índice de Táticas. Embora os termos coincidam em alguma medida, as definições e táticas associadas não são em momento algum contraditórias. Além disso, os textos permanecem extremamente claros e explícitos mesmo em finais do século XX, exaurindo qualquer necessidade de análises adicionais.

Para além das configurações citadas, Sun Tzu mencionou também obstáculos problemáticos como rios, pantanais, montanhas, charcos e planície salinas. Por exemplo, em "Manobrando o exército", ele relacionou quatro disposições com as características da terra que se encontram sob sua definição de "terreno capcioso": "Onde existem montanhas e florestas, ravinas e desfiladeiros, pantanais e charcos, onde quer que a estrada seja de difícil travessia, configura-se um terreno capcioso." Os comandantes tinham que moderar suas táticas, manobras e a velocidade de seus movimentos para compensar essas dificuldades e, ao mesmo tempo, procurar explorá-las para sua própria vantagem sempre que possível.

Classificar e explorar as várias configurações de terreno também constitui um tópico significativo em *Métodos militares*, ao qual Sun Pin claramente subsumiu grande parte das categorias de seu predecessor. A todos os "terrenos mortais" familiares – o Poço do Céu, o Cárcere do Céu, a Rede do Céu, o Sulco do Céu e o Abismo do Céu – extraídos de *A arte da guerra*, ele adicionou uma variedade de terrenos capciosos geralmente reconhecidos. Exemplos desses terrenos que podem retardar a progressão de um exército e converter as forças mais agressivas em um alvo vulnerável incluem gargantas com córregos, vales, áreas fluviais, charcos, pantanais e planícies salinas. Áreas aquáticas arriscadas são particularmente problemáticas, e Sun Pin fornece injunções adicionais sobre mover-se contra o fluxo da corrente ou ser pego ao vadear rios.

Sun Pin reiterou, o que é ainda mais importante, o princípio geral de Sun Tzu de que ao general comandante cumpre investigar o terreno, tornar-se profundamente familiarizado com ele e explorar ativamente a topografia, os aspectos da Terra, para posicionar suas tropas e derrotar o inimigo. Quando se percebe as vantagens do terreno, as tropas se tornam naturalmente dispostas a lutar. O inimigo deve ser alvejado em terreno mortal (e, é claro, manipulado ou forçado a adentrá-lo), ao passo que terrenos fáceis só devem ser explorados quando o comandante goza de uma superioridade decisiva em número ou elementos móveis. Paralelamente, terrenos restritos – que todos os escritores militares aconselham evitar – e especialmente ravinas devem ser plenamente utilizados para controlar e derrotar o inimigo. Não apenas fornecem os meios para os que são poucos atacarem os que são muitos, mas também fornecem solo conducente para explorar as vantagens da altura e ocultar as tropas em emboscada. Com fortificações apropriadas erguidas de lado a lado da embocadura, inclusive formadas por carros interconectados dispostos com escudos para preencher os espaços vazios, tornam-se fortalezas difíceis de atacar.

Poder estratégico

O conceito de poder estratégico ocupa uma posição eminente no pensamento antigo tanto militar quanto legalista, originando-se, talvez, no primeiro. Infelizmente, sua complexidade requer um amplo estudo em separado para resolver uma grande quantidade de questões fundamentais, e a natureza enigmática de muitos escritos militares apenas confunde os temas. O conceito é, entretanto, central nos pensamentos de Sun Tzu e Sun Pin.

Uma enorme variedade de palavras foi usada para traduzir o termo "poder estratégico", entre as quais *circunstâncias, energia, energia latente, energia combinada, forma, força, ímpeto, poder tático, vigor, autoridade, influência, poder, condição de poder, força de circunstâncias, vantagem posicional* e *aquisição*. Embora na essência o conceito de poder estratégico implique a ideia de vantagem resultante da posição superior, esse aspecto da vantagem posicional foi superestimado, reduzindo com isso o papel essencial que o elemento de massa (ou as forças do exército) exerce na criação de impacto. De acordo com os conceitos da física moderna, o ímpeto que pode ser desenvolvido – e desse modo a quantidade de força que pode ser aplicada – quando uma pedra em movimento colide com um objeto em sua passagem depende da altura inicial, da velocidade final no momento do impacto (que terá sido deduzida do máximo teórico, já que ela passa por objetos e encontra resistência) e de seu peso. Evidentemente, uma pedra transferirá menos energia no momento do impacto do que uma rocha bem maior, e o poder de destruição está inerentemente relacionado com a massa do objeto.

O exemplo paradigmático é a analogia oferecida por Sun Tzu de uma tora ou uma pedra situada no topo de uma montanha que, ainda que temporariamente estabilizada, retém grande energia potencial. Em movimento, essa energia pode ser explosivamente liberada e precisa apenas ser direcionada para ser eficaz: "Quem emprega o poder estratégico comanda os homens em batalha como se fossem toras e pedras em movimento. A natureza da pedra e da madeira determina que fiquem paradas quando estáveis, mas que se movimentem quando em terreno íngreme. Se são quadradas, param; se redondas, tendem a se mover. Assim, o poder estratégico daquele que excele em empregar os homens na guerra é comparável a rochas redondas precipitando de uma montanha de mil braças. Essa é a configuração estratégica do poder."

Por conseguinte, Sun Tzu procurava manobrar o exército para uma posição onde gozasse de uma vantagem tática tão grande, que o impacto de seu ataque, o impulso de seu poder estratégico fosse como a súbita queda d'água das cascatas originadas nos topos das montanhas. A disposição das tropas em uma configuração apropriada, a criação de um desequilíbrio tático de poder, a concentração das forças em alvos escolhidos, a exploração das vantagens de terreno e todas as outras atividades que integram o encetamento do combate estão direcionadas para esse momento, para esse objetivo decisivo. Dois fatores estão, destarte, integrados no conceito de poder estratégico: primeiro, a vantagem estratégica proporcionada pela posição superior e, em segundo lugar, o poder das forças envolvidas. ("Poder" se refere à capacidade geral do exército em todos os aspectos – incluindo resistência, espírito, disciplina, equipamento, comando e condição física – e não simplesmente à força numérica.) Obviamente, a vantagem estratégica tem também um acentuado caráter temporal; não deve, portanto, ser reduzida à exploração das vantagens do terreno, como muitas vezes se pensa.

Sun Pin aceitou inteiramente o conceito de poder estratégico do modo como foi formulado por seu ilustre antepassado, mas pouco o discutiu, exceto em um capítulo desafiador intitulado "Preparação do Poder Estratégico", dedicando-se, em vez disso, aos meios e métodos de os aplicar concretamente no campo de batalha. Em resumo, o comandante astuto procura explorar plenamente quaisquer vantagens de terreno que seu número, poder de fogo, disposição de espírito, provisões superiores e outros fatores que multiplicam sua força tornem possíveis. Quando essas condições forem alcançadas, os soldados perceberão que seu exército goza de uma vantagem em poder estratégico e enfrentarão ardentemente o inimigo; se não forem, mostrar-se-á difícil alcançar a vitória com um exército de guerreiros relutantes. Para Sun Pin, cuja época testemunhou a introdução e a primeira difusão do uso da besta, era essa mesma arma que podia ser tomada como modelo. O arqueiro age a distância, oculto e incógnito, exatamente como o general, mas a flecha voa para adiante infligir enormes danos. A liberação do poder estratégico deve ser assim, precisamente como o próprio Sun Tzu havia previsto.

O heterodoxo e o ortodoxo

O conceito e a aplicação do heterodoxo e do ortodoxo, muito discutidos por clássicos militares posteriores, originaram-se provavelmente com Sun Tzu. Embora claramente visível nos princípios e táticas propostos ao longo de *A arte da guerra*, o conceito é especificamente nomeado em apenas uma passagem sucinta e decisiva de "Poder Militar Estratégico". Além disso, é realmente ordenado como heterodoxo e ortodoxo, diferentemente da priorização que se apresenta no Ocidente, ortodoxo e heterodoxo. Embora as implicações, se as há, permaneçam inexploradas, contra o plano de fundo da justeza e da retidão, a escolha parece deliberada. Ao lado disso, na China antiga, o âmbito militar era geralmente visto como heterodoxo, de acordo com o pronunciamento de Lao Tzu no *Tao Te Ching*: "Com o ortodoxo se governa o estado; com o heterodoxo se emprega o exército."

Ainda que o heterodoxo e o ortodoxo requeiram um livro, na essência, as táticas "ortodoxas" são aquelas pelas quais se emprega o exército das maneiras normais, convencionais, "ditadas pelo manual" e previstas, como os ataques frontais massivos, ainda que salientando a ordem e os movimentos deliberados. As táticas "heterodoxas" são realizadas principalmente através do emprego das forças, especialmente as flexíveis, de formas imaginativas, não convencionais e imprevistas. Assim, em lugar dos ataques diretos com os carros, as táticas heterodoxas organizariam investidas circulares ou laterais; ao invés de ataques frontais, seguiriam rotas indiretas para realizar incursões repentinas pela retaguarda. A definição dessas táticas depende, é claro, das expectativas normais do contexto determinado de batalha, bem como das suposições do inimigo, de modo que se definem e se transformam mutuamente e são de natureza circular. O ortodoxo pode ser usado de formas heterodoxas, e o ataque ortodoxo pode ser heterodoxo quando não é esperado precisamente por ser ortodoxo; uma investida lateral ou indireta seria desse modo considerada normal, e portanto ortodoxa. Um falso ataque frontal realizado por uma grande força, com o intuito de distrair o inimigo, poderia também ser heterodoxo.

O conceito pode se tornar extremamente complexo e foi muitas vezes mal compreendido ao longo da história chinesa, ou mesmo rejeitado como simplista, quando é bem o contrário. Na essência, é uma ferramenta descritiva para a conceitualização tática, para a caracterização e manipulação dos exércitos no interior – e pela exploração – de uma matriz de expectativas do inimigo, e não um meio transformador a ser efetivado na situação concreta de homens e armas conforme uma formação militar é disposta. Não há nada de misterioso ou místico na heterodoxia ou ortodoxia e sua relação mutuamente producente, ainda que comentadores e estrategistas posteriores às vezes se confundam seriamente. Sob essas circunstâncias, uma conceitualização tática útil se tornou um obstáculo desnecessário para esclarecer o pensamento estratégico.

Em *Métodos militares*, coisas ortodoxas – sejam exércitos, táticas ou estratégias – obedecem às regras básicas que governam as situações em geral, enquanto as heterodoxas vão deliberadamente (porém não de forma simplória ou ingênua) contra as expectativas normais e engendram, assim, o elemento surpresa. Este é, evidentemente, o elemento responsável pela insuperável eficácia das táticas heterodoxas. Entretanto, a habilidade de as antever em contextos particulares requer genialidade, como pode ser visto no intrigante capítulo de Sun Pin intitulado "O heterodoxo e o ortodoxo". Enquanto os opostos, como descanso e movimento, podem ser caracterizados pelo par, a criação eficaz de táticas avassaladoras é muito mais complexa e conduz aquele que a pratica ao reino do emprego do informe contra a forma, da exploração da força através da fraqueza, da subversão da superioridade através de deficiências complementares. Embora Sun Pin só se tenha concentrado nessa doutrina em um único capítulo, os princípios podem ser também percebidos por sua escolha, em vários capítulos anteriores, de táticas avançadas para derrotar inúmeras formações, como segmentar as tropas, organizar ataques laterais e circundantes e manipular em geral o inimigo para o tornar vulnerável a medidas inesperadas.

Princípios táticos

Medidas essenciais

Os vários princípios de Sun Tzu podem bem ser reduzidos ao fundamental: manipular o inimigo, criando com isso a oportunidade de uma vitória fácil, e aplicar então o poder máximo no momento apropriado. Com este fim ele classificou os tipos de terreno e sua exploração; propôs numerosas táticas para esquadrinhar, controlar e enfraquecer o inimigo; defendeu o emprego, para alcançar a vitória, de tropas tanto ortodoxas quanto heterodoxas; e salientou a velocidade e a surpresa. O inimigo deve ser atraído a posições insustentáveis com perspectivas de ganho; enfraquecido pelo desgaste e esgotado antes do ataque; penetrado subitamente por forças concentradas em pontos vulneráveis. O exército deve ser sempre ativo, mesmo quando assume uma postura defensiva, para criar e se aproveitar do desequilíbrio tático temporário de poder que assegurará a vitória. Nesse sentido, certas situações e configurações de terreno devem ser evitadas ou tornadas vantajosas quando oportuno. O foco deve ser direcionado, portanto, para a realização de uma estratégia de campanha predeterminada e para a implementação de táticas operacionais e de batalha para derrotar o inimigo. Evitar exércitos fortes não é covardia, mas sabedoria, porque lutar em lugar e tempo desvantajosos significa derrotar a si próprio. Como afirmou Sun Tzu: "Aquele que souber quando pode lutar e quando não pode lutar será vitorioso."

O princípio tático primordial para os ataques é sintetizado pelo famoso dito: "Avança onde eles não esperam, ataca onde não estão preparados." Esse princípio só pode ser realizado se mantido o segredo em todas as atividades, estabelecendo pleno autocontrole e estrita disciplina no interior do exército e mantendo-se impenetrável. O corolário de ser impenetrável é a investigação e a obtenção de conhecimento detalhado sobre o inimigo através de todos os meios disponíveis, entre eles o emprego rigoroso de espiões. A regra invariável é jamais confiar na boa vontade dos outros ou em circunstâncias fortuitas, mas garantir – por meio de conhecimento, análise persistente e preparação defensiva – que o inimigo não possa organizar um ataque surpresa ou alcançar a vitória através da simples coerção. Como disse Sun Tzu: "Aquele que conhece o inimigo e a si mesmo não correrá perigo algum em cem confrontos. Aquele que não conhece o inimigo mas conhece a si mesmo será por vezes vitorioso e por vezes encontrará a derrota. Aquele que não conhece o inimigo e tampouco a si mesmo será invariavelmente derrotado em todos os confrontos." Sun Tzu também enfatizava o alto preço do conhecimento parcial: "Se sei que nossas tropas podem atacar, mas não sei que o inimigo não pode ser atacado, estamos somente a meio caminho da vitória. Se sei que o inimigo pode ser atacado, mas não percebo que nossas tropas não podem atacar, estamos apenas a meio caminho da vitória. Saber que o inimigo pode ser atacado e saber que nosso exército pode efetuar o ataque, mas não saber que o terreno não é adequado para o combate, é somente meio caminho da vitória. Quem conhece, pois, verdadeiramente o exército não será iludido quando se mover, não será debilitado quando iniciar uma ação. Diz-se, pois, que, se conheces o inimigo e conheces a ti mesmo, tua vitória não será posta em risco. Se conheces o Céu e conheces a Terra, tua vitória pode ser plena."

INTRODUÇÃO

Sun Pin evidentemente absorveu muitos dos conceitos fundamentais de Sun Tzu e implicitamente assumiu certos princípios operacionais comuns às práticas de sua época. Entre aqueles que, extraídos de *A arte da guerra*, foram realmente incorporados em seu pensamento, o mais importante é o princípio fundamental de manipulação do inimigo com o intuito de criar fraqueza para em seguida explorá-la agressivamente. Como muitos comentadores modernos apontaram, a obra de Sun Pin se ocupa pouco da guerra defensiva, embora a função e o estabelecimento de fortificações seja mencionado. Antes de embarcar em uma campanha militar, é imperativo que os comandantes façam preparativos, avaliem o inimigo e formulem um plano abrangente. Assim, os esforços do exército devem ser direcionados para a exploração das fraquezas já existentes e a criação de oportunidades onde não há nenhuma. Os métodos, todos familiares, encontrados em *A arte da guerra*, incluem ser ardiloso; atrair o inimigo para terreno fatal; levá-lo ao movimento com o intuito de desestabilizá-lo e então atacar; e perceber vantagens de terreno.

Sempre que em confronto com um inimigo forte, deve-se dividir as próprias forças em três ou mais grupos operacionais. Cumpre, então, empregar um grupo para enfrentar o inimigo e manter os outros em reserva, ou dispô-los em emboscada para obter vantagem dos movimentos do inimigo ou conter quaisquer progressões inesperadas. (Sun Pin é, pois, o primeiro estrategista a propor o conceito de uma reserva estratégica.) O inimigo deve, igualmente, ser coagido a cindir-se em grupos desunidos, para que, assim, seus soldados possam ser enfrentados pouco a pouco por números localizadamente superiores. Naturalmente, cabe ao comandante investigar e explorar toda fraqueza possível, exacerbando deliberadamente aquelas que são inerentes ao inimigo. Entre as identificadas por Sun Pin estão os defeitos de caráter do general comandante, como inflamar-se facilmente e – como no caso de P'ang Chuan, de acordo com sua biografia – a arrogância. Os exércitos cansados ou desgastados constituem alvos fáceis, assim como aqueles posicionados em terreno restrito, onde seus movimentos e reações potenciais são severamente limitados. Os confusos, irresolutos, despreparados e fracos podem ser atacados e derrotados com rapidez. Quer o inimigo se mostre fraco, quer pareça forte, as táticas devem se concentrar sempre em agir imprevisivelmente, avançando onde não se espera, investindo onde o inimigo está despreparado, atacando seus pontos fracos, vacuidades e áreas indefesas, assaltando seus flancos e cercando-o por trás. Fatores emocionais também precisam ser considerados: medo, dúvida e confusão devem ser incutidos no inimigo por todos os meios possíveis, entre os quais falsas retiradas e movimentos súbitos e incompreensíveis. Em todos os casos as ações do exército devem ser oportunas e seguras, apropriadas à situação geral e direcionadas ao sucesso final.

Sun Pin também propôs categorias para classificar os exércitos inimigos e, ao mesmo tempo, sugeriu métodos de reação. Além disso, descreveu o comportamento que deve caracterizar um exército invasor no momento em que adentra o território inimigo e analisou concretamente as cidades, enquanto centros econômicos, políticos e militares, quanto à possibilidade de serem atacadas com sucesso. Entretanto, a maior parte desse material, pelo qual se tornou justificadamente famoso, aparece na segunda metade da obra. Em verdade, o famoso princípio que lhe é atribuído em vários relatos biográficos das campanhas gêmeas – manipular o inimigo apropriando-se daquilo que ele ama – só aparece lá.

Força relativa e táticas apropriadas

Ao longo de *A arte da guerra*, Sun Tzu aconselhou a lutar apenas quando se puder acreditar na vitória e a adotar uma postura defensiva – ou simplesmente evitar o inimigo – quando em situação contrária. Implementando medidas defensivas adequadas, o general habilidoso abriga suas tropas em uma posição inconquistável, da qual sairá vitorioso se atacado, mas pela qual poderá também desencorajar um temível inimigo de até mesmo tentar uma investida. Sun Tzu, no entanto, nunca sugeriu quaisquer medidas concretas para realizar essa invencibilidade; tampouco mencionou medidas agressivas que pudessem ser implementadas uma vez compelido a lutar em circunstâncias desvantajosas. Ademais, embora defenda claramente a adoção de uma postura defensiva, o espírito de *A arte da guerra* inclina-se evidentemente ao emprego de uma variedade de medidas com o intuito de manipular o inimigo e obter a vantagem localizada que permitirá lançar um ataque vitorioso. Escritores posteriores perceberam plenamente a necessidade de adotar medidas contemporizadoras e muitos generais alcançaram sucesso através de sua implementação.

Apenas uma passagem de *A arte da guerra* sugere princípios gerais para o combate sob condições variadas de força relativa: "Se tua força equivale a dez vezes a deles, cerca-os; se cinco, ataca-os; se duas, divide teus exércitos. Se em força és igual ao inimigo, podes enfrentá-lo. Se inferior, podes usar de artimanha. Se em franca desvantagem, podes evitá-lo. Assim um inimigo pequeno que age de forma inflexível se tornará prisioneiro de um inimigo grande." Mesmo aqui, Sun Tzu não propõe realmente que se evite um inimigo senão quando em franca desvantagem, preferindo sem dúvida tramar medidas para dividir as forças oponentes e então lançar ataques concentrados, precisamente como fez Mao na guerra revolucionária da China.

Sun Pin também ponderou os parâmetros para inovações táticas sob inúmeras condições de força relativa, ainda que muito da discussão concreta apareça na segunda metade de *Métodos militares*. Há três possibilidades: poucos ou fracos contra numerosos ou fortes; força equivalente; e numerosos ou fortes contra poucos ou fracos. Confrontar um oponente demasiado superior é evidentemente o pesadelo de todo comandante, mas o desequilíbrio também apresenta as maiores possibilidades de glória, se a vitória puder ser alcançada de algum modo. Há, o que é apropriado, mais sugestões de táticas concretas para essa situação do que para todas as outras juntas, sendo os principais conselhos empregar táticas contemporizadoras em vez de táticas de ataque direto; atacar onde o inimigo está despreparado, um princípio geral para conservar, em qualquer caso, a força e os exércitos; dividir-se e investir com "guerreiros mortais", cujo engajamento deve gerar uma vantagem substancial; evitar terrenos fáceis e explorar as possibilidades do solo restrito; segmentar o inimigo de modo que ele se torne ignorante das ações de cada grupo e possa, assim, ser atacado com forças localizadas relativas; e pressionar ao máximo o inimigo, evitando sempre confrontos diretos.

Em situações de equivalência de força, o comandante pode, é claro, empregar muitas das mesmas táticas, mas as medidas não precisam ser tão limitadas quanto a suas possibilidades ou tomadas com tanta urgência. Ao confrontar a força com a força, Sun Pin aconselhava particularmente a escolher, ainda assim, uma configuração ou uma disposição complementar que se mostrasse eficiente na situação específica, ao invés de estabelecer um enfrentamento direto. Naturalmente, dividir o inimigo continua a ser a tática mais poderosa, presumivelmente uma medida preparatória na maioria das circunstâncias.

A terceira situação, de esmagadora superioridade, veio a ser aparentemente problemática nos tempos antigos, porque os táticos se surpreendiam constantemente ao serem inquiridos pelos governantes sobre esta condição. Sem dúvida, muitos reis e comandantes caíram na armadilha de subestimar seus inimigos e sofreram na mesma proporção. Para evitar essa rata, Sun Pin propunha que o comandante fingisse desordem e incitasse o inimigo ao movimento, induzindo-o astuciosamente a avançar para onde ele pudesse ser enfrentado e vencido por um número superior. Seria possível, por outro lado, empregar tropas fracas para promover a falsa sensação de exaltação que resultaria inevitavelmente dos ganhos aparentemente fáceis que o inimigo obteria, conduzindo-o desse modo a um confronto mais amplo em um fronte mais extenso. Surpreendentemente, muitas das táticas usadas para impugnar as probabilidades oprimentes, como alimentar a arrogância do inimigo e dispersá-lo, podem também fornecer uma chave para a vitória. Finalmente, observou Sun Tzu, quando as tropas inimigas estão sitiadas ou presas, deve ser deixada uma saída para evitar uma determinação repentina de lutar até a morte, o que pode ocorrer em solo fatal sem escapatória. Se, inversamente, encontra a si mesmo sitiado, as tropas de elite, agindo como se transtornadas, podem ser empregadas para abalar o inimigo e criar uma abertura.

Formações

Embora Sun Tzu tenha identificado muitos princípios que governam as disposições e o controle dos exércitos no campo de batalha, nunca discutiu as várias formações empregadas na sua época, com exceção de uma referência única à formação circular. Sun Pin, ao contrário, talvez refletindo a evolução da ciência militar que enfatizava, necessariamente, em primeiro lugar o treinamento das tropas em diversas formações e em seguida seu emprego seletivo dependendo da situação no campo de batalha, não apenas discutiu a natureza daquelas como também, na segunda metade de seu livro, empreendeu uma breve análise de dez diferentes formações, com suas vantagens e contramedidas. De particular interesse é o uso que Sun Pin faz da espada e da flecha como analogias da natureza das formações eficientes. Essencialmente, é preciso haver uma estrutura ou base substancial associada a uma extremidade aguda e incisiva (já que, na China, as espadas eram instrumentos usados primordialmente para golpear, e não transpassar). No capítulo intitulado "Oito Formações", Sun Pin asseverou que estas devem se adequar à topografia e seu emprego deve em geral obedecer ao princípio da divisão das forças em três grupos operacionais, um para executar a formação e os outros para constituir unidades de reserva e forças heterodoxas. Infelizmente, ele nunca elucidou as oito formações ou indicou como cada uma delas conviria às várias configurações de terreno. Outros capítulos, entretanto, mencionam diversas formações específicas: A Sovela, Gansos Selvagens, Vento Feroz e Composição em Nuvem aparecem na primeira metade, juntamente com algumas características básicas, como por exemplo a designação da Composição em Nuvem para guerras com flechas. O Capítulo 16, que inaugura a segunda metade do livro, enumera dez diferentes disposições ou formações. (Os caracteres chineses para esses termos são os mesmos e o significado não é claramente discernível, mas uma distinção deve ser feita entre as "formações", enquanto estruturas organizacionais teóricas, e as "disposições" reais, que empregam as formações.) As formações Gansos Selvagens e A Sovela reaparecem entre essas dez, mas as outras são principalmente uma questão de forma ou composição, como circular, em gancho, densa e esparsa. Formações adicionais dispersas em vários capítulos ao longo do livro incluem uma "composição horizontal prolongada", uma disposição "em forma de cesta", a "composição em gancho aguda", e a "plena" e "vácua". Os modos preferidos de emprego para algumas delas são indicados – por exemplo, a formação "quadrada" como meio de solidificar o controle e a "circular" para facilitar movimentos de conversão –, mas geralmente as descrições são concisas e não encerram nenhuma explicação acerca de sua forma ou modo de ação. Compilações militares posteriores fornecem estranhas representações delas, mas ainda será necessária uma extensa pesquisa para que se possa realizar reconstruções minimamente acuradas.

Tendo como base essas formações distintas, é óbvio que a organização, a segmentação e a disposição articulada são elementos essenciais nas táticas de qualquer comandante. Através de outros escritos, fica claro o perfil básico da organização, como sua constituição em esquadras de cinco e companhias de cem, bem como sua provável presença também no estado de Ch'i. Se as técnicas de treinamento na época de Sun Pin eram iguais às apresentadas em *Seis ensinamentos secretos* e escritos similares, as tropas eram bem exercitadas e plenamente capazes de responder ao sinal para se disporem em qualquer formação específica e mudarem em seguida para outra. A responsabilidade do comandante era escolher adequadamente, prover-se de formas vantajosas e ao mesmo tempo negar ao inimigo uma oportunidade para atacar ou encontrar uma abertura fácil. Algumas, como as formações difusas, tinham o desígnio claro de permitir que o inimigo penetrasse e ficasse sitiado, o que é especificamente oposto ao conselho de Sun Pin, de acordo com o qual o centro deve permanecer aberto ou vazio. Além disso, tendo por fundamento a analogia da flecha, normalmente cumpria ao general situar suas melhores tropas na frente, de modo que seu poder de combate fosse maior lá, mesmo que um grande número de soldados fosse mantido em reserva.

Sun Tzu

A arte da guerra
Tradução e comentário

孫子兵法

1

Estimativas iniciais

始計

Sun Tzu disse:

"A guerra é a empresa essencial do estado, a base da vida e da morte, o Tao para a sobrevivência ou a extinção. Deve ser profundamente ponderada e analisada.

━ ━ ━

"Portanto, estrutura-a de acordo com os cinco fatores seguintes, avalia-a comparativamente por meio das estimativas e procura sua verdadeira natureza. O primeiro é denominado Tao, o segundo Céu, o terceiro Terra, o quarto generais e o quinto leis da organização e da disciplina militar.

"O Tao torna o povo plenamente conforme a seu governante. Assim, morrerá com ele, viverá com ele e não temerá o perigo.

"O Céu encerra o yin e o yang, o frio e o calor e as restrições das estações.

"A Terra encerra terrenos distantes ou próximos, difíceis ou fáceis, extensos ou restritos, fatais ou acessíveis.

"O general encerra sabedoria, credibilidade, benevolência, coragem e retidão.

"As leis da organização e da disciplina militar encerram organização e regulamentos, o Tao do comando e a administração da logística.

"Não há generais que não tenham ouvido sobre esses cinco. Aqueles que os compreenderem serão vitoriosos; aqueles que não os compreenderem não serão vitoriosos.

━ ━ ━

"Ao fazer, pois, uma avaliação comparativa por meio das estimativas, procurando sua verdadeira natureza, pergunta:

Que comandante tem o Tao?
Que general tem maior habilidade?
Quem obteve as vantagens do Céu e da Terra?
Quem tem suas leis mais rigorosamente implementadas?

Quem tem os exércitos mais fortes?
Quem tem os oficiais e as tropas mais bem treinados?
Quem tem as recompensas e as punições mais claras?

"Através disso conhecerei a vitória e a derrota!

―― ―― ――

"Se um general segue meus métodos de avaliação e tu o empregas, ele certamente será vitorioso e deve ser mantido. Se um general não segue meus métodos de avaliação e tu o empregas, ele certamente será derrotado; então dispensa-o.

―― ―― ――

"Depois de avaliar as vantagens de acordo com o que ouviste, passa à ação, completando o poder estratégico com táticas de campo que respondam aos fatores externos. O poder estratégico, por sua vez, é o controle do desequilíbrio tático de poder de acordo com os ganhos a serem obtidos.

―― ―― ――

"A guerra é o Tao do ardil. Assim, ainda que sejas capaz, exibe incapacidade. Quando decidido a empregar tuas forças, finge inatividade. Quando teu objetivo estiver próximo, faz com que pareça distante; quando distante, cria a ilusão de que está próximo.

―― ―― ――

"Exibe proveitos para atraí-los. Cria desordem em seus exércitos e toma-os.
"Se forem sólidos, prepara-te para eles; se forem fortes, evita-os.
"Se forem coléricos, irrita-os; sê o oposto para provocar sua arrogância.

"Se estiverem descansados, força-os a se exaurirem.
"Se forem unidos, faz com que se separem.
"Ataca onde eles não estão preparados.
"Avança onde eles não esperam.
"Esses são os meios por que os estrategistas militares são vitoriosos. Não se pode falar deles previamente.

— — —

"Aquele que, antes do confronto, no templo ancestral, concluiu que será vitorioso, considerou que a maioria dos fatores está a seu favor. Aquele que, antes do confronto, no templo ancestral, concluiu que não será vitorioso, considerou que poucos fatores estão a seu favor.
"Se aquele que considera que a maioria dos fatores o favorecem será vitorioso, enquanto aquele que encontrou poucos fatores a seu favor será derrotado, o que dizer de quem não encontra fator algum a seu favor?
"Se eu observar desta perspectiva, a vitória e a derrota serão evidentes."

COMENTÁRIO

O pensamento central deste capítulo – a importância inestimável da guerra – já foi discutido na Introdução. Entretanto, a lição mais geral a ser aprendida é a necessidade de se preparar meticulosamente, considerar cuidadosamente os cursos potenciais de ação e encetar apenas os movimentos que encerrem uma possibilidade realista de sucesso. Isso requer um refletido autoexame, mas mesmo a própria autoanálise permanece insuficiente, porque só o conhecimento amplo e detalhado do inimigo (ou dos competidores, ou dos mercados-alvo) revelará o reino das possibilidades. Sun Tzu defende, essencialmente, um caminho de determinação consciente, em lugar de uma imersão intuitiva, fundamentando a possibilidade de sobrevivência e sucesso na verdadeira sabedoria que só se pode originar do conhecimento pleno.

Esse capítulo também introduz dois dos famosos conceitos de Sun Tzu – o ardil como a essência da guerra e o princípio fundamental da manipulação do inimigo. Por causa desses conceitos, Sun Tzu obteve a condenação de literatos hipócritas que se encobriam sob roupagens confucianas, embora fossem eles mesmos praticantes assíduos da arte do embuste em seu cotidiano na corte. No entanto, ao longo de *A arte da guerra*, Sun Tzu salienta a necessidade de se conservar recursos, preservar vidas e alcançar a vitória ao menor custo possível. Portanto, enganar o inimigo é crucial, o que as forças armadas modernas descobriram, tardiamente, apenas no decorrer do século XIX. Além disso, o ardil fundamenta e fornece a própria possibilidade de manipular o inimigo, alimentando-se de suas fraquezas, compelindo-o através de seus desejos, explorando suas expectativas e atacando-o, então, quando estiver exausto e desordenado.

Embora preocupações éticas desaconselhem o emprego do ardil em muitas esferas, em questões de autodefesa e em esportes competitivos certamente as dissimulações e movimentações enganosas habilmente executadas podem fornecer a chave da vitória e da sobrevivência. Ademais, mesmo nos negócios, enganar competidores (não, porém, clientes) é algo que dificilmente merece condenação, embora essas práticas possam se tornar demasiado complexas e até inadministráveis, na medida em que podem gerar efeitos negativos no âmbito do posicionamento e da estratégia de mercado. Todavia, deve-se esperar hábeis engodos dos competidores e oponentes, sempre considerados como parte de uma análise minuciosa.

Finalmente, é preciso observar que o dito de Sun Tzu "Ataca onde eles não estão preparados, avança onde eles não esperam" se tornou o mais representativo enunciado dos princípios diretivos da ciência militar chinesa, adentrando a linguagem comum e passando a ser popularmente conhecido na China no decorrer do último milênio.

2
Realizando a guerra

作戰

Sun Tzu disse:

"Em geral, a estratégia para empregar a força militar é essa: Se há mil carros de ataque puxados por quatro cavalos, mil carros de suporte recobertos com couro, cem mil soldados providos de cotas de malha, se as provisões são transportadas por mil quilômetros, então, as despesas domésticas e externas de campanha, os gastos com conselheiros e convidados, materiais como cola e laca e o suprimento de carros e armaduras totalizarão mil peças de ouro por dia. Só então se pode mobilizar um exército de cem mil.

"Ao empregá-los em uma batalha, uma vitória que demora a se consumar embotará suas armas e consumirá seu ardor. Se expuseres o exército a uma campanha prolongada, os recursos do estado serão insuficientes.

"Quando nossas armas se embotarem e nossos espíritos se deprimirem, quando nossas forças forem despendidas e os recursos consumidos, os senhores feudais se valerão de nossa exaustão para se erguerem. Mesmo se tiveres generais sábios, eles não serão capazes de alcançar um bom resultado.

"Em campanhas militares, pois, já ouvi sobre velocidade ineficaz, mas nunca percebi vantagem alguma em campanhas longas. País algum jamais se beneficiou de guerras prolongadas. Aqueles que não compreendem profundamente os perigos inerentes ao emprego do exército são incapazes de conhecer verdadeiramente as vantagens potenciais das ações militares.

"Quem excele no emprego da arte militar não recruta o povo duas vezes ou transporta por três vezes as provisões. Se obténs teus equipamentos do estado e confias que te apropriarás das provisões do inimigo, então os mantimentos do exército serão suficientes.

"O exército depaupera o estado quando transporta as provisões por longas distâncias. Quando as provisões são transportadas por longas distâncias, os cem sobrenomes são depauperados.

"Aqueles que estiverem próximos ao exército venderão seus artigos a preços altos. Quando os artigos forem dispendiosos, a riqueza dos cem sobrenomes será exaurida. Quando sua riqueza for exaurida, eles serão extremamente pressionados para suprir as imposições militares de seu povoado.

"Quando suas forças forem expendidas e sua riqueza exaurida, as casas das planícies centrais estarão vazias. As despesas dos cem sobrenomes serão sete décimos de tudo o que possuem. Os gastos irrecuperáveis do governante – como carros arruinados, cavalos exaustos, armaduras, elmos, flechas, bestas, alabardas e lanças de ponta grossa, escudos protetores móveis, bois fortes e grandes carretas – consumirão seis décimos de seus recursos.

"Assim, o general sábio se concentrará em proteger do inimigo as provisões. Um alqueire dos mantimentos do inimigo vale vinte dos nossos; um pico de forragem vale vinte dos nossos.

— — —

"Assim, o que motiva os homens a matar o inimigo é a fúria; o que os estimula a lucrar com o inimigo são os bens materiais. Desse modo, nos confrontos com carros, se dez ou mais carros forem capturados, recompensa o primeiro que conseguiu se apoderar de um. Troca suas bandeiras e flâmulas pelas nossas; emprega-os mesclados aos nossos próprios carros. Trata bem dos soldados capturados, com o intuito de os alimentar para nosso uso. A isso nos referimos como 'conquistar o inimigo e nos fortalecermos'.

— — —

"Assim, a vitória compensa o exército; a guerra prolongada não o compensa. Portanto, um general que compreende a guerra é o Senhor do Destino para o povo, governa a segurança ou o risco do estado."

COMENTÁRIO

Praticamente todo o capítulo é dedicado à ideia única de que a guerra prolongada não apenas é nociva ao estado, como também pode levá-lo a ser derrotado pelas mãos de terceiros não envolvidos no conflito imediato. Suas estimativas das despesas necessárias para mobilizar e sustentar um exército em campanha – às vezes citadas de modo que indicam que o texto foi composto no início do período dos Reinos Combatentes, e não em finais do período de Primavera e Outono – evidenciam que se requeria um esforço nacional, e que as forças operacionais regulares devem ter aumentado para aproximadamente 100.000 homens. Problemas logísticos na antiguidade, igualmente intrincados na China e na Grécia, eram geralmente resolvidos suprindo as provisões iniciais com constantes envios e coletas de mantimentos, compras de aliados amigáveis e saques. Sun Tzu enfatiza, pois, a necessidade de se valer das provisões e materiais tomados do inimigo, um princípio não mais aplicável aos grandes exércitos contemporâneos, mas certamente característico dos esforços de guerrilha e dos futuros inimigos em guerras litorâneas.

O penúltimo parágrafo permite vislumbrar a sofisticada psicologia da guerra salientada ao longo dos primeiros escritos militares e que será abordada novamente em capítulos subsequentes de *A arte da guerra* e de *Métodos militares*. Motivar os homens a superar seu medo – considerado o maior problema do comando – era algo geralmente alcançado através do emprego rigoroso de recompensas e punições. Entretanto, embora as punições compelissem os soldados ao campo de batalha, não eliciavam, no mais das vezes, um esforço ardente, particularmente quando o mantra do medo passou a dominar. Para assegurar seu engajamento e os mais altos esforços, os homens tinham que ser estimulados por juramentos e arengas até que se tornassem irritados ou eufóricos, ou por promessas de recompensas quase inimagináveis por valentia, como postos mais altos, nobreza, isenção de serviço militar posterior e de impostos. Neste capítulo, Sun Tzu identifica, pois, dois eminentes estímulos ao fervor marcial, embora muitos outros apareçam subsequentemente. As implicações de um mundo desespiritualizado e materialista nas organizações hierárquicas e no empenho dos líderes em motivar os homens são óbvias, o que torna desnecessários quaisquer comentários adicionais.

3

Planejando ofensivas

謀攻

Sun Tzu disse:

"Em geral, o método para empregar as forças militares é esse: Preservar a capital do estado inimigo é a melhor coisa, destruir a capital de seu estado a segunda melhor. Preservar seu exército é a melhor coisa, destruir seu exército a segunda melhor. Preservar seus batalhões é a melhor coisa, destruir seus batalhões a segunda melhor. Preservar suas companhias é a melhor coisa, destruir suas companhias a segunda melhor. Preservar suas esquadras é a melhor coisa, destruir suas esquadras a segunda melhor. Por essa razão, alcançar cem vitórias em cem batalhas não é o ápice da excelência. Subjugar o exército inimigo sem lutar é o verdadeiro ápice da excelência.

"Assim, a mais alta realização da guerra é atacar os planos do inimigo; depois atacar suas alianças; em seguida atacar seu exército; e a mais baixa é atacar suas cidades fortificadas.

"Essa tática de atacar cidades fortificadas é adotada apenas quando inevitável. Preparar grandes escudos protetores móveis, carretas protegidas de ataque e outros equipamentos e dispositivos exigirá três meses. Construir barreiras de terra exigirá outros três meses. Se o general não pode dominar sua impaciência, mas, ao contrário, lança um ataque em que seus homens saltam as muralhas aglomerando-se como formigas, ele matará um terço de seus oficiais e homens, e a cidade ainda assim não será tomada. Esse é o desastre que resulta do ataque a cidades fortificadas.

"Assim, quem excele em empregar a força militar subjuga os exércitos dos outros povos sem travar batalha, toma as cidades fortificadas dos outros povos sem as atacar e destrói os estados dos outros povos sem lutas prolongadas. Deve lutar sob o Céu com o propósito primordial da 'preservação'. Desse modo suas armas não se embotarão, e os ganhos poderão ser preservados. Essa é a estratégia para planejar ofensivas.

"Em geral, a estratégia para empregar a força militar é essa: Se tua força equivale a dez vezes a deles, cerca-os; se cinco, ataca-os; se duas, divide teus exércitos. Se em força és igual ao inimigo, podes enfrentá-lo. Se inferior, podes usar de artimanha. Se em franca desvantagem, podes evitá-lo. Assim um inimigo pequeno que age de forma inflexível se tornará prisioneiro de um inimigo maior.

"O general é o pilar de sustentação do estado. Se seus talentos formam um todo coeso, o estado será invariavelmente forte. Se o pilar de sustentação é marcado por fissuras, o estado será invariavelmente enfraquecido.

"Assim, há três modos por que um exército pode ser colocado em dificuldade por um governante:

"Ele não sabe que os Três Exércitos não devem avançar e os instrui a avançar, ou não sabe que os Três Exércitos não devem se retirar e ordena uma retirada. Isso é o que se chama 'obstruir o exército'.
"Ele não compreende as atividades militares dos Três Exércitos, mas os dirige da mesma forma que em sua administração civil. Desse modo os oficiais ficarão confusos.
"Ele não compreende o equilíbrio tático de poder dos Três Exércitos, mas assume a responsabilidade do comando. Desse modo os oficiais ficarão desorientados.

"Quando os Três Exércitos já estão confusos e desorientados, emerge o perigo de os senhores feudais obterem vantagem da situação. A isso nos referimos como 'um exército desordenado conduzindo um outro à vitória'.

"Existem, pois, cinco fatores por meio dos quais se pode conhecer a vitória:

"Aquele que souber quando pode lutar e quando não pode lutar será vitorioso.
"Aquele que reconhecer como empregar grandes e pequenos números será vitorioso.
"Aquele cujos postos superiores e inferiores tiverem os mesmos desejos será vitorioso.
"Aquele que, plenamente preparado, estiver esperando o despreparado será vitorioso.
"Aquele cujo general for capaz e não sofrer interferência do governante será vitorioso.

"Esses cinco são o Tao para conhecer a vitória.

"Assim, diz-se que aquele que conhece o inimigo e a si mesmo não correrá perigo algum em cem confrontos. Aquele que não conhece o inimigo mas conhece a si mesmo será por vezes vitorioso e por vezes encontrará a derrota. Aquele que não conhece o inimigo e tampouco a si mesmo será invariavelmente derrotado em todos os confrontos."

COMENTÁRIO

As primeiras passagens deste capítulo propõem sucintamente uma visão da guerra ofensiva concorde com a consideração de Sun Tzu de que a vitória deve ser obtida com o menor sacrifício possível de homens e materiais. Em consonância com essa visão, o ideal mais alto é subjugar o inimigo sem lutar, frustrando seus planos, defraudando seus preparativos e solapando suas alianças, porque as "vitórias" assim alcançadas preservam o estado intacto, ao mesmo tempo que aumentam significativamente seu poder e sua imponência. Entretanto, se o combate real se fizer necessário, os comandantes astutos procurarão conquistar seus inimigos com o mínimo de destruição para ambos os lados, sempre evitando conflitos prolongados e batalhas inúteis. (Embora as razões reais de Sun Tzu para procurar subjugar desse modo o inimigo mantendo-o intacto não possam ser conhecidas, são provavelmente uma mistura de preocupação humanitária, sábio interesse próprio – inclusive a minimização das perdas que fariam do estado uma presa fácil para outros inimigos secundários – e a obtenção de maiores ganhos com a riqueza e os materiais tomados. Além disso, durante o período de Primavera e Outono, havia ainda uma preocupação, mesmo que nominal, em empreender campanhas somente com propósitos justos e poupar o quanto possível o povo inimigo, ainda que apenas para minimizar o grau de inimizade, reduzindo com isso tanto a oposição decorrente quanto o risco de retaliação futura.)

O breve primeiro parágrafo da segunda seção se encontra entre os mais famosos do pensamento político e militar chinês, amplamente conhecido ao longo da história no Oriente e frequentemente citado, mesmo nos dias de hoje, em praticamente todos os gêneros e arenas. O conceito tático de atacar os planos em vez de exércitos reais mantém aplicabilidade contemporânea em várias esferas, assim como a ideia de enfraquecer os adversários e solapar suas alianças. No entanto, a afirmação de Sun Tzu de que "a mais baixa é atacar suas cidades fortificadas" gerou muita confusão, sendo citada tanto por historiadores quanto por teóricos militares modernos como uma repreensão desqualificada contra a guerra urbana. Em verdade, Sun Tzu simplesmente advertia contra a organização de ataques urbanos dispendiosos, *exceto como último recurso*, porque não apenas dizimariam os exércitos agressores – em sua época os defensores gozavam de esmagadora vantagem – como também atolariam os exércitos no ócio prolongado da guerra de sítio. Em vez disso, um inimigo abrigado deve ser atraído ou compelido ao movimento e então atacado quando exposto e vulnerável, precisamente a tática de Sun Pin nas duas famosas batalhas de Kuei-ling e Ma--ling. (Embora poucos dos princípios táticos e conceitos de Sun Tzu se tenham tornado obsoletos, no período dos Reinos Combatentes, o escopo cada vez maior da guerra, juntamente com a crescente prosperidade econômica e o aumento constante da população, transformou significativamente as prioridades de ataque, muitas vezes resultando na designação de cidades como alvos preferidos, como pode ser visto em "Cidades masculinas e femininas", de *Métodos militares*.)

O terceiro parágrafo sugere táticas básicas adequadas às diferentes proporções de força, que podem ser comparadas a outras enumeradas no Índice de Táticas. Mais incisiva é sua advertência contra tolerar qualquer interferência do governante no exército uma vez embarcado em campanha. Sua veemência em enumerar três cenários problemáticos não somente evidencia que o governante e a burocracia civil haviam se alienado das realidades da guerra e tinham sido substituídos por militares profissionais, mas também que, durante o período, aparentemente perdiam-se confrontos por causa dessas interferências de longo alcance. (Sun Pin também considerou necessário referir-se a esse tópico um século e meio mais tarde, em "A virtude do general".) Em um período de comunicação difícil – ainda que a China tenha desenvolvido cedo um rápido sistema de torres de sinal – o governante devia ser muito mais desinformado que em séculos subsequentes, inclusive no século XX, em que as autoridades civis igualmente obstruíam as empresas militares de suas nações, até mesmo ao ponto de pretenderem determinar alvos específicos de bombardeio.

Entretanto, subjacente a essa luta, encontra-se o grande problema do civil *versus* o marcial, a questão de quem irá controlar o poder último e com que fins esse poder deverá ser empregado. Não se trata simplesmente da questão da autoridade política *versus* a autoridade militar, pois que afeta e atinge todos os aspectos de uma civilização, determinando prioridades, valores e objetivos culturais. Embora a China tenha gozado de continuidade cultural durante três milênios, foi politicamente fragmentada e dividida inúmeras vezes, muitas delas quando as autoridades políticas então no poder superestimaram o civil e criticaram muito veementemente o marcial. De sua história e da história mais fragmentada do Ocidente ainda restam certas lições a serem aprendidas.

O parágrafo final, surpreendentemente famoso, deve ser compreendido não apenas como uma reafirmação de que a inteligência militar é necessária e deve, portanto, ser vigorosamente perseguida (como se vê no primeiro capítulo e novamente se encontrará no capítulo intitulado "Empregando espiões"), mas também como uma réplica àqueles que – talvez cegados pela ênfase exclusiva nos perigos externos e pela perseguição obstinada de dados e segredos – negligenciam a autoavaliação. Quer em confrontos militares, quer em campos de batalha mais abstratos, a incompreensão das próprias capacidades e deficiências só pode conduzir a estratégias inadequadas e derrotas dolorosas, como o conflito do Vietnã certamente revelou.

4

A disposição militar

軍形

*S*un Tzu disse:

"Na antiguidade, aqueles que exceliam na guerra primeiro tornavam a si mesmos inconquistáveis para aguardar o momento em que o inimigo pudesse ser conquistado.

"Ser inconquistável reside em ti mesmo; ser conquistável reside no inimigo.

"Assim, aquele que excele na guerra é capaz de tornar a si mesmo inconquistável, mas não necessariamente de tornar o inimigo conquistável.

"Desse modo, diz-se que uma estratégia para conquistar o inimigo, ainda que conhecida, pode não ser possível de implementar.

— — —

"Quem não pode ser vitorioso assume uma postura defensiva; quem pode ser vitorioso ataca. Nessas circunstâncias, assumindo a postura defensiva, a força será mais que suficiente, ao passo que em ações ofensivas seria insuficiente.

— — —

"Aqueles que excelem na defesa se enterram além das mais baixas profundezas da Terra. Aqueles que excelem no ataque se movem acima das mais elevadas alturas do Céu. Assim são capazes de se preservar e alcançam a plena vitória.

"Perseguir uma vitória que não ultrapassa o que as massas poderiam saber não é o ápice da excelência. Contender por vitórias pelas quais Tudo que há sob o Céu proclama tua excelência não é o ápice da excelência.

"Assim, erguer uma lebre de outono não pode ser considerado uma enorme força; ver o sol e a lua não pode ser considerado uma visão aguda; ouvir o som do trovão não pode ser considerado uma audição sensível.

"Aqueles a quem os antigos se referem como excelentes na guerra conquistaram os que eram fáceis de conquistar. Assim, as vitórias dos que exceliam na guerra não eram famosas pela sabedoria ou pela realização corajosa. Suas vitórias eram, portanto, livres de erros. Quem é livre de erros direciona suas medidas para vitórias certas, conquistando aqueles que já estão derrotados.

"Desse modo, quem excele na guerra primeiro se estabelece em uma posição em que não pode ser derrotado, sem perder nenhuma oportunidade de derrotar o inimigo.

"O exército vitorioso primeiro realiza as condições para a vitória e só depois busca travar batalha. O exército derrotado luta primeiro e só depois busca a vitória.

"Quem excele no emprego da força militar cultiva o Tao e preserva as leis; é, portanto, capaz de ser o regulador da vitória e da derrota.

"Quanto aos métodos: o primeiro é denominado medição; o segundo, avaliação dos exércitos; o terceiro, cálculo do número de homens; o quarto, ponderação da força relativa; o quinto, vitória.

"O terreno dá a luz à medição; a medição produz a avaliação dos exércitos. A avaliação dos exércitos dá origem ao cálculo do número de homens. O cálculo do número de homens dá origem à ponderação da força. A ponderação da força dá a luz à vitória.

"Assim, o exército vitorioso é como uma tonelada comparada a uma onça, enquanto o exército derrotado é como o peso de uma onça em relação a uma tonelada! O combate do vitorioso se assemelha ao súbito despejo de uma torrente represada por uma garganta de mil braças. Essa é a disposição estratégica das forças."

COMENTÁRIO

Essencialmente, este capítulo amplia o conceito básico de Sun Tzu, de acordo com o qual se deve lutar apenas quando a vitória pode ser assegurada, já que nele o autor defende a adoção de uma forte postura defensiva quando a vitória não pode ser antevista. Embora a dúvida e a hesitação possam destruir um exército, a audácia imprudente e a falsa coragem podem igualmente fadar um exército à extinção. Ao longo da história, uma defesa forte provou ser uma potente arma ofensiva, porque força o inimigo a lidar com tropas firmemente posicionadas, atacando-o em um solo de batalha bem escolhido, cuja configuração deve maximizar a vantagem natural de quem se defende. Desse modo, Sun Tzu afirmou que, "assumindo uma posição defensiva, a força será mais que suficiente". Ao contrário, atacar um oponente superior, combater vantagens insuperáveis sem planos táticos imaginativos só pode resultar em derrota e destruição.

Uma vez que o comandante se assegurou de que seu exército não pode ser derrotado, deve manipular o inimigo para criar as condições exigidas para uma vitória fácil, e então explorá-las imediatamente. Como Sun Tzu aponta, quando o inimigo foi enfraquecido e desorganizado, ele se torna uma presa fácil, ainda que pareça temível. Entretanto, quando a vitória se evidencia rapidamente como resultado, o homem comum perseguirá apenas a rápida derrota de um exército debilitado, e portanto uma vitória antes fácil que astuta. Evidentemente, a lição a ser aprendida, quer no campo de batalha quer em outro âmbito, é que se deve abster de alocar suas forças até o momento adequado, um momento não simplesmente esperado, mas produzido com o intuito de ser profundamente vantajoso.

Neste capítulo, Sun Tzu também introduz o conceito de níveis de força adequados e a importância de os correlacionar à tarefa e ao terreno que se tem em mãos. (Muito embora isso não tenha sido mencionado, os escritores militares antigos eram absolutamente conscientes de que concentrar excessivamente a força do exército dificultaria a flexibilidade, enquanto forças demasiado dispersas ou insuficientes simplesmente o arrastariam à inexistência em terreno aberto. Do mesmo modo, enviar pessoas demais para uma tarefa – quer esta consista em planejamento, vendas ou atividades físicas – causa atrito e obstaculiza a tomada de decisão, enquanto muito poucas poderiam se mostrar insuficientes para o desafio.)

As melhores medições fornecem apenas uma estimativa das forças requeridas para alcançar a vitória. Ainda mais significativa é a implementação de medidas de comando e controle que explorem todo o potencial do exército e se utilizem de terrenos vantajosos para assolar o inimigo simplesmente com o "poder estratégico". Esse conceito, plenamente explicado nos capítulos subsequentes, combina poder bruto com vantagens posicionais, entre outras, assegurando que o inimigo não poderá escapar das circunstâncias de sua sorte.

Poder estratégico militar

兵勢

Sun Tzu disse:

"Em geral, comandar um grande número é como comandar um pequeno. É uma questão de dividir os números. Combater um grande número é como combater um pequeno. É uma questão de configuração e designação.

— — —

"O que capacita as massas dos Três Exércitos a invariavelmente resistirem ao inimigo sem serem derrotadas são o heterodoxo e o ortodoxo.

"Se onde quer que o exército ataque ele é como uma pedra de amolar lançada contra um ovo, isso se deve ao vácuo e ao substancial.

"Em geral, enceta-se uma batalha com o ortodoxo e atinge-se a vitória através do heterodoxo. Portanto, quem excele em levar adiante o heterodoxo é inesgotável como o Céu, ilimitado como o Yangtze e os rios Amarelos. O que alcança um fim e se inicia novamente são o sol e a lua. O que morre e renasce são as quatro estações.

"As notas não excedem cinco, mas as variações das cinco notas nunca podem ser plenamente ouvidas. As cores não excedem cinco, mas as variações das cinco cores nunca podem ser completamente vistas. Os sabores não excedem cinco, mas as variações dos cinco sabores nunca podem ser inteiramente sentidas. Na guerra, as configurações estratégicas de poder não excedem o heterodoxo e o ortodoxo, mas as variações de heterodoxo e ortodoxo nunca podem ser completamente esgotadas. O heterodoxo e o ortodoxo produzem mutuamente um ao outro, precisamente como um ciclo sem fim. Quem os pode esgotar?

— — —

"A configuração estratégica de poder é visível na torrente de águas represadas caindo por sobre pedras. O efeito das pressões é visível na arremetida de uma ave de rapina quebrando os ossos de seu alvo. Assim, a configuração do poder estratégico daqueles que excelem na guerra é centrada, suas pressões são precisas. Sua configuração estratégica de poder é como uma besta plenamente retesada, suas pressões são como o disparo do gatilho.

"Embaralhada e turbulenta, a luta parece caótica, mas eles não a podem travar desordenadamente. Em meio ao tumulto e à confusão, sua disposição é circular, e não podem ser derrotados.

"O caos estimulado se origina do controle; a ilusão de medo se origina da coragem; a fraqueza dissimulada se origina da força. Ordem e desordem são uma questão de número; coragem e medo são uma questão de configuração estratégica do poder; força e fraqueza são uma questão de disposição das forças.

"Assim, quem excele em movimentar o inimigo se dispõe em uma configuração à qual cumpre que o inimigo responda. Oferece alguma coisa de que o inimigo precisa se apoderar. Pelo lucro, move-o, com seus fundamentos o espera.

"Assim, quem excele na guerra procura a vitória por meio da configuração estratégica de poder, não da confiança nos homens. Assim ele é capaz de selecionar os homens e empregar o poder estratégico.

"Quem emprega o poder estratégico comanda os homens em batalha como se fossem toras e pedras em movimento. A natureza da pedra e da madeira determina que fiquem paradas quando estáveis, mas que se movimentem quando em terreno íngreme. Se são quadradas, param; se redondas, tendem a se mover. Assim, o poder estratégico daquele que excele em empregar os homens na guerra é comparável a rochas redondas precipitando de uma montanha de mil braças. Essa é a configuração estratégica do poder."

COMENTÁRIO

Muitos conceitos táticos importantes recebem sua formulação inicial neste capítulo, o par correlato "heterodoxo e ortodoxo" e o poder estratégico, ambos amplamente discutidos na Introdução. Entretanto, a base para implementar qualquer estratégia só pode ser o comando e o controle efetivos que, para os exércitos da China antiga, implicavam a organização hierárquica imposta rigorosamente em múltiplos de cinco, desde a esquadra até as brigadas e os exércitos. Além disso, a organização, estritamente definida, significa que o comandante exerce sua vontade sobre suas tropas como se comandasse um único homem, um conceito analítico notável na época de Sun Tzu. (À exceção do reino militar, as estruturas de comando rigidamente hierárquicas – associadas à organização megalítica e à responsabilidade vertical – são atualmente desdenhadas em favor da responsabilidade compartilhada, *downsizing*[1], iniciativas de grupos pequenos e autonomia local. Mesmo a teoria militar teve sua ênfase continuamente redirecionada de maneira cíclica, geralmente reduzindo os soldados individuais a autômatos, mas salientando por vezes a iniciativa e a flexibilidade.) Criando um exército capaz de responder imediatamente, medidas ardilosas complexas podem ser executadas com sucesso para manipular o inimigo, compeli-lo a situações desvantajosas ou atraí-lo para solos fatais, onde sua destruição é inevitável.

---

1. Redução do quadro de funcionários e reestruturação das funções.

O emprego de táticas heterodoxas tem há muito sido desdenhado no Ocidente, frequentemente à custa de inúmeras vidas, tanto no campo de batalha quanto fora dele. Embora a heterodoxia em si mesma atraia e até mesmo maravilhe alguns, em geral ela desperta um senso ingênuo de "jogo desonesto", que desconsidera as severas realidades ambientais. No entanto, o heterodoxo e o ortodoxo são, na correta conceitualização taoista, meramente dois aspectos complementares, nenhum deles mais valoroso que qualquer técnica cirúrgica. Medidas heterodoxas foram aplicadas de modo inadequado, o que resultou em fracassos, e utilizadas por vilões com propósitos perversos, mas não podem ser condenadas pelas intenções subjacentes a elas. Ao contrário, a heterodoxia e o conceito do par correlato heterodoxo-ortodoxo fornecem àquele que está em desvantagem – quer em menor número, fraco, sem ligações ou inexperiente – uma perspectiva de vislumbrar abordagens alternativas e um método de converter sua situação em vantagem.

O mais simples cenário de batalha ocorre quando um exército se considera em número significativamente menor e tem como reação ortodoxa normal estabelecer rapidamente um perímetro a ser defendido plenamente, ainda que de maneira branda, ao mesmo tempo que espera que uma luta fervorosa contenha o ataque inimigo. (Cumpre lembrar que historicamente os defensores gozavam de uma vantagem de três para um, assumindo que não fossem totalmente incompetentes ou não estivessem absolutamente exaustos.) Entre as várias reações heterodoxas possíveis nesta situação, a mais comumente observada na China começava por dissimular o estabelecimento de defesas fixas, construindo, por exemplo, paliçadas visíveis, e enganando o inimigo quanto à força real da tropa através de bonecos, levantando poeira e outras medidas simples, com o intuito de desencorajar ataques imediatos. Em seguida, o exército se concentrava em um ponto fraco do inimigo, para encetar de súbito o confronto, que se seguia obviamente com uma luta atabalhoada. Entretanto, a pressa e a desordem da retirada seriam apenas uma maneira capciosa de fazer com que o inimigo o seguisse, estabelecendo o estágio tático para um contra-ataque repentino, muitas vezes apoiado por investidas por trás e pelos flancos, realizadas por pequenas unidades que clandestinamente se separavam da tropa em meio à poeira e à confusão da retirada. (O uso que T'ien Tan fez de bois de ataque para efetivar uma arremetida noturna é sem dúvida um exemplo particularmente famoso desta estratégia, amplamente discutida em nossa *History of Warfare in China*[2], a sair, e também brevemente recontada em nosso compêndio, *One Hundred Unorthodox Strategies*[3].) A tática específica não importa; a habilidade para visualizar métodos alternativos, não ortodoxos, em qualquer situação define um mestre da heterodoxia.

---

2. *História da guerra na China.*
3. *Cem estratégias heterodoxas.*

6
Vacuidade e substância

虛實

Sun Tzu disse:

"Em geral, quem quer que ocupe primeiro o campo de batalha estará confortável, quem quer que ocupe o campo de batalha depois e tenha que correr para o conflito estará fatigado. Assim, quem excele na guerra compele os homens e não é compelido por outros homens.

"Para fazer o inimigo vir de livre vontade, exibe lucros aparentes. Para impedir que o inimigo avance, mostra-lhe os danos potenciais.

"Assim, se o inimigo está descansado, podes cansá-lo; se está bem alimentado, podes torná-lo faminto; se está em descanso, podes movê-lo. Avança para posições às quais ele precise correr. Corre para onde ele não espera.

"Para viajar mil quilômetros sem te fatigar, atravessa terrenos desocupados. Para te assegurar de atingir o objetivo em uma investida, ataca as posições que não estão defendidas. Para ter certeza de uma defesa inexpugnável, assegura posições que o inimigo não atacará.

"Desse modo, quando alguém excele no ataque, o inimigo não sabe onde montar sua defesa; quando alguém excele na defesa, o inimigo não sabe onde atacar. Sutil! Sutil! Aproxima-se o informe. Imaterial! Imaterial! Apresenta-se o insondável. Assim, ele pode ser o Senhor do Destino do inimigo.

"Para efetuar um avanço desimpedido, ataca as vacuidades do inimigo. Para efetuar uma retirada que não pode ser ultrapassada, emprega uma velocidade insuperável. Assim, se quero travar combate, mesmo que o inimigo tenha altos baluartes e profundos fossos, não poderá evitar a batalha, porque ataco objetivos que precisam ser recuperados.

"Se não quero travar combate, mesmo que eu simplesmente desenhe uma linha no chão e a defenda, ele não conseguirá fazer-me combater, porque nós atalharemos seus movimentos.

"Assim, se eu precisar a disposição de forças do inimigo sem ter eu mesmo uma forma perceptível, posso concentrar minhas forças enquanto o inimigo está fragmentado. Se estamos concentrados em uma única força enquanto ele está fragmentado em dez, então o atacaremos com dez vezes a sua força. Assim somos muitos e o inimigo é parco. Se pudermos atacar seus poucos com nossos muitos, aqueles com quem travarmos batalha ficarão extremamente pressionados.

"O local onde travaremos o confronto com o inimigo não deve ser por ele conhecido. Se não o conhecer, terá que preparar numerosas posições de defesa. Se forem numerosas as posições de defesa que o inimigo preparar, serão poucas as forças que engajaremos. Assim, se o inimigo se preparar para defender a frente, atrás haverá poucos homens. Se defender a retaguarda, na frente haverá poucos. Se se preparar para defender o flanco esquerdo, à direita haverá poucos homens. Se se preparar para defender o flanco direito, à esquerda haverá poucos homens. Se não houver nenhuma posição desprotegida, então não haverá posição alguma com mais que uns poucos homens. Tornam-se poucos os que se preparam contra outros. Tornam-se muitos os que fazem outros se prepararem contra si.

"Assim, quem conhece o campo de batalha e sabe o dia da batalha pode atravessar mil quilômetros e se reunir para travar combate. Se não conhecer o campo de batalha nem souber o dia da batalha, o flanco esquerdo não poderá auxiliar o direito, tampouco poderá o flanco direito auxiliar o esquerdo; a frente não poderá auxiliar a retaguarda, tampouco poderá a retaguarda ajudar a frente. Isso não seria ainda mais verdadeiro quando os distantes se encontram a algumas dezenas de quilômetros e os próximos a alguns quilômetros? Na minha visão, mesmo que o exército de Yüeh seja numeroso, de que grande vantagem seria para eles obter a vitória? Assim, digo que a vitória pode ser alcançada. Ainda que o inimigo seja mais numeroso, pode ser compelido a não lutar.

"Assim, analisa-o criteriosamente para saber as estimativas de ganho e perda. Estimula-o para saber seus padrões de movimento e descanso. Determina sua disposição de forças para conhecer os terrenos acessíveis ou fatais. Investiga-o para saber em que ele tem excesso, em que ele tem insuficiência.

"Assim, o ápice da disposição militar encontra o informe. Se é informe, mesmo o mais profundo espião não pode discerni-lo, tampouco o sábio fazer planos contra ele.

"De acordo com a disposição do inimigo, impomos às massas medidas que levam à vitória, mas as massas não são capazes de as compreender. Todos os homens sabem a disposição pela qual obtemos a vitória, mas ninguém conhece a configuração através da qual controlamos a vitória. Assim, uma estratégia de batalha vitoriosa não é repetida, as configurações de reação ao inimigo são inesgotáveis.

— — —

"Ora, a disposição de forças do exército é como água. A configuração da água evita as alturas e corre para baixo. A disposição de forças do exército evita o substancial e ataca o vácuo. A água configura seu fluxo de acordo com o terreno; o exército controla sua vitória de acordo com o inimigo. Desse modo, o exército não mantém nenhuma configuração estratégica de poder, a água não tem forma constante. Quem é capaz de mudar e se transformar de acordo com o inimigo e alcançar a vitória é denominado imaterial. Assim, nenhuma das cinco fases domina constantemente; as quatro estações não têm posições constantes; o sol brilha por períodos ora mais longos, ora mais curtos; e a lua mingua e cresce."

COMENTÁRIO

O capítulo inicia-se com outra das afirmações paradigmáticas de Sun Tzu que têm aplicabilidade em inúmeras situações: "Quem excele na guerra compele os homens e não é compelido por outros homens." Os outros parágrafos devem ser compreendidos como extensões deste princípio, juntamente com explicações concretas para atingir o objetivo último da conquista fácil. Em particular, duas noções exigem ênfase: cumpre manipular o inimigo para o atalhar e desestabilizar e explorar todas as fraquezas. A realização última do segundo consiste em mover o exército para onde quer que o inimigo não esteja presente e atacar seus vazios e vacuidades, os locais deixados desprotegidos. De acordo com a abordagem de Sun Tzu da arte da guerra, isso requer conhecimento prévio e esforços para impedir que o inimigo, por sua vez, adquira conhecimento acurado sobre suas atividades. Em síntese, se o inimigo for confundido por vários meios, entre os quais ardil, segredo e dissimulações, não apenas será forçado a realizar movimentos inadequados como também será compelido a organizar defesas em inúmeras posições, exaurindo com isso sua força no local alvejado. Além disso, esforços adequadamente concentrados podem resultar na oposição da fraqueza à força, o exausto sendo forçado a atacar o descansado, ou o faminto a combater o bem alimentado.

O ardil e a manipulação – aspectos da grande questão da forma e do informe – já foram minuciosamente discutidos na Introdução. No entanto, nos últimos parágrafos do capítulo, Sun Tzu caracteriza mais longamente a inter-relação das disposições de forças dos dois lados. Esses parágrafos encerram certos princípios importantes: variação é a essência da reação, e somente o comandante conhece a verdadeira configuração por trás da disposição de forças visível. Ademais, a relação entre o poder estratégico e a disposição das forças se evidencia pela primeira vez. Os comentadores compreenderam por vezes erroneamente o conceito de reação, acreditando que, uma vez que o inimigo se move e se compromete, deve-se agir automaticamente de algum modo fixo ou predeterminado. Entretanto, todo o capítulo de Sun Tzu explicita que as formas de reação, ainda que baseadas na disposição real do inimigo e em alguns princípios e realidades de combate imutáveis, devem ser escolhidas livremente dentro desses parâmetros essenciais. Em lugar de alguma forma de determinismo invariante e inútil, enfatiza-se a flexibilidade, distinta da prática tradicional da disposição fixa do início do período Chou e até recentemente encontrada no Ocidente.

Todos os escritores militares chineses salientavam a importância de ser flexível, de variar as táticas, não apenas para servirem às circunstâncias específicas, como também para evitar tornar-se previsível. Embora a regra "em time que está ganhando não se mexe" possa ser considerada cardeal para competições esportivas, e certamente seja válida para confrontos isolados, no caso de repetidas exposições aos competidores – sem restrição de arena – cumpre considerar o dito de Sun Tzu de não repetir uma estratégia vencedora. Do contrário, o inimigo acabará por discernir os padrões de controle e os métodos de conquista, o que o fará conceber táticas para frustrá-los e prosseguir explorando quaisquer fraquezas inerentes. A dificuldade surge, como Sun Pin adverte, da tentativa de alcançar a vitória com algo que não a própria força. A sabedoria, portanto, reside em concentrar os esforços em certos métodos, porém não em detrimento das alternativas. Manter o inimigo ou os competidores (ou parceiros ou amigos) iludidos quanto a suas intenções e capacidades amplia a margem de liberdade, mas somente se as vacuidades puderem ser oportunamente discernidas e exploradas.

Em geral, na ausência de uma estratégia compensatória invencível e no caso de ser inferior ao inimigo, nunca se deve empreender tarefas ou entrar em um conflito potencialmente decisivo. Portanto, a habilidade de prever deve ser estimulada de modo que você (ou seu time ou sua empresa) esteja plenamente preparado no momento em que surgir um conflito, sem sofrer fraquezas significativas ou condições debilitadas temporárias, como ficar exausto, preocupado com outros conflitos ou sem forças. Em seguida, a situação pode e deve ser manipulada, as circunstâncias escolhidas, de modo que seus esforços sejam direcionados simplesmente a aplicar o poder estratégico, percebendo as vantagens obtidas através do posicionamento e da preparação adequados. Embora, como se sabe, o "posicionamento" delimite em grande medida as possibilidades de sucesso no âmbito do *marketing*, a vantagem posicional não se restringe à área comercial. Qualquer batalha nos negócios, qualquer busca por sucesso no interior de hierarquias corporativas, e até mesmo confrontos de rua, requerem o reconhecimento e a rápida assunção de uma posição vantajosa. Compreendida e explorada adequadamente, a vantagem estratégica pode com facilidade converter uma situação potencialmente mortal em uma derrota do inimigo. (Um exemplo concreto simples poderia ser uma campanha massiva de vendas voltada para saturar o mercado da noite para o dia com um novo produto, tornando impossível aos competidores reagirem ou obterem espaço nas prateleiras. Essa abordagem deve, evidentemente, ser localizada e não nacional, permitindo estabelecer sua viabilidade para o artigo em questão. Do mesmo modo, atacar vacuidades pode ser entendido como lançar produtos que alcançarão maior sucesso em nichos de mercado, e talvez até defini-los.) No combate pessoal, encontrar-se em solo mais alto e dispor de proteção sólida atrás de si (como um prédio ou uma cerca) ou de quaisquer armas à mão multiplicarão imediatamente sua força disponível e com isso seu poder estratégico. Com objetos ou outras vantagens contingentes, pode-se atacar as vacuidades desprotegidas de um agressor, utilizando, por exemplo, uma bengala ou um guarda-chuva para atacar as pernas de um agressor ao mesmo tempo que se ameaça sua cabeça. Nos esportes, atacar os vazios e vacuidades significa atacar onde os competidores são mais fracos. Um exemplo simples do basquetebol seria acentuar a velocidade contra um oponente mais lento, abrindo a quadra para cestas fáceis; muitas aplicações similares, no entanto, seguem-se diretamente.

7

Combate militar

軍爭

Sun Tzu disse:

"Em geral, a estratégia para empregar o exército é essa: Do momento em que o general recebe suas ordens do governante, unifica os exércitos e reúne as massas, até o confronto com o inimigo e o acampamento, não há nada mais difícil que o combate militar. No combate militar, o que é mais difícil é tornar reto o tortuoso e transformar em vantagem a adversidade.

"Assim, se tornas o caminho do inimigo tortuoso e o atrais com lucros, ainda que partas depois dele chegarás antes dele. Isso resulta do conhecimento das táticas do tortuoso e do direto.

⚊ ⚊ ⚊

"Assim, o combate entre exércitos é vantajoso; o combate entre massas é perigoso. Se o exército inteiro luta por vantagens, não chegarás em tempo. Se reduzires a dimensão do exército para lutar por vantagens, tua bagagem e equipamentos pesados sofrerão perdas.

"Por esta razão, se abandonares tua armadura e equipamentos pesados para correr dia e noite sem acampar, cobrindo de uma vez a distância normal de dois dias, marchando cem quilômetros para lutar por ganhos, os generais dos Três Exércitos serão capturados. Os fortes serão os primeiros a chegar, e os exaustos os seguirão. Com essa tática, apenas um em dez alcançará o local da batalha. Se se lutar por ganhos, marchando cinquenta quilômetros de distância, o general do Exército Superior tropeçará, e seguindo essa tática somente a metade dos homens alcançará o objetivo. Se lutares por ganhos marchado trinta quilômetros, dois terços do exército alcançarão o objetivo.

"Consequentemente, se o exército não tem bagagem e equipamentos pesados, estará perdido; se não tem provisões, estará perdido; se não tem estoques, estará perdido.

"Assim, quem não conhece os planos dos senhores feudais não pode fazer alianças previamente. Alguém que não está familiarizado com as montanhas e florestas, gargantas e desfiladeiros, com a forma dos charcos e pantanais, não pode fazer avançar o exército. Quem não lança mão de guias locais não pode obter vantagens do terreno.

"O exército, pois, se estabelece pelo logro, move-se por vantagem e se transforma através da segmentação e reunião. Assim, sua velocidade é como o vento, sua lentidão como a floresta; sua invasão e pilhagem como uma fogueira; estático, é como as montanhas. É tão difícil de conhecer quanto a escuridão; em movimento, é como o trovão.

"Quando pilhares uma região, divide a riqueza entre tuas tropas. Quando ampliares teu território, divide os lucros. Toma o controle do equilíbrio estratégico de poder e move-te. Quem primeiro compreender as táticas do tortuoso e do direto será vitorioso. Essa é a estratégia para o combate militar.

"A *Administração militar* afirma: 'Porque não conseguiam se ouvir fizeram gongos e tambores; porque não conseguiam se ver fizeram flâmulas e bandeiras.' Gongos, tambores, flâmulas e bandeiras são os meios para unificar os ouvidos e olhos dos homens. Quando os homens tiverem sido unificados, os corajosos não poderão avançar sozinhos, os amedrontados não poderão se retirar sozinhos. Esse é o método para empregar grandes números.

"Assim, em batalhas noturnas faz com que sejam numerosas as fogueiras e os tambores, e em batalhas diurnas faz com que sejam numerosas as bandeiras e as flâmulas para orientar os olhos e os ouvidos dos homens.

"O *ch'i* (espírito) dos Três Exércitos pode lhes ser arrebatado; a mente do general comandante pode ser apreendida. Por essa razão, de manhã seu *ch'i* é ardente; durante o dia seu *ch'i* se torna indolente; ao anoitecer, seu *ch'i* está exausto. Assim, quem excele no emprego do exército evita o *ch'i* ardente do inimigo e ataca quando ele está indolente ou exausto. Esse é o caminho para manipular o *ch'i*.

"Em ordem, espera o desordenado; em tranquilidade, espera o clamoroso. Esse é o caminho para controlar a mente.

"Com os próximos espera os distantes; com os descansados espera os fatigados; com os saciados espera os famintos. Esse é o caminho para controlar a força.

"Não interceptes bandeiras bem ordenadas; não ataques formações bem reguladas. Esse é o caminho para controlar as mudanças.

"Eis, pois, a estratégia para empregar a força militar: Não te aproximes de altas montanhas; não confrontes aqueles que têm colinas atrás de si. Não persigas falsas retiradas. Não ataques tropas vigorosas. Não engulas um exército que age como isca. Não obstruas um exército que se retira para casa. Se sitiares um exército, cumpre que deixes uma saída. Não pressiones um invasor exausto. Essas são as estratégias para empregar a força militar."

COMENTÁRIO

A breve afirmação "o combate entre exércitos é vantajoso; o combate entre massas é perigoso" encerra o pensamento central do capítulo. Dispor em campo simplesmente um vasto número de homens vestidos como soldados desperdiça os recursos e só conduz à derrota, porque lhes falta a coesão e a disciplina exigidas para constituir um exército e desse modo executar a concepção do comandante. Além disso, qualquer atividade que debilite as tropas ou desmantele sua unidade – como avançar apressadamente sem apoio logístico – as transforma novamente em uma massa ineficiente, essencialmente uma turba que servirá de presa ao inimigo. Desse modo, Sun Tzu caracteriza um verdadeiro exército (e, por consequência, qualquer organização integrada) como veloz, mas unificado, quando em movimento, rígido e sólido quando em descanso. Ao comandante cumpre agir de modo que assegure que o exército permaneça um instrumento viável – o que explica a ênfase do capítulo na exploração dos vários meios de comunicação para unificar os homens – ao mesmo tempo que desenvolve táticas apropriadas para manipular o inimigo, obrigando-o a se mover, frustrando-o, tornando-o desordenado e desalentado. Deve, da mesma forma, estar ciente do fator *ch'i* ou espírito, já discutido na Introdução, esforçar-se por incitá-lo e maximizá-lo de modo adequado em seus próprios homens e evitar, simultaneamente, um inimigo vigoroso em estado semelhante, atacando-o somente quando sua disposição de espírito está mais fraca. Na medida em que o combate implica uma força mortal, somente os tolos desdenham as táticas manipulatórias para avançar de peito aberto contra inimigos fortes, em direção à derrota.

"Combate militar" inclui também um dos poucos pronunciamentos sobre o logro encontrados no texto: "o exército, pois, se estabelece pelo logro". Como discutimos na Introdução, Sun Tzu foi muitas vezes erroneamente identificado apenas pela doutrina do logro e frequentemente acusado por isso; entretanto, logro e ardil constituem apenas uma das técnicas vitais disponíveis a todos os comandantes para manipular o inimigo e obter a vantagem estratégica necessária para alcançar a vitória. Por outro lado, evita-se ser enganado através da utilização de espiões e observadores, do reconhecimento e de guias locais. Erros significativos podem ser evitados pela simples obtenção de informações acuradas sobre o terreno, o campo de competição, o mercado ou a área de possibilidade.

O capítulo conclui-se com uma série de enunciados táticos específicos que posteriormente se tornaram lições cruciais e foram enfatizados ao longo dos escritos militares. Como outros dispersos no interior de *A arte da guerra*, muitos deles são apenas princípios táticos de Sun Tzu invertidos, adotados subitamente pelo inimigo e contra os quais se deve defender. Os dois mais famosos são nunca pressionar um inimigo encurralado (mesmo que ainda se esteja explorando a situação para derrotá-lo) e evitar ser atraído a armadilhas por engodos ou lucros aparentes, algo que os comandantes militares de baixo escalão raramente aprendem antes de suas tropas serem levadas, por erros, a desastres evitáveis.

8
Nove variações

九變

Sun Tzu disse:

"Em geral, a estratégia para empregar a força militar é essa. Após o general receber suas ordens do governante, unificar o exército e reunir as massas:

Não acampes em terreno capcioso.
Une-te com teus aliados em terreno delimitado.
Não permaneças em terreno isolado.
Faz planos estratégicos para terrenos cercados.
Em terreno fatal cumpre que traves batalha.
Há estradas que não são seguidas.
Há exércitos que não são atacados.
Há cidades fortificadas que não são assaltadas.
Há terrenos pelos quais não se contende.
Há ordens do governante que não são aceitas.

"Quanto às estradas que não são seguidas: quando adentramos superficialmente o território inimigo, as ações da frente não serão conhecidas. Quando o adentramos profundamente, as vantagens da retaguarda não poderão ser consolidadas. Se nos movermos, não será vantajoso; se permanecermos, seremos aprisionados. Nesses casos, não as sigas.

"Quanto aos exércitos que não são atacados: ambos os nossos exércitos se interceptaram e acamparam. Estimamos que nossa força é suficiente para destruir o exército inimigo e capturar seu general. Entretanto, se nossa estimativa é feita de uma perspectiva distante, há entre eles os que excelem em poder estratégico heterodoxo e táticas habilidosas, e o exército está bem organizado. Nesses casos, mesmo que o exército possa ser atacado, não o ataques.

"Quanto às cidades fortificadas que não são assaltadas: Estimamos que nossa força é suficiente para nos apoderarmos de uma cidade. Se nos apoderarmos dela, não será de nenhuma vantagem para a frente; se a ganharmos, não seremos capazes de a proteger pela retaguarda. Se nossa força equivale à do inimigo, a cidade certamente não será tomada. Se, ao obtermos as vantagens de uma posição dianteira, a cidade se renderá por si mesma, ao passo que, se não obtivermos essas vantagens, a cidade não causará dano à retaguarda – nesses casos, mesmo que uma cidade possa ser assaltada, não a assaltes.

"Quanto aos terrenos que não se disputa: nos vales de montanhas em que a água não pode sustentar a vida, não contendas pelo terreno.

"Quanto às ordens do governante que não são implementadas: se as ordens do governante são contrárias a essas 'quatro variações', então, não implementes as ordens do governante. Quem compreende verdadeiramente as variações nas atividades sabe como empregar a força militar.

"Assim, o general que tem conhecimento acurado das vantagens das nove variações sabe como empregar o exército. Se o general não tem conhecimento acurado das vantagens das nove variações, mesmo que esteja familiarizado com a topografia, não será capaz de perceber as vantagens do terreno.

"Quem comanda um exército mas não conhece as técnicas das nove variações, ainda que esteja familiarizado com as cinco vantagens, não conseguirá controlar os homens.

"Por essa razão, os sábios devem considerar a combinação de ganho e perda. Se discernem vantagens em situações difíceis, pode-se confiar em seus esforços. Se discernem danos na vantagem provável, as dificuldades podem ser resolvidas.

"Desse modo, subjuga os senhores feudais com danos potenciais; ocupa os senhores feudais com inúmeras atividades; e faz os senhores feudais correrem atrás de lucros.

"Eis a estratégia para empregar o exército: não confiar em que o inimigo não virá, mas ter em nossas mãos os meios de esperá-lo. Não confiar em que ele não atacará, mas depender de nós ter uma posição inatacável.

O general tem, pois, cinco traços de caráter perigosos:

Quem se compromete a morrer pode ser assassinado.
Quem se compromete a viver pode ser capturado.
Quem facilmente se exaspera e se precipita para agir pode ser insultado.
Quem é obcecado por ser escrupuloso e imaculado pode ser humilhado.
Quem ama o povo pode encontrar problemas.

"Assim, esses cinco traços são excessos em um general, potencialmente desastrosos no emprego do exército. A destruição do exército e a morte do general decorrerão invariavelmente desses cinco; devem, pois, ser investigados."

COMENTÁRIO

Com exceção do último parágrafo, o capítulo é dedicado ao desenvolvimento do conceito de avaliação analítica do campo de batalha e de efetuação constante de preparativos defensivos para evitar ser pego de surpresa. A seção inicial oferece algumas observações específicas para terrenos particulares, em consonância com o conceito geral de Sun Tzu de configurações de terreno, que já foi discutido na Introdução. (O texto que pela tradição nos chegou às mãos foi completado com cinco parágrafos extraídos dos textos tumulares recém-descobertos, que se iniciam com "Quanto às estradas que não são seguidas".)

Sun Tzu reitera que o conhecimento da topografia, adquirido através do reconhecimento e de guias locais, é crucial para comandar e dispor o exército – não apenas para descobrir a posição do inimigo, mas também simplesmente para entender a natureza do terreno, as dificuldades que coloca e as vantagens potenciais que oferece. Muitas batalhas famosas do século XX – tanto corporativas como militares – foram perdidas porque os líderes simplesmente negligenciaram o reconhecimento do terreno e a formação concorde de suas ações. Uma vez que nenhuma situação é exclusivamente positiva, mas encerra vantagens e desvantagens, o general deve examinar cuidadosamente as possibilidades e então formular um curso de ação que lhe permita recusar enfrentamentos agourentos. Por essa razão o exército deve sempre preparar fortes posições defensivas, ou ao menos se planejar bem para elas, a fim de evitar confrontos desvantajosos.

A seção final encerra alguns dos pensamentos de Sun Tzu sobre as falhas de caráter e as debilidades dos comandantes. Os dois primeiros formam um par correlato – comprometer-se demasiadamente com a vida e, portanto, temer a morte, e comprometer-se com uma morte gloriosa, sem considerar outras alternativas – que turva severamente o juízo de um comandante e pode ser facilmente explorado. Aqueles que se comprometem a morrer se mostram impetuosos demais, aqueles que se comprometem a viver, tímidos demais. Além disso, os comandantes que têm a tendência de reagir precipitadamente ou se enervar podem evidentemente ser insultados, provocados a agir sem pensar, ao passo que uma preocupação que se dirige não aos resultados, mas antes à reputação, pode os levar a desdenhar cursos de ação viáveis. Talvez o mais significativo de todos seja o último, "quem ama o povo pode encontrar problemas", porque aparentemente contradiz a ênfase que a maioria dos escritores militares, inclusive Sun Tzu, dedicam ao bem-estar do povo e às políticas benevolentes que lhe são dirigidas. Entretanto, a intenção dessa advertência é esclarecida pelos escritos paralelos do período dos Reinos Combatentes: um comandante (ou governante) que ama em demasia seu povo é normalmente incapaz de sacrificar indivíduos em benefício do estado e pelo bem da população. Assim, um líder se torna muito cauteloso, teme muito as perdas, mas acaba, contrariando seus desejos, por desperdiçar todo o seu exército, frequentemente em ataques de pequena escala e ineficientes. (Exemplos disso são claramente encontrados na Segunda Guerra Mundial, em que a timidez associada ao medo de sofrer baixas impediu os generais de explorar oportunidades, levou a erros onerosos e protelou o fim da guerra. Ademais, como muitos observadores apontaram, esse "amor pelo povo" caracteriza o clima político contemporâneo nos Estados Unidos. Cada escaramuça gera muita verbiagem meticulosa na imprensa popular, cada baixa elicia um clamor pela retirada de um conflito. Embora cada vida seja imensamente valiosa e a guerra deva certamente ser condenada e evitada, os escritores militares chineses compreendiam com clareza que, quando ela se torna inevitável, o comandante que arcar com o sacrifício de uma grande parte de suas tropas para obter a vitória triunfará. Assim, paradoxalmente, uma certa crueldade caracteriza o modo de ação mais benevolente. Há, é certo, implicações para organizações de larga escala e para a liderança em geral. O executivo-chefe, presidente ou gerente de seção deve se concentrar na tarefa sem se preocupar com sua reputação pessoal, não se envolver demasiadamente nos dramas e suspenses das grandes batalhas e tampouco se afastar delas timidamente por medo de sofrer perdas. Dito de modo mais claro e direto, Sun Tzu sem dúvida defenderia que a lição essencial da vida é desenvolver o autocontrole e estar disposto a empreender ações sem ser perturbado por nenhum dos extremos de aspirar à vida (evitando riscos) ou aspirar à morte (desconsiderando riscos). A cólera – exceto no combate físico real – sempre se mostra contraproducente.

9

Manobrando o exército

行軍

Sun Tzu disse:

"Quanto à disposição do exército e à decifração do inimigo:

"Para atravessar montanhas, segue os vales, busca solos sustentáveis e ocupa as alturas. Se o inimigo se apossou das alturas, não escales para travar combate. Esse é o caminho para dispor o exército nas montanhas.

"Após atravessar um rio, cumpre que te afastes dele. Se o inimigo vadeia um rio para avançar, não o confrontes na água. Quando a metade de seu exército houver atravessado, será vantajoso atacá-lo. Se queres travar batalha, não disponhas teus exércitos perto do rio para confrontar o invasor, mas procura solos sustentáveis e ocupa as alturas. Não confrontes o fluxo da corrente. Esse é o caminho para dispor o exército onde há rios.

"Quando atravessares marismas e pantanais, concentra-te em te afastares rapidamente deles; não permaneças. Se travares batalha em charcos ou pantanais, cumpre que te mantenhas em áreas com vegetação pantaneira e tenhas arvoredos às tuas costas. Esse é o caminho para dispor o exército em charcos e pantanais.

"Em planícies niveladas, dispõe tendo solos altos atrás de teu flanco direito, terreno fatal à frente e terreno sustentável na retaguarda. Esse é o caminho para dispor em planícies.

"Essas quatro disposições, vantajosas para o exército, foram os meios com que o Imperador Amarelo conquistou os quatro imperadores.

"O exército, pois, gosta das alturas e detesta as áreas baixas, estima o ensolarado e desdenha o sombreado. Fomenta a vida e ocupa o substancial. Diz-se de um exército que evita as cem doenças que tem garantida a vitória.

⚔ ⚔ ⚔

"Onde há colinas e barragens, deves ocupar o flanco *yang* (ensolarado), mantendo-as à retaguarda direita. Isso é vantajoso para o exército e explora o auxílio natural do terreno.

⚔ ⚔ ⚔

"Quando chove rio acima, aparece espuma. Se queres vadear o rio, espera até ficar límpido.

⚔ ⚔ ⚔

"Cumpre que te afastes rapidamente de configurações de terreno mortais, como gargantas escarpadas com quedas d'água, o Poço do Céu, o Cárcere do Céu, a Rede do Céu, o Abismo do Céu e o Sulco do Céu. Não te aproximes deles. Quando os mantemos a distância, o inimigo é obrigado a se aproximar deles. Quando nos colocamos de frente para eles, o inimigo é forçado a lhes dar as costas.

⚔ ⚔ ⚔

"Quando nos flancos o exército encontra ravinas e desfiladeiros, pantanais com juncos e vegetação alta, florestas em montanhas ou áreas com vegetação rasteira densa e emaranhada, cumpre que as examines minuciosamente, porque são locais em que uma emboscada ou espiões se ocultariam.

⚔ ⚔ ⚔

"Se um inimigo que se encontra bastante próximo permanece quieto, é porque confia em sua ocupação tática das ravinas. Se te desafia à batalha quando se encontra distante, quer que avances porque ocupa terreno fácil, vantajoso para ele.

―― ―― ――

"Se um grande número de árvores se move, o inimigo se aproxima. Se há muitos obstáculos visíveis no mato denso, devemos suspeitar. Se os pássaros levantam voo, há uma emboscada. Se os animais estão com medo, as forças inimigas estão organizando um ataque súbito.

―― ―― ――

"Se a poeira levanta formando uma coluna alta nitidamente definida, os carros estão vindo. Se é baixa e larga, a infantaria está avançando. Se é dispersa em hastes finas, estão recolhendo lenha. Se esparsa, indo e vindo, estão acampando.

"Aquele que fala respeitosamente mas amplia seus preparativos avançará. Aquele que fala agressivamente e avança com precipitação se retirará.

"Aquele cujos carros leves se espalham nas laterais está se dispondo para a batalha.

"Aquele que procura a paz sem estabelecer nenhuma condição prévia está executando um estratagema.

"Aquele cujas tropas correm mas que dispõe seu exército em formação está implementando um plano predeterminado.

"Aquele cujas tropas em parte avançam e em parte se retiram está te provocando.

―― ―― ――

"Aqueles que se deixam estar apoiados em suas armas estão com fome. Se aqueles que tiram água bebem primeiro, estão com sede. Quando percebem um ganho potencial e não sabem se avançam ou não, estão cansados.

"Onde pássaros se reúnem está vazio. Se o inimigo grita à noite, está com medo. Se o exército é turbulento, falta ao general severidade. Se suas bandeiras e flâmulas se movem continuamente, estão em meio ao caos. Se os oficiais estão coléricos, estão exaustos.

"Se matam seus cavalos e comem sua carne, o exército está desprovido de grãos. Se penduram seus utensílios de cozinha e não retornam ao acampamento, são um invasor exausto.

"Aquele cujas tropas se congregam repetidamente em pequenos grupos aqui e ali, sussurrando juntos, perdeu as massas. Quem frequentemente concede recompensas está em profunda angústia. Quem frequentemente impõe punições está em grande dificuldade. Quem primeiro age com extrema brutalidade e depois teme as massas é o ápice da estupidez.

"Quem envia emissários com oferecimentos quer descansar por algum tempo.

"Se as tropas inimigas estão excitadas e se aproximam de nossos exércitos apenas para manter sua posição, sem travar batalha ou interromper o confronto, cumpre que investigues cuidadosamente.

"O exército não avalia o número de tropas que é mais copioso, pois isso significa apenas que não se pode avançar ofensivamente. É suficiente que reúnas tua própria força, analises o inimigo e o tomes. Somente aquele que não tem planejamento estratégico e negligencia o inimigo será inevitavelmente capturado por outros."

"Se impuseres punições às tropas antes que se tornem afeiçoadas, elas não serão submissas. Se não forem submissas, serão difíceis de empregar. Se não impuseres punições depois que as tropas se tornaram afeiçoadas, elas não poderão ser utilizadas."

"Assim, se as comandas com o civil e as unificas com o marcial, a isso nos referimos como 'ter a certeza de as conquistar'."

"Se as ordens são executadas coerentemente para instruir o povo, o povo se submeterá. Se as ordens não são executadas coerentemente para instruir o povo, o povo não se submeterá. Aquele cujas ordens são coerentemente implementadas estabeleceu uma relação mútua com o povo."

COMENTÁRIO

Como o título indica, grande parte de "Manobrando o exército" se centra tanto nos tipos de terreno que facilitam quanto naqueles que dificultam a manobra e o posicionamento das forças militares, com algumas diretrizes específicas, ainda que limitadas, para diferentes topografias, como áreas com rios e pantanais. Em geral, deve-se evitar solos que propiciam ao inimigo cobertura potencial, assim como áreas restritas que podem se tornar solos mortais. (Isso tem, obviamente, implicações táticas para situações da vida, quer comerciais, legais ou de defesa pessoal.) Sun Tzu foi provavelmente o primeiro a caracterizar muitos desses terrenos problemáticos, embora comandantes experientes estivessem sem dúvida cientes deles – e procurassem evitá-los ou explorá-los – muito antes de Sun Tzu aparecer.

Sun Tzu oferece também muitas observações distintas potencialmente úteis para compreender o comportamento do inimigo, que variam de observações físicas perto do campo de batalha à consciência diplomática. Entre as mais famosas, relevante para os conflitos contemporâneos bem como para o debate histórico, está a seguinte: "Aquele que procura a paz sem estabelecer nenhuma condição prévia está executando um estratagema." Inúmeras de suas dicas concretas, simples mas sem dúvida produtos de uma análise cuidadosa, proporcionam a sabedoria essencial que os comandantes de níveis mais baixos devem cedo absorver para que seus homens sobrevivam.

Os quatro parágrafos finais retornam aos conceitos fundamentais, repletos de implicações de longo alcance. A crença de que a força da tropa não é a única determinante do resultado de uma batalha é crucial não apenas para o pensamento de Sun Tzu, mas para o pensamento militar chinês em geral, e constitui a premissa básica da guerra de manobra. Em verdade, ao longo da história, comandantes com números superiores ou forças componentes mais vigorosas desprezaram seus inimigos e negligenciaram medidas paralelas, sofrendo consequências extremamente severas.

Os últimos três parágrafos, centrados na questão do comando e do controle, são também essenciais para o pensamento militar chinês posterior. Três questões basilares reaparecem aqui: primeiro, a necessidade de equilibrar punições com medidas que estimulem a lealdade emocional das tropas e de aplicar punições somente depois que essa base emocional foi fomentada. Em segundo lugar, a unidade essencial entre civil e marcial, sendo o primeiro o reino da virtude, condescendência, beneficência e recompensas, e o segundo, da retidão, energia, comandos estritos e punições. Em terceiro – e essencial a todo comando –, convicção nas ordens, confiança nas diretivas, segurança nas ações empreendidas, sempre acentuadas por incessante coerência. Como indicam escritos militares posteriores, nunca se deve permitir que surjam dúvidas a respeito das ordens do comandante; portanto, mesmo que errôneas, as ordens nunca devem ser alteradas ou invalidadas – um conceito que certamente não existe na época contemporânea, em que as declarações e diretivas são reinterpretadas, até mesmo redefinidas, praticamente momentos após terem sido emitidas.

10
Configurações de terreno

地形

Sun Tzu disse:
"As principais configurações de terreno são: acessível, suspenso, paralisado, restrito, íngreme e extenso.

"Se pudermos prosseguir e o inimigo também puder avançar, denominamos 'acessível'. Em uma configuração acessível, ocupa primeiro as alturas e o lado *yang* (ensolarado) e melhora as rotas para o transporte das provisões. Desse modo, quando travares batalha será vantajoso.

"Se pudermos prosseguir, mas for difícil retornar, denominamos 'suspenso'. Em uma configuração suspensa, se o inimigo estiver despreparado, avança e conquista-o. Se estiver preparado, e investirmos sem alcançar a vitória, será difícil voltar e não será vantajoso.

"Se para nós não for vantajoso progredir, e tampouco para o inimigo for vantajoso avançar, denominamos 'paralisado'. Em uma configuração paralisada, mesmo que o inimigo tente nos atrair com lucros, não prosseguimos. Retira nossos exércitos e parte. Se o atacarmos quando a metade das forças inimigas houver avançado, será vantajoso.

"Quanto às configurações restritas, se as ocuparmos primeiro, cumpre que nos disponhamos plenamente em toda parte para esperar o inimigo. Se o inimigo as ocupar primeiro e nelas se dispuser plenamente, não o sigas. Se ele não se dispuser plenamente nelas, então o siga.

"Quanto às configurações íngremes, se as ocuparmos, deveremos tomar as alturas e os lados *yang* para esperar o inimigo. Se o inimigo as ocupar primeiro, retira teus exércitos e parte. Não o sigas.

"Quanto às configurações extensas, se nosso poder estratégico for equivalente, será difícil instigar o inimigo ao combate. Travar combate não será vantajoso.

"Esses seis são, pois, o Tao do terreno. Qualquer general que se incumbir da responsabilidade do comando deve investigá-los.

"A configuração de terreno é um auxílio para o exército. Analisar o inimigo, deter o controle da vitória, avaliar ravinas e desfiladeiros, o distante e o próximo, são o Tao do general superior. Quem os conhecer e os empregar no combate será vitorioso. Quem não os conhecer ou não os empregar no combate será certamente derrotado.

"Há seis tipos de exércitos malogrados: precipitado, lasso, decadente, desagregado, caótico e aniquilado. Ora, esses não são desastres trazidos pelo Céu ou pela Terra, mas pelos erros do general.
"Pois bem, se, quando o poder estratégico é equivalente, um ataca dez, denominamos 'precipitado'.
"Se as tropas são fortes mas os oficiais são fracos, denominamos 'lasso'.
"Se os oficiais são fortes mas as tropas fracas, denominamos 'decadente'.
"Se os oficiais de mais alto escalão são exasperados e insubordinados, travam combate por si mesmos devido à cólera descontrolada, ao passo que o general ainda não conhece a capacidade do inimigo, denominamos 'desagregado'.
"Se o general é fraco e não rigoroso, estúpido em suas instruções e liderança; se os oficiais e tropas carecem de deveres constantes, e a disposição de suas tropas em formação é tortuosa, denominamos 'caótico'.
"Se o general, incapaz de compreender o inimigo, enfrenta um grande número com um número pequeno, ata-

ca o forte com o fraco, enquanto o exército carece de uma vanguarda adequadamente selecionada, denominamos 'aniquilado'.

"Esses seis são, pois, o Tao da derrota. Qualquer general que se incumbir da responsabilidade do comando deve investigá-los.

"Quando o general considerar suas tropas como jovens crianças, elas avançarão com ele até o vale mais profundo. Quando considerar as tropas como crianças amadas, de bom grado morrerão com ele.

"Se são bem tratadas mas não se pode empregá-las, se são amadas mas não se pode comandá-las, ou quando em meio ao caos não se pode governá-las, são comparáveis a crianças arrogantes e não podem ser utilizadas.

"Se o Tao da Guerra indica vitória certa, mesmo que o governante tenha instruído que o combate deve ser evitado, se cumpre que traves batalha, ela é permissível. Se o Tao da Guerra indica que não serás vitorioso, mesmo que o governante te instrua a travar batalha, não lutar é permissível.

"Assim, um general que não avança com o intuito de buscar a fama nem deixa de se retirar com o intuito de evitar ser acusado do crime capital da retirada, mas busca somente preservar o povo e obter vantagem para o governante, é o tesouro do estado.

"Se sei que nossas tropas podem atacar, mas não sei que o inimigo não pode ser atacado, estamos somente a meio caminho da vitória. Se sei que o inimigo pode ser atacado, mas não percebo que nossas tropas não podem atacar, estamos apenas a meio caminho da vitória.

"Saber que o inimigo pode ser atacado e saber que nosso exército pode efetuar o ataque, mas não saber que o terreno não é adequado para o combate, é somente meio caminho da vitória. Quem conhece, pois, verdadeiramente o exército não será iludido quando se mover, não será debilitado quando iniciar uma ação.

"Diz-se, pois, que, se conheces o inimigo e conheces a ti mesmo, tua vitória não será posta em risco. Se conheces o Céu e conheces a Terra, tua vitória pode ser plena."

COMENTÁRIO

Como discutimos na Introdução, Sun Tzu foi aparentemente o primeiro teórico militar a contemplar as características de terreno e desenvolver sistematicamente princípios para lidar com dificuldades e situações em geral. Entretanto, embora sua análise seja centrada no combate e seus princípios sejam concebidos em termos de capacidades militares, suas configurações fornecem mapeamentos abstratos que podem ser empregados para inúmeros cenários e não precisam nem mesmo ser limitadas a situações competitivas, mas podem ser aplicados a situações gerais da vida. Por exemplo, deparamos constantemente com "terrenos suspensos", porque denotam uma situação na qual se arrojar intrepidamente pode levar a êxito, já que seria impossível retirar-se, salvar-se ou fabricar alguma forma de posição defensiva ou recuo justificável. Terrenos extensos – qualquer ambiente amplo e aberto – conferem liberdade de movimento a todas as forças, inclusive aos competidores. Portanto, a flexibilidade se torna factível, mas constranger o inimigo, convertendo-o em um alvo restrito, pode se mostrar impossível; será necessária, como Sun Tzu aconselha, a aplicação de uma força esmagadora para obter sucesso. Sem dúvida, novos lançamentos no mercado, desenvolvimentos comerciais e mesmo o crescimento pessoal podem prosperar em um ambiente aberto e irrestrito, embora a condição seja a mesma para todos os outros.

O segundo principal tópico do capítulo centra-se na fraqueza e nas falhas de comando e controle, incluindo desequilíbrios de autoridade e desintegração da unidade. Sem um comando unificado, sem disciplina e um senso próprio de dever, os exércitos e outras organizações rigidamente hierárquicas estão fadados ao fracasso. No entanto, como o capítulo anterior já advertira, o comandante precisa assegurar a lealdade emocional das tropas, enxergá-las como seus filhos, mas ainda assim equilibrar esse tratamento benevolente com medidas punitivas e disciplinares apropriadas. Do contrário, elas se tornarão desobedientes e insubordinadas ao comando.

O último parágrafo, um dos mais famosos na literatura militar chinesa, é essencialmente um conselho para conhecer a si mesmo e a seu inimigo antes de travar batalha. Ao que parece, Sun Tzu, perseguindo certas dificuldades sempre recorrentes, ofereceu duas variações sobre esse tema. A penúltima seção reitera a ideia previamente exposta de que o general deve encetar a batalha apenas quando concebe a vitória, independentemente das diretivas do governante, enquanto a última seção afirma que não pode conhecer apenas seus próprios exércitos, mas deve também analisar o inimigo e suas capacidades. Em resumo, como Sun Tzu assevera ao longo de *A arte da guerra*, deve-se reunir inteligência, avaliá-la e agir de acordo com ela – o comando e a tomada de decisão não podem ocorrer no vazio, anuviados por energia emocional, crenças otimistas ou ardor nacionalista.

11
Nove terrenos

九地

Sun Tzu disse:

"A estratégia para empregar o exército é essa: há terrenos dispersivos, terrenos leves, terrenos contenciosos, terrenos atravessáveis, terrenos delimitados, terrenos pesados, terrenos capciosos, terrenos cercados e terrenos fatais.

"Quando os senhores feudais lutam em seu próprio território, este é um 'terreno dispersivo'.

"Quando adentram em território de outrem, mas não profundamente, este é um 'terreno leve'.

"Se quando o ocupamos é vantajoso para nós, ao passo que quando o inimigo o ocupa é vantajoso para ele, é um 'terreno contencioso'.

"Quando podemos ir e o inimigo também pode vir, este é um 'terreno atravessável'.

"A terra dos senhores feudais cercada em três lados de modo que quem quer que chegue primeiro ganhará as massas de Tudo o que há sob o Céu é um 'terreno delimitado'.

"Quando se penetra profundamente em território inimigo, ladeando numerosas cidades, este é um 'terreno pesado'.

"Onde existem montanhas e florestas, ravinas e desfiladeiros, pantanais e charcos, onde quer que a estrada seja de difícil travessia, configura-se um 'terreno capcioso'.

"Onde a entrada é restrita, a volta é tortuosa, e com um pequeno número o inimigo pode atacar nossas massas, configura-se um 'terreno cercado'.

"Onde quem lutar com intensidade sobreviverá, mas quem não lutar com intensidade perecerá, configura-se um 'terreno fatal'.

"Por essa razão, em terreno dispersivo não confrontes o inimigo.

"Em terreno leve não pares.

"Em terreno contencioso não ataques.

"Em terreno atravessável não permitas que teus exércitos fiquem isolados.

"Em terreno delimitado une-te e forma alianças com os senhores feudais próximos.

"Em terreno pesado saqueia para obter provisões.

"Em terreno capcioso atravessa rapidamente.

"Em terreno cercado usa de estratégia.

"Em terreno fatal trava batalha.

"Na antiguidade, aqueles a quem se referia como excelentes no emprego do exército eram capazes de impedir as forças de vanguarda e de retaguarda do inimigo de se conectarem; os que são muitos e os que são poucos de confiarem uns nos outros; os nobres e os humildes de virem em socorro uns dos outros; os altos e os baixos postos de se fiarem uns nos outros; de fazer com que as tropas se separassem, tornando-as incapazes de se reunir ou, quando unidas, de se organizar. Moviam-se quando era vantajoso, descansavam quando mover-se não era vantajoso.

"Se eu ousar perguntar: se o inimigo é numeroso, disciplinado e pronto para agir, como deveremos reagir a ele? Diria: primeiro te apodera de alguma coisa que ele ama, pois então ele te escutará.

"É da natureza do exército enfatizar a velocidade, obter vantagem da ausência do inimigo, viajar por estradas imprevistas e atacar quando ele não está alerta.

"Em geral, esse é o Tao de um invasor: quando tiver penetrado profundamente o território inimigo, o exército estará unificado e os defensores não serão capazes de te conquistar.

— — —

"Se se buscam alimentos no campo fértil, os Três Exércitos terão comida suficiente. Se os alimentas cuidadosamente e não os sobrecarregas de trabalho, seu *ch'i* será unido e sua força será máxima.

— — —

"Quando mobilizas o exército e formas planos estratégicos, cumpre que sejas impenetrável.

— — —

"Lança o inimigo em posições das quais não há para onde ir e ele morrerá sem se retirar. Se não há como escapar da morte, os oficiais e soldados esgotarão totalmente sua força.

— — —

"Quando os soldados e oficiais tiverem penetrado profundamente no território inimigo, eles se aglutinarão. Quando não houver alternativa, lutarão.

— — —

"Por essa razão, mesmo que os soldados não sejam instruídos, estão preparados; sem que seja solicitada, sua cooperação é obtida; sem acordos, são estritamente unidos; sem a emissão de ordens, são confiáveis. Proíbe agouros, elimina a dúvida, e eles morrerão sem outros pensamentos.

— — —

"Se nossos soldados não têm riqueza excessiva, não é porque odeiem bens materiais. Se não vivem vidas longas, não é porque detestem a longevidade. No dia em que as ordens forem emitidas, as lágrimas dos soldados que estiverem sentados ensoparão suas mangas, enquanto as lágrimas dos que estiverem deitados rolarão sobre suas faces. Entretanto, se os lançares a uma situação desesperada, terão a coragem de Chu ou Kuei.

"Assim, quem excele em empregar o exército deve ser comparado à cobra conhecida como *shuaijan*. A *shuaijan* é encontrada no monte Ch'ang. Se atacares sua cabeça, a cauda responderá; se atacares sua cauda, a cabeça responderá. Se atacares o meio do corpo, tanto a cabeça quanto a cauda reagirão. Se eu ousar perguntar: podemos tornar o exército como a *shuaijan*?, diria que podemos. Por exemplo, os povos de Wu e Yueh se odeiam; mas, se depararem com um vento rigoroso enquanto atravessam um rio em um único barco, seus esforços para salvarem um ao outro serão como a mão direita e a mão esquerda.

"Por essa razão, é inadequado confiar em agrilhoar os cavalos e enterrar as rodas dos carros para impedir os soldados de desertarem. Unifica sua coragem para que se torne uma através do Tao da administração. Realiza o emprego apropriado do firme e do flexível através dos padrões de terreno.

"Assim, quem excele em empregar o exército o leva pela mão como se fosse um só homem, de modo que ele não pode evitar ser conduzido.

"É essencial que um general seja tranquilo e obscuro, correto e autodisciplinado e capaz de pasmar os olhos e ouvidos dos oficiais e das tropas, mantendo-os ignorantes. Ele modifica a administração das atividades e varia suas estratégias para impedir que outras pessoas as reconheçam. Altera sua posição e atravessa por rotas indiretas para impedir outras pessoas de o antever.

"No momento em que o general os conclamar, será como se ascendessem a uma altura e abandonassem suas escadas. O general adentra com eles profundamente no território dos senhores feudais e então dispara o gatilho. Comanda-os como se levasse um rebanho de ovelhas – são conduzidos para a frente, para trás, mas ninguém sabe para onde estão indo.

"Reunir as massas dos Três Exércitos, colocá-las em perigo, é responsabilidade do general.

"As nove variações de terreno – as vantagens derivadas da contração e da expansão, os padrões das emoções humanas – devem ser investigadas.

"Em geral, o Tao do invasor é esse:
"Quando as tropas tiverem penetrado profundamente, estarão unificadas, mas onde penetrarem apenas superficialmente, inclinar-se-ão a se dispersar.

"Quando o exército tiver deixado o estado, cruzado a fronteira inimiga e estiver em campanha, esse é um 'terreno isolado'.

"Quando os quatro lados forem abertos a outros, este é um 'terreno delimitado'.

"Quando tiveres avançado profundamente, é um 'terreno pesado'.

"Se tiveres penetrado apenas superficialmente, é um 'terreno leve'.

"Se há fortalezas atrás de ti e espaços restritos à tua frente, é um 'terreno cercado'.

"Se não há para onde ir, é um 'terreno fatal'.

"Por essa razão, em terreno dispersivo unifico suas vontades.

"Em terreno leve faço com que se agrupem.

"Em terreno contencioso transfiro para a frente os elementos de retaguarda.

"Em terreno atravessável concentro-me na defesa.

"Em terreno delimitado solidifico nossas alianças.

"Em terreno pesado asseguro um suprimento contínuo de provisões.

"Em terreno capcioso avanço velozmente pelas estradas.

"Em terreno cercado obstruo quaisquer aberturas.

"Em terreno fatal mostro-lhes que não viveremos.

"Assim, é da natureza do exército defender-se quando cercado; lutar fervorosamente quando inevitável; e seguir as ordens quando compelido pelas circunstâncias.

"Por essa razão, quem não sabe os planos dos senhores feudais não pode forjar alianças preparatórias. Quem não conhece a topografia das montanhas e florestas, ravinas e desfiladeiros, pantanais e charcos não pode manobrar o exército. Quem não empregar guias locais não assegurará vantagens de terreno. Quem não conhece algum desses quatro ou cinco não pode comandar o exército de um rei hegemônico ou verdadeiro.

"Ora, quando o exército de um rei hegemônico ou verdadeiro ataca um grande estado, as massas deste são incapazes de se reunir. Quando aterroriza o inimigo, as alianças dele não se podem sustentar. Por essa razão, não lutes com nenhuma aliança que há sob o Céu. Não fomentes a autoridade de outros sob o Céu. Tem fé em ti mesmo, aterroriza o inimigo. Assim, sua cidade pode ser tomada, seu estado pode ser subjugado.

"Concede recompensas não requeridas pela lei, impõe ordens governamentais excepcionais. Dirige as massas dos Três Exércitos como se comandasse um único homem. Incumbe-os de tarefas, não lhes expliques seu propósito. Incita-os com perspectivas de lucro, mas não os informes dos males potenciais.

"Lança-os em situações desesperadoras e eles serão preservados; faz com que penetrem em terreno fatal e eles viverão. Somente depois de penetrarem em terreno perigoso as massas serão capazes de produzir a vitória a partir da derrota.

"O prosseguimento das atividades militares se faz de acordo com as intenções do inimigo e pelo seu reconhecimento detalhado. Se alguém concentra sua força na direção do inimigo, ataca a mil quilômetros de distância e mata seu general, isso é denominado 'ser habilidoso e capaz de completar as atividades militares'.

"Por essa razão, no dia em que o governo mobilizar o exército, fecha as passagens, destrói todos os registros e não permitas que seus emissários transitem. Organiza intensas discussões estratégicas no salão superior do templo para encaminhar a execução das atividades.

"Se o inimigo abrir a porta, cumpre que entres.

"Ataca primeiro o que ele ama. Não fixes nenhum horário para a batalha, avalia e reage ao inimigo com o intuito de determinar a estratégia de batalha.

"Por essa razão, sê primeiro como uma virgem em casa; depois – quando o inimigo abrir a porta – sê como um coelho que escapa. O inimigo será incapaz de resistir a ti."

COMENTÁRIO

"Nove terrenos" examina extensivamente as várias configurações de terreno introduzidas em "Manobrando o exército" e "Configurações de terreno", sugerindo princípios táticos para as dominar e explorar.

Entretanto, em lugar de uma mera reiteração, Sun Tzu redirecionou o enfoque de sua análise para a psicologia do exército invasor e extrapolou suas considerações básicas para fornecer conselhos sobre como eliciar um esforço supremo das tropas. (Em um capítulo que se fundamenta na análise de Sun Tzu, intitulado "A distinção entre hóspede e anfitrião", Sun Pin examina de maneira similar a psicologia do invasor, e no Capítulo 14 de Sun Tzu, recuperado da obra histórica conhecida como *T'ung Tien*, encontramos desdobramentos do tema.) Essencialmente, ao contrário da expectativa comum de que tanto os animais quanto as pessoas lutam mais ardentemente nas proximidades de seu lar, Sun Tzu acreditava que os soldados tendem a ficar desconcentrados – até mesmo distraídos – quando confortáveis, quando em solo familiar, e concentrados conforme sua tarefa é mais desafiadora ou impossível. Quando um projeto se torna muito desgastante, quando as pessoas são lançadas em terreno fatal, resultam daí grandes esforços e até mesmo a vitória (embora certamente a um custo significativo em termos de energia mental e emocional, bem como de baixas). O principal efeito de lançar pessoas em terreno fatal é bem expresso pela analogia do barco apresentada por Sun Tzu, uma ilustração tão famosa que se tornou um ditado proverbial: "como os homens de Wu e Yueh no mesmo barco". (No período de Primavera e Outono, Wu e Yueh eram inimigos mortais, e Yueh acabou por aniquilar Wu.) Entretanto, lançar os homens em terreno fatal para forçar sua unificação, o objetivo último de qualquer comando efetivo, continua sendo uma medida artificial e desesperada. Além disso, a história é plena de exemplos de tropas, inclusive exércitos temíveis, que simplesmente perdem o ânimo de lutar quando se encontram em situações aparentemente desesperançadas.

O general deve ser impenetrável, disciplinado e imponente para obter a obediência necessária de seus oficiais e tropas e impedir que o inimigo estabeleça suas táticas. Diferentemente da tendência moderna de discutir abertamente cada esquema, estratégia e missão de guerra, deve-se manter segredo absoluto, porque é isso que cria a própria possibilidade de êxito. Desse modo, os soldados da época de Sun Tzu

– mas certamente não os guerreiros atuais, corporativos ou militares, na América ou na Europa, embora a tradição permaneça em grande medida observável no Japão e na Coreia – eram mantidos desinformados, mas receptivos. Questionar as ordens era, pois, algo que se encontrava para além do campo das possibilidades, e não as cumprir, garantia de morte certa.

Finalmente, determinados princípios da guerra de manobra – velocidade e vivacidade, atacar onde não há defesa, investir quando inesperado – estão dispersos ao longo do capítulo e constituem sua base. O inimigo deve ser manipulado e, em consonância com a ênfase que Sun Tzu dedica à inteligência, frustrado antes que execute com êxito seus planos. A vitória será, assim, alcançada por antecipação; o esforço será mínimo, as recompensas serão desproporcionalmente grandes. Quase todos esses princípios concretos são eficazes na maioria das esferas, que variam desde o combate pessoal até os negócios e a administração da vida, e dependem, para sua aplicação, somente da imaginação e das ideias do leitor.

12
Ataques incendiários

火攻

*S*un Tzu disse:

"Há cinco tipos de ataques incendiários: o primeiro é incinerar os homens, o segundo incinerar as provisões, o terceiro incinerar as caravanas de suprimento, o quarto incinerar os arsenais, o quinto incinerar as formações.

— — —

"Implementar um ataque incendiário depende de condições adequadas. Os equipamentos para os ataques incendiários devem ser plenamente preparados antes de serem utilizados. Lançar um ataque incendiário tem suas estações apropriadas, atear o fogo, seus dias próprios. Quanto às estações, são os períodos de clima seco; quanto ao dia, quando a lua está em *chi*, *pi*, *i* ou *chen*. Quando nestes a lua se hospedar, serão os dias em que o vento surgirá.

— — —

"Em geral, em uma guerra incendiária, cumpre que respondas às cinco variações do fogo:

"Se o fogo for iniciado no interior do acampamento inimigo, deves imediatamente responder com um ataque de fora para dentro.
"Se o fogo for ateado, mas seu exército permanecer quieto, espera; não ataques.
"Quando as chamas se conflagrarem, se puderes ir adiante, faze-o; se não puderes, então desiste.
"Se o ataque puder ser lançado de fora sem confiar em auxílio interno, inicia-o em um momento apropriado.
"Se o fogo for ateado na direção do vento, não ataques contra o vento.

— — —

"Os ventos que surgem durante o dia persistem, aqueles que surgem à noite cessam.

"Pois bem, o exército deve conhecer as cinco variações do fogo para se defender contra ele nos momentos astrologicamente adequados. Assim, usar o fogo para ajudar um ataque é sábio, usar a água para assistir um ataque é poderoso. A água pode ser usada para dividir, mas não pode ser empregada para apreender.

"Ora, se alguém é vitorioso na batalha e obtém êxito no ataque, mas não explora a realização, isso é desastroso, e seu destino deve ser denominado 'esbanjador e retardado'. Diz-se, pois, que o general sábio a pondera, e o bom general a cultiva.

"Se não for vantajoso, não te movas. Se os objetivos não puderem ser alcançados, não empregues o exército. A menos que em perigo, não traves guerra. O governante não pode mobilizar o exército por sua própria exasperação. O general não pode travar batalha por sua própria frustração. Quando for vantajoso, move-te; quando não vantajoso, para. Exasperação pode se converter em felicidade, irritação pode se converter em alegria, mas um estado derrotado não pode ser restaurado, os mortos não podem ser trazidos de volta à vida.

"Assim, o general esclarecido é, com relação a isso, cauteloso, o bom general, respeitoso. Esse é o Tao para trazer segurança ao estado e preservar o exército intacto."

COMENTÁRIO

Ataques incendiários foram muito utilizados ao longo da história chinesa para investir contra objetivos delimitados, como vilas fortificadas e acampamentos protegidos, mas tiveram menos aplicação contra exércitos em campo, ainda que as chamas pudessem facilmente desorganizar amplas forças que se movessem nas planícies secas e normalmente assoladas pelo vento do norte. Escritores militares constantemente advertiam os comandantes a se posicionarem a favor do vento e a evitarem terrenos com vegetação densa, e, ao contrário, defendiam sua exploração para lançar ataques incendiários sempre que os inimigos acampassem ou estabelecessem posições fortificadas, ignorando-os deliberadamente. (O texto do período dos Reinos Combatentes conhecido como *Seis ensinamentos secretos* dedica, em consonância, um capítulo aos métodos para organizar defesas incendiárias, incluindo acender fogueiras defensivas e queimar faixas de terreno antes de acampar.) O capítulo de Sun Tzu sintetiza os princípios básicos dos ataques incendiários, sem dúvida compreendendo que o fogo, por ser altamente agressivo e quase impossível de se extinguir uma vez tornado suficientemente vigoroso, se mostra extremamente disruptivo, bem como destrutivo, criando, desse modo, as condições para ataques efetivos. Ataques incendiários podem, pois, ser também concebidos metaforicamente, não limitados apenas à combustão real ou ao incêndio premeditado, mas entendidos de modo abstrato como caracterizando qualquer ameaça volátil – com exceção da guerra química ou biológica – que possa se difundir insidiosamente, como rumores e insinuações. Considerados de maneira ampla, os ataques incendiários abrangem qualquer coisa que dissemine fogo e discórdia no interior do campo inimigo, resultando em combustão (tanto física quanto abstrata) e na necessidade de organizar esforços massivos e urgentes para contê-la ou extingui-la. Ainda que seja difícil advogar em favor deles, todos devem estar cientes de sua natureza e potencial para considerar conscientemente possíveis medidas defensivas.

O capítulo se conclui com dois parágrafos importantes, muito citados em escritos militares e discussões políticas posteriores. O penúltimo parágrafo enfatiza a importância de explorar imediatamente qualquer vitória; caso contrário, o inimigo pode se reagrupar e os ganhos obtidos com esforço serão perdidos. Em resumo, quando se obtém uma vantagem, através da conquista ou por qualquer outro meio, ela deve ser implacavelmente explorada, alcançando com isso o objetivo último – a vitória – ao custo mínimo. O último parágrafo reitera, pois, o tema de abertura de *A arte da guerra*, qual seja, de que a guerra é uma empresa essencial, que deve ser empreendida somente depois de uma ponderação analítica cautelosa, acrescido de uma advertência preventiva de que não deve ser encetada por um desejo de desagravar insultos, por exasperação ou quaisquer outras causas emocionais imediatistas. Embora permaneçam importantes nos dias de hoje, quer para a política nacional, quer para o comportamento pessoal, no decorrer da história raramente seus conselhos foram acolhidos.

13
Empregando espiões

用間

Sun Tzu disse:

"Quando envias um exército de cem mil a uma campanha, levando-os a marchar por mil quilômetros, as despesas das pessoas comuns e as contribuições das casas feudais serão de mil peças de ouro por dia. Os incomodados e perturbados tanto dentro quanto fora das fronteiras, que estão exaustos na estrada ou incapazes de seguir com seu trabalho na agricultura, serão setecentas mil famílias.

"Os exércitos permanecem encerrados em uma reserva durante anos para lutarem pela vitória em um único dia, e ainda assim os generais relutam em outorgar postos e conceder emolumentos de cem peças de ouro e com isso não conhecem a situação do inimigo. Isso é o cúmulo da desumanidade. Uma pessoa assim não é um general para o povo, um assistente para um governante, ou o árbitro da vitória.

"O meio pelo qual governantes sábios e generais sagazes se moveram e conquistaram outros, pelo qual suas realizações ultrapassaram as massas, foi o conhecimento acurado.

"O conhecimento acurado não pode ser obtido de fantasmas e espíritos, inferido dos fenômenos ou projetado a partir das medidas do Céu, mas deve ser obtido dos homens, porque é o conhecimento da verdadeira situação do inimigo.

"Há, pois, cinco tipos de espiões a se empregar: espião local, espião interno, espião convertido ou agente duplo, espião morto ou prescindível e espião vivo. Quando os cinco são empregados conjuntamente e ninguém conhece seu Tao, denominamos 'metodologia espiritual'. Eles são os tesouros do governante.

"Espiões locais – emprega pessoas da região.

"Espiões internos – emprega homens do inimigo que ocupam cargos governamentais.

"Agentes duplos – emprega os espiões do inimigo.

"Espiões prescindíveis – são empregados para disseminar desinformação fora do estado. Fornece informações falsas a nossos espiões e faz com que as deixem vazar para os agentes inimigos.

"Espiões vivos – retornam com seus relatórios.

"Assim, de todas as atividades dos Três Exércitos, nenhuma relação é mais próxima do que a que têm com os espiões; nenhuma recompensa é mais generosa do que a concedida aos espiões, nenhum negócio é mais secreto do que os que concernem aos espiões.

— — —

"Somente quem tem o discernimento de um Sábio pode usar espiões; somente quem é benevolente e justo pode empregar espiões; somente quem é sutil e perspicaz pode perceber a substância dos relatórios da inteligência. É sutil, sutil! Não há quaisquer áreas em que não se empreguem espiões.

— — —

"Se antes de uma missão começar ela já houver sido exposta, o espião e aqueles que ele informou devem ser todos levados à morte.

— — —

"Em geral, com respeito aos exércitos que queres atacar, as cidades que queres assaltar e os homens que queres assassinar, cumpre que saibas primeiro os nomes do comandante de defesa, de seus assistentes, estado maior, guardas, porteiros e auxiliares. Deves fazer com que nossos espiões investiguem e se informem de todos eles.

"Cumpre que investigues agentes inimigos que tenham vindo nos espionar. Sedu-los com lucros, instrui e preserva-os. Assim, pode-se adquirir e empregar agentes duplos. Pelo conhecimento obtido deles, o agente prescindível pode disseminar suas calúnias, pode ser usado para informar falsamente o inimigo. Pelo conhecimento obtido deles, o agente vivo pode ser empregado conforme o tempo o exigir.

"O governante deve conhecer estes cinco aspectos do trabalho de espionagem. Esse conhecimento depende inevitavelmente dos espiões convertidos; portanto, é preciso que sejas generoso para com os agentes duplos.

"Na antiguidade, quando surgiu o Yin, eles tinham Yi Chih em Hsia. Quando surgiu o Chou, eles tinham Lu Ya em Yin. Assim, os governantes sábios e os generais sagazes que são capazes de obter espiões inteligentes alcançarão invariavelmente grandes realizações. Essa é a essência da arte militar, aquilo em que os Três Exércitos confiam para se mover."

COMENTÁRIO

Esse capítulo, que compreende o primeiro manual ou tratado conhecido sobre a congregação de inteligência secreta, identifica cinco categorias principais de espiões e fornece uma justificativa humanitária para seu emprego. No contexto dos vastos compromissos e despesas exigidos pela guerra, Sun Tzu acreditava que desperdiçar materiais ou vidas, mesmo que depois esse desperdício se mostrasse irrelevante, seria tão estúpido quanto desumano, porque o propósito último da guerra deve ser preservar o próprio povo, derrotando rapidamente o inimigo. Desse modo, deixar de reunir quaisquer informações que possam facilitar a obtenção da vitória só pode ser considerado desarrazoado. Entretanto, puristas morais da China ao longo dos séculos condenaram o livro por sua falta de sinceridade, retidão e confiança, assim como os primeiros ocidentais que traduziram o texto para o francês e depois para o inglês. Leitores ocidentais não militares, particularmente horrorizados com a ousadia das asserções de Sun Tzu, sem considerarem suas próprias tradições ocultas e suas práticas bem difundidas, condenaram *A arte da guerra* de uma perspectiva cristã doutrinária, considerando-a uma obra pagã de algum modo típica de uma raça inferior. No entanto, na época presente, de crescente complexidade política, encolhimento de verbas para a defesa e proliferação da disponibilidade de armas mortais por todo o mundo, talvez a mensagem essencial de Sun Tzu não deva ser ignorada, mas, antes, acolhida.

Para além da discussão acerca dos tipos de espiões, em particular da importância do agente duplo, o capítulo identifica dois pontos cruciais: controlar os agentes exige talento e caráter, enquanto interpretar os dados adquiridos requer sabedoria e perspicácia. Ao lado disso, um certo grau de determinação desapiedada é necessário para sacrificar agentes deliberadamente pelo princípio da retidão. Escritos militares subsequentes, embora salientassem a necessidade de suas atividades, raramente discutiam o trabalho e a natureza reais do espião, enfatizando, em lugar disso, o papel da inteligência militar para avaliar o inimigo com exatidão e formular corretamente planos de batalha.

"Empregando espiões" contém também uma afirmação sobre a qual comentadores ocidentais não familiarizados com a história militar da China fizeram recair, erroneamente, uma ênfase exagerada: "O conhecimento acurado não pode ser obtido de fantasmas e espíritos, inferido dos fenômenos, ou projetado a partir das medidas do Céu, mas deve ser obtido dos homens, porque é o conhecimento da verdadeira situação do inimigo." Ainda que os escritos militares clássicos salientassem o esforço humano e negassem o valor da divinação no conhecimento do resultado de campanhas e batalhas, a tradição dos prognósticos, que se originou na dinastia Shang, não apenas continuou a florescer, mas se desenvolveu vigorosamente, passando a abranger a interpretação de diversos fenômenos, tais como os sons, as nuvens, o clima, as fases da lua, os presságios naturais e a numerologia das datas. Os comandantes podiam exortar seus homens a ignorar meteoros, pássaros que voam em sentido oposto ao seu e a aparição repentina de densas nuvens negras, mas os governantes e generais ainda se voltavam para entidades não humanas em uma tentativa de prever cursos de ação favoráveis em meio à confusão das confrontações militares.

14

Nove configurações e duas questões
(Passagens do *T'ung Tien*)

佚文

O REI DE WU PERGUNTOU A SUN TZU:

"Em 'terreno dispersivo', os oficiais e tropas pensam em suas famílias. Como não podemos travar batalha, devemos defender solidamente nossas posições e avançar. Se o inimigo atacar nossas pequenas cidades, saquear nossos campos, impedir-nos de recolher lenha, bloquear nossas principais estradas e aguardar nossa inanidade e depleção para imediatamente avançar e atacar, o que devemos fazer?"

Sun Tzu respondeu: "Quando o inimigo tiver penetrado profundamente nossa região principal, deixando numerosas fortificações e cidades atrás de si, seus oficiais e homens veem o exército como sua família, estão centrados em seus propósitos e entram em batalha de espírito leve. Por outro lado, nossas tropas estão em seu estado natal; sentem-se seguras em seu território e abraçam a vida. Portanto, na formação de batalha não estão firmes, ao travarem batalha não serão vitoriosas. Devemos reunir o povo e congregar as massas, coletar mantimentos, animais de criação e tecido; defender as cidades muradas e nos preparar para defender as passagens; e despachar tropas ligeiras para obstruir as rotas de suprimento do inimigo. Se ele não é capaz de nos incitar à batalha, se suas provisões não chegam e não há nada no campo que possam saquear, seus Três Exércitos estarão em dificuldade. Extrai vantagem da situação para o atrair e então poderemos obter êxito.

"Se queremos travar batalha no campo, devemos confiar na configuração estratégica de poder. Utiliza ravinas para armar emboscadas. Na falta de ravinas, devemos nos ocultar no tempo, na escuridão, no crepúsculo e na neblina, avançando onde eles não esperam, atacando subitamente suas forças indolentes. Assim, obteremos resultados."

O rei de Wu perguntou a Sun Tzu: "Supõe que tenhamos alcançado 'terreno leve' e acabado de adentrar as fronteiras do inimigo. Nossos oficiais e homens estão pensando em retornar. É difícil avançarmos, mas é fácil nos retirarmos. Não temos ainda ravinas e desfiladeiros atrás de nós, e os Três Exércitos estão amedrontados. O general comandante quer avançar, os oficiais e tropas querem recuar; em cima e em baixo, pois, as mentes são diferentes. O inimigo está defendendo suas cidades muradas e fortificações, colocando seus carros e cavalaria em boa ordem. Alguns ocupam posições à nossa frente, outros atacam nossa retaguarda. O que devemos fazer?"

Sun Tzu respondeu: "Quando alcançamos 'terreno leve', os oficiais e homens ainda não estão concentrados, porque sua tarefa é adentrar as fronteiras, não realizar a guerra. Não te aproximes de suas cidades famosas, tampouco atravesses suas principais estradas. Simula dúvida, finge confusão. Mostra-lhe que estamos prestes a partir. Então, primeiramente, seleciona a cavalaria de elite para adentrar seu território silenciosamente e pilhar seu rebanho, seus cavalos e outros animais domésticos. Quando os Três Exércitos perceberem que são capazes de avançar, não sentirão medo. Divide teus soldados superiores e faz com que secretamente preparem emboscadas. Aparecendo o inimigo, ataca sem hesitação; se ele não aparecer, abandona as emboscadas e parte."

Ele também disse: "Supõe que o exército tenha adentrado as fronteiras do inimigo. O inimigo solidifica suas fortificações sem travar batalha. Nossos oficiais e tropas estão pensando em voltar para casa, mas, mesmo se quiséssemos recuar, também seria difícil. A isso nos referimos como 'terreno leve'. Devemos selecionar cavalaria de elite para armar emboscadas nas estradas estratégicas. Quando nos retirarmos, o inimigo nos seguirá; quando ele aparecer, ataca-o."

O rei de Wu perguntou a Sun Tzu: "Em 'terreno contencioso', supõe que o inimigo tenha chegado primeiro, ocupado as posições estratégicas e se apoderado das posições vantajosas com tropas selecionadas e soldados bem treinados. Alguns deles avançam, outros assumem posições defensivas, estando, desse modo, preparados contra nossas táticas heterodoxas. O que devemos fazer?"

Sun Tzu respondeu: "A regra para lutar em 'terreno contencioso' é que aquele que ceder ganhará, ao passo que aquele que lutar perderá. Se o inimigo conquistou uma posição, sê cuidadoso para não a atacar. Faz com que se retirem, fingindo ir-te. Levanta as bandeiras, bate os tambores e move-te rapidamente em direção ao que ele ama. Arrasta madeira para levantar nuvens de poeira, para confundir seus olhos e ouvidos. Divide nossas tropas superiores e as posiciona secretamente em emboscada. O inimigo certamente avançará para resgatar o alvo em perigo. O que os outros querem, nós lhes daremos; o que abandonarem, tomaremos. Esse é o Tao para lutar por terras que o inimigo ocupa primeiro.

"Se chegarmos primeiro e o inimigo se utilizar desta estratégia, então, seleciona tropas ferozes para defender solidamente nossa posição. Faz com que nossas tropas ligeiras persigam a falsa retirada do inimigo e separa algumas para estabelecer emboscadas nas ravinas e desfiladeiros. Se o inimigo se voltar para lutar, as tropas insidiadas nos flancos devem emergir. Esse é o Tao para obter a vitória completa."

― ― ―

O rei de Wu perguntou a Sun Tzu: "Em 'terreno atravessável', onde o movimento é fácil, se estamos prestes a isolar o inimigo e queremos nos assegurar de que ele não avançará, devemos determinar a nossas cidades fronteiriças que aperfeiçoem suas preparações defensivas, interromper cuidadosamente todas as estradas abertas e assegurar o bloqueio nas passagens. Supõe que não tenhamos nos planejado para isso com antecedência, ao passo que o inimigo já fez esses preparativos. Ele será capaz de avançar, mas nós não. Se nossos números forem, além do mais, equivalentes, o que devemos fazer?"

Sun Tzu respondeu: "Já que não podemos avançar, mas ele pode se aproximar, devemos separar algumas tropas e escondê-las. Nossos defensores devem parecer despreocupados e lassos. Exibe incapacidade e o inimigo definitivamente aparecerá. Arma emboscadas, oculta-nos na vegetação e avança onde ele não espera. Assim podemos ter êxito."

O rei de Wu perguntou a Sun Tzu: "Em 'terreno delimitado', é importante chegar na frente. Se a estrada é distante e nos mobilizamos depois do inimigo, mesmo se fizermos correr nossos carros e galopar nossos cavalos não conseguiremos chegar primeiro. O que devemos fazer?"

Sun Tzu respondeu: "'Terreno delimitado' é o território que faz fronteira com três estados, com estradas abertas em quatro direções. Se nos contrapomos ao inimigo em um local que tem outros estados ao lado, então, aquele que seria referido como 'primeiro' deve despachar emissários polidos com presentes generosos para fazer aliança com os estados vizinhos. Estabelece relações amigáveis com eles e assegura seu favor. Assim, mesmo que nossas tropas cheguem depois do inimigo, as massas da região já estarão aliadas a nós. Com soldados escolhidos e tropas bem treinadas, elas bloquearão as posições vantajosas e as ocuparão. Apoiarão nossos negócios militares e tornarão nossas provisões substanciais. Ordena que nossos carros e cavalaria entrem e saiam com uma atitude de antecipação respeitosa. Teremos o apoio das massas, ao passo que o inimigo terá perdido seus partidários. Ao ressoar dos tambores, os exércitos do estado feudal, como os chifres de um boi, atacarão em massa. O inimigo ficará assustado e temeroso, e ninguém saberá o que deveriam fazer."

─ ─ ─

O rei de Wu perguntou a Sun Tzu: "Supõe que tenhamos conduzido as tropas profundamente para o interior de um 'terreno pesado', passando por muitíssimos lugares, de modo que nossas rotas de suprimento tenham sido interrompidas ou bloqueadas. Supõe que queiramos voltar para casa mas não possamos ultrapassar sua configuração estratégica de poder. Se quisermos saquear a terra do inimigo e manter nossas tropas sem perda, o que devemos fazer?"

Sun Tzu respondeu: "Sempre que permanecermos em terreno pesado, os oficiais e as tropas estarão corajosos e de prontidão. Se as rotas de suprimento já não estiverem abertas, então deveremos pilhar para ampliar nossas provisões. O que quer que os postos mais baixos obtiverem em grãos e tecido deverá ser repassado ao topo, e aqueles que mais coletarem deverão ser recompensados. Os guerreiros não mais pensarão em voltar para casa.

"Se queres voltar-te e avançar, faz com urgência preparativos defensivos. Aprofunda os fossos e eleva os baluartes, mostrando ao inimigo nossa determinação de permanecer indefinidamente. O inimigo suspeitará de que temos uma rota aberta em algum lugar e se retirará das vias cruciais. Então, podemos ordenar aos nossos carros leves que arranquem silenciosamente, levantando poeira e usando o gado como isca. Se o inimigo avançar, bate os tambores e segue-o. Antes disso, oculta alguns guerreiros em emboscada, combinando com eles o tempo, de modo que essas nossas forças e aquelas não posicionadas em emboscada possam lançar um ataque coordenado. Pode-se então conhecer a derrota do inimigo."

— — —

O rei de Wu perguntou a Sun Tzu: "Supõe que adentremos 'terreno capcioso' – montanhas, rios, ravinas e desfiladeiros. A estrada é difícil de seguir; estamos em movimento há longo tempo e as tropas estão cansadas. O inimigo está à nossa frente e tem emboscadas armadas à nossa retaguarda. Seu acampamento ocupa uma posição à esquerda, ao passo que se defendem contra nosso flanco direito. Seus carros superiores e sua hábil cavalaria nos pressionam em uma estrada estreita. O que fazer?"

Sun Tzu respondeu: "Primeiro, faz com que os carros leves avancem uns dez quilômetros de modo que eles e o inimigo possam se observar. Quando nosso exército principal alcançar suas ravinas e desfiladeiros, dispõe de alguns para irem à esquerda, outros à direita, enquanto o general comandante conduz observações em todas as direções. Seleciona vacuidades e te apropria delas, e então faz com que nossas forças converjam juntas na estrada, parando apenas quando cansadas."

— — —

O rei de Wu perguntou a Sun Tzu: "Supõe que adentremos 'terreno cercado', de modo que à nossa frente haja um inimigo forte e atrás de nós solo íngreme e difícil. O inimigo interrompeu nossa linha de suprimento e obtém vantagem da nossa disposição de movimento. Se batem seus tambores e gritam, mas não avançam – com o intuito de observar nossa capacidade –, o que devemos fazer?"

Sun Tzu respondeu: "Em 'terreno cercado' é adequado bloquear todas as aberturas, mostrando às tropas que não há para onde ir. Assim, verão o exército como sua família;

a multidão será de uma só mente e a força dos Três Exércitos estará unificada. Além disso, defuma comida para vários dias, sem expor fogo ou fumaça, criando a aparência de decadência, confusão, exiguidade numérica e fraqueza. Quando o inimigo nos vir, seus preparativos para a batalha serão certamente superficiais.

"Exorta e incita nossos oficiais e tropas, faz despertar sua fúria. Assume formação e dispõe nossas tropas superiores em emboscada nas ravinas e desfiladeiros à esquerda e à direita. Bate os tambores e avança. Se o inimigo nos defrontar, ataca-o fervorosamente, concentrando-te em abrir caminho. Luta na frente, solidifica a retaguarda e dispõe os flancos à esquerda e à direita."

O rei de Wu novamente perguntou: "Supõe que o inimigo esteja cercado por nossos exércitos. Posicione-se em emboscada e faça planos profundos. Exiba-nos atrativos, fatigue-nos com suas flâmulas, movendo-se sem parar como se estivesse confuso. Não sabemos como lidar com isso. O que devemos fazer?"

Sun Tzu respondeu: "Faz com que mil homens levantem flâmulas, divide-os e bloqueia as estradas estratégicas. Faz com que nossas tropas ligeiras avancem e procura incitar o inimigo. Dispõe nossos esquadrões de batalha, mas não pressiones o inimigo. Intercepta-o, mas não partas. Essa é a arte de derrotar estratagemas."

O rei de Wu perguntou a Sun Tzu: "Supõe que nosso exército tenha atravessado as fronteiras e nossas forças estejam ordenadas em frente ao inimigo. As forças do inimigo chegaram em grande número, cercando-nos na profundidade de muitas camadas. Queremos irromper subitamente, mas os quatro lados estão bloqueados. Se queremos encorajar nossos oficiais e incitar nossas massas de tropas, fazer com que arrisquem suas vidas e quebrem o cerco, como devemos fazê-lo?"

Sun Tzu respondeu: "Aprofunda os fossos e eleva os baluartes, mostrando que fazemos preparativos para defender nossa posição. Sê silencioso e estacionário, sem te mover, para ocultar nossa capacidade. Dá ordens aos Três Exércitos para que finjam desesperança. Mata teu gado e queima as carretas de suprimento para o regalo de nossos guerreiros. Queima completamente todas as provisões, enche os poços, destrói os fogareiros, corta teu cabelo, põe de lado teus quepes, elimina completamente quaisquer pensamentos de vida, não faças planos. Quando os oficiais estiverem determinados a morrer, fá-los polir suas armaduras e afiar suas espadas. Quando seu *ch'i* estiver unido e sua força for uma, alguns devem atacar ambos os flancos, ressoando os tambores e gritando fervorosamente. O inimigo também ficará atemorizado, e ninguém saberá como nos impugnar. As tropas de elite e as unidades destacadas devem com urgência atacar sua retaguarda. Esse é o Tao pelo qual se perde a estrada e se busca a vida. Assim, diz-se que 'quem está em dificuldade mas não faz planos está debilitado; quem está debilitado e não luta está perdido'."

O rei de Wu também perguntou: "E se cercarmos o inimigo?"

Sun Tzu respondeu: "Picos de montanhas e vales estreitos difíceis de atravessar são conhecidos como 'meios de debilitar invasores'. O método para atacá-los é posicionar nossas tropas em emboscada em lugares escuros e ocultos. Abre a estrada para o inimigo partir, mostra-lhe uma trilha de voo. Quando estiver buscando a vida e escapando da morte, certamente não terá nenhuma vontade de lutar. Então, podemos atacá-lo; mesmo se for numeroso, certamente será destruído."

A arte da guerra também afirma: "Se o inimigo está em 'terreno fatal', o *ch'i* de seus oficiais e tropas será corajoso. Se quisermos atacá-lo, a estratégia é fingir concordar com ele e não resistir. Defende-te secretamente contra suas posições vantajosas. Interrompe suas rotas de suprimento. Se temes que ele tenha tropas heterodoxas escondidas, que não foram observadas, faz com que nossos arqueiros e besteiros nos defendam contra suas posições."

— — —

O rei de Wu perguntou a Sun Tzu: "O inimigo é corajoso e destemido, arrogante e temerário. Seus soldados são numerosos e fortes. O que devemos fazer?"

Sun Tzu disse: "Fala e age de maneira submissa, com o intuito de concordar com suas intenções. Não os faças compreender a situação, e aumenta com isso sua indolência. De acordo com as mudanças e variações do inimigo, submerge nossas forças em emboscada para esperar o momento. Então, não olhes para seu movimento de frente, nem olhes para seu movimento de retaguarda, mas ataca no meio. Ainda que eles sejam numerosos, podem ser arrebatados. O Tao para atacar os arrogantes é não confrontar sua linha de frente."

— — —

O rei de Wu perguntou a Sun Tzu: "O inimigo se apossou seguramente das montanhas e ravinas, ocupou todas as posições vantajosas. Suas provisões também são suficientes. Mesmo que os desafiemos, eles não avançam. Obtêm vantagens de brechas em nossa defesa para invadir e pilhar. O que devemos fazer?"

Sun Tzu disse: "Segmenta e dispõe nossas forças para defender os pontos estratégicos. Sê cauteloso nos preparativos, não sejas indolente. Investiga profundamente sua verdadeira situação, espera secretamente sua lassidão. Atrai-o com lucro, impede-o de recolher lenha. Quando, após longo tempo, não tiver obtido nada, mudará inevitavelmente por si mesmo. Espera até que deixe sua fortaleza; apodera-te do que ele ama. Mesmo que o inimigo ocupe à força passadouros íngremes, ainda seremos capazes de o destruir."

COMENTÁRIO

Esta seção, preservada no *T'ung Tien* do século oitavo, provavelmente compreende material da versão com oitenta e dois capítulos de *A arte da guerra*, que supostamente ainda existia na dinastia Han. Embora isso obviamente pós-date todos os escritos militares clássicos, com exceção de *Perguntas e respostas* da dinastia T'ang, essas passagens se enquadram na literatura clássica bem definida que descreve situações comuns, por vezes relacionadas às configurações de terreno, outras vezes simplesmente a confrontos marcados por certas características, como desequilíbrios relativos das forças em presença. Além disso, elas refletem e ampliam consistentemente os conceitos de terreno originais de Sun Tzu, bem como adotam seus princípios de guerra de manobra e manipulação do inimigo; merecem, pois, ser apresentadas juntamente com o texto original de *A arte da guerra*.

Sun Pin

Métodos militares
Tradução e comentário

孫臏兵法

1

A captura de P'ang Chuan

擒龐涓

Em tempos passados o Rei Hui, Senhor de Liang, estando prestes a atacar HanTan, capital de Chao, ordenou ao General do Exército P'ang Chuan que conduzisse oito mil tropas armadas de cotas de malha a Ch'ih-ch'iu. O Rei Wei, Senhor de Ch'i, tendo ouvido a esse respeito, ordenou ao General do Exército T'ien Chi que levasse oito mil tropas armadas de cotas de malhas a uma posição em sua fronteira.

P'ang Chuan atacou a capital de Wey. O General do Exército T'ien Chi recorreu a Sun Pin: "P'ang Chuan tomou a capital de Wey. Devemos resgatá-la ou não?"

Sun Pin respondeu: "Não devemos."

T'ien Chi perguntou: "Se não resgatamos Wey, o que devemos fazer?

Sun Pin disse: "Sugiro que nos dirijamos ao sul para atacar P'ing-ling. A vila de P'ing-ling é pequena, mas o distrito é grande; a população é numerosa; e seus soldados com cotas de malha são abundantes. É uma vila militar na região de Tung-yang em Wei, difícil de atacar. Desse modo, manifestaremos a eles algo dúbio. Quando atacarmos P'ing-ling, Sung estará ao sul, Wey ao norte, e Chih-ch'iu estará na nossa rota. Consequentemente, como nossa rota de suprimentos será cortada, mostraremos a eles que não entendemos de assuntos militares." Assim, levantaram acampamento e apressaram-se para P'ing-ling.

Aproximando-se de P'ing-ling, T'ien Chi convocou Sun Pin e perguntou: "Como realizarás essa operação?"

Sun Pin disse: "Entre os altos oficiais de nossas cidades fronteiriças próximas, quais deles não compreendem os negócios militares?"

T'ien Chi disse: "Os altos oficiais de Ch'i-cheng e Kao--t'ang."

Sun Pin disse: "Sugiro que tomemos o lugar onde as provisões de Wei estão estocadas. Para empreender isso, ambos os nossos comandantes terão que passar pelas cidades de

Heng e Chuan, em Wei. A área é atravessada por estradas regionais em todas as direções, e nela as cidades de Heng e Chuan podem facilmente dispor de seus exércitos vinculados. Suas largas estradas já estão ocupadas por carros e soldados. Se nossa vanguarda permanecer inflexível e nossas forças principais se mantiverem intactas, os exércitos de Wei se moverão pelas estradas para atacar e destruir a retaguarda de ambos os nossos exércitos destacados e nossos dois comandantes serão mortos."

Desse modo, T'ien Chi dividiu os exércitos vinculados a Ch'i-cheng e Kao-t'ang em dois e fez com que lançassem um assalto amotinado a P'ing-ling. As forças de Wei de Heng e Chuan avançaram pelas estradas regionais em uma onda contínua para organizar um ataque sitiador à sua retaguarda. Ambos os altos oficiais de Ch'i-cheng e Kao-t'ang se tornaram presas dessas táticas e foram severamente derrotados.

O General T'ien Chi convocou Sun Pin e indagou: "Como planejado, atacamos sem êxito e perdemos nossos exércitos de Ch'i-cheng e Kao-t'ang, que se tornaram presas de nossas táticas e foram derrotados. Como as operações deverão agora ser conduzidas?"

Sun Pin disse: "Sugiro que despaches carros leves para o oeste, fazendo-os correr pelos subúrbios de Liang com o intuito de enfurecê-los. Divide nossas tropas e envia apenas uma porção delas, seguindo-a imediatamente, para assim mostrar que somos poucos."

Assim fez T'ien Chi. Como esperado, P'ang Chuan abandonou suas carroças de suprimento e chegou após uma marcha forçada a passo acelerado. Sem permitir descanso algum ao exército de P'ang Chuan, Sun Pin atacou-o e o capturou em Kuei-ling. Assim, diz-se que Sun Pin realizou plenamente o Tao da arte militar.

COMENTÁRIO

O relato da batalha aqui encontrado difere em parte daquele contido na biografia de Sun Pin do *Shih Chi*, traduzido na Introdução, porque é surpreendentemente focalizado no ataque de Wei ao estado menor de Wey, ignorando o assalto principal a Han-tan, que presumivelmente precipitou o pedido de ajuda de Chao. Se tomado isoladamente, esse relato indicaria que a operação de resgate de Ch'i foi destinada a fazer cessar a pressão em Wey, não em Han-tan, capital de Chao. Entretanto, como inúmeras fontes históricas registram o assalto a esta última, o ataque de Wei em Wey constituiu provavelmente uma ação preliminar para assegurar o corredor de acesso.

Os métodos táticos de Sun Pin são claramente revelados nesses relatos de batalha: exibir incapacidade, mesmo à custa de sacrificar deliberadamente algumas unidades; desestabilizar o inimigo, compelindo-o ao movimento através da ameaça ao que lhe é valioso; e então empregar tropas bem posicionadas para explorar a precipitação e a desordem resultantes, a fim de alcançar uma vitória fácil, provando, com isso, o dito de Sun Tzu de que "aqueles que excelem na guerra conquistam aqueles que são fáceis de conquistar". Essa sequência, ainda que enraizada na realidade histórica, fornece uma metodologia sucinta igualmente aplicável a todas as situações competitivas.

Audiência com o Rei Wei

見威王

SUN PIN, EM SUA AUDIÊNCIA COM O REI WEI, DISSE:
"A arte militar não se fia, pois, em uma configuração estratégica de poder invariável. Este é o Tao transmitido pelos Reis Precedentes. A vitória na guerra é o meio pelo qual se mantêm os estados subjugados e as gerações interrompidas. Não ser vitorioso na guerra é o meio pelo qual se reduz o território e se põem em risco os altares do estado. Os assuntos militares, por essa razão, não podem deixar de ser investigados. Ainda assim, quem obtiver prazer com a arte militar perecerá, e quem na vitória obtiver lucros será insultado. A arte militar não é algo com que obter prazer, a vitória não é algo com que lucrar.

"Move-te apenas depois de preparadas todas as operações. Assim, aquele cuja cidade murada é pequena mas cuja defesa é sólida tem recursos acumulados. Aquele cujas tropas são diminutas mas cujo exército é forte tem retidão. Mas organizar uma defesa sem ter em que se fiar, ou travar batalha sem retidão, ninguém sob o Céu poderia assim ser sólido e forte.

"No tempo em que Yao possuía Tudo que há sob o Céu, havia sete tribos que desonraram os éditos do rei e não os realizaram. Havia os dois Yi no leste e quatro nos estados centrais. Não era possível que Yao se sentisse tranquilo e usufruísse do governo de Tudo o que há sob o Céu. Foi vitorioso na batalha e sua força estava estabelecida; Tudo o que há sob o Céu estava, portanto, submetido.

"Na antiguidade, Shen Nung travou batalha com Fu e Sui; o Imperador Amarelo travou batalha com Ch'ih em Shu-lu; Yao atacou Kung Kung; Shun atacou Ch'e e expulsou os Três Miao; T'ang destituiu Chieh; o Rei Wu atacou Chou; e o Duque de Chou obliterou o remanescente estado de Shang-yen quando este se rebelou.

"Assim, aquele cuja virtude não se assemelha à dos Cinco Imperadores; cuja habilidade não alcança a dos Três Reis; e cuja sabedoria tampouco se equipara à do Duque de Chou

– e que não obstante diz 'Quero acumular benevolência e retidão, praticar ritos e música, e vestir talares ondeantes, e desse modo impedir conflitos e confiscos' – não é que Yao e Shun não o quisessem, mas não o puderam conseguir. Portanto, mobilizaram a força militar para reprimir o mal."

COMENTÁRIO

Este capítulo, o primeiro substancial sobre táticas, inicia, assim como *A arte da guerra*, com uma afirmação que enfatiza a natureza crucial, de vida e de morte, da guerra. Sun Tzu havia dito anteriormente: "A guerra é a empresa essencial do estado, a base da vida e da morte, o Tao para a sobrevivência ou a extinção. Deve ser profundamente ponderada e analisada." O parágrafo de abertura sintetiza de maneira similar a postura de Sun Pin quanto aos assuntos militares: enquanto o mal ou as ameaças à segurança permanecerem no mundo, a arte militar e a guerra serão tanto necessárias quanto inevitáveis. A própria sobrevivência do estado depende da compreensão dos princípios da guerra, do empreendimento das preparações militares e da ação, quando necessária, com compromisso e resolução. De uma perspectiva mais humanitária, as forças militares fornecem o único meio de erradicar o flagelo da humanidade, de agir em nome de outros para eliminar o mal e a repressão, precisamente como fez Ch'i (de uma maneira bastante autointeressada) ao salvar Chao e Han dos exércitos de Wei. Nesse aspecto, as concepções de Sun Pin geralmente concordam com os pensamentos de outros escritores militares do período dos Reinos Combatentes, permitindo, às vezes, variações significativas de perspectiva.

O principal argumento do capítulo se justifica pela citação do caráter histórico e da inevitabilidade das armas e da guerra, tema que é reiterado no capítulo nove, em que Sun Pin salienta que a guerra é inerente à humanidade. Quando o mal se impôs ao bem, e especialmente às regras Sábias da antiguidade, foi dolorosamente descoberto que somente a força o poderia reprimir. Consequentemente, mesmo esses formidáveis modelos de Virtude, como Yao e Shun, foram compelidos a criar armas e desenvolver táticas na medida em que organizavam ações militares para extirpar o mal. Sun Pin cita inúmeros exemplos desses conflitos antigos e semilegendários entre tribos e totens para fundamentar seu argumento, contradizendo, com isso, diretamente os Confucianos liderados por Mêncio – pedante, ainda que capaz –, que alegava clamorosamente que a antiguidade era um período ideal, em que apenas a Virtude exercia influência sobre a civilização e em que os governantes cultivavam uma pureza tão imaculada que até mesmo os incorrigíveis eram conduzidos pela vergonha a uma obediência submissa. Como Sun Pin sugestivamente conclui, Yao e Shun desejavam governar com benevolência e retidão, mas isso se mostrou simplesmente inadequado para a desalentadora tarefa de contender com a força e a brutalidade, precisamente como acontece em todos os níveis de governo nos dias de hoje.

Ao mesmo tempo, Sun Pin, bem como Sun Tzu e muitos outros escritores militares, adverte igualmente contra o perigo de se enfeitiçar pela guerra ou de se deixar seduzir por lucros aparentes, e com isso fadar o estado à extinção. Embora ele a afirme explicitamente apenas mais uma vez, a crença de que batalhas frequentes debilitam um estado e que mesmo inúmeras vitórias o podem levar à ruína subjaz a todo o *Métodos militares*. Além de serem fisicamente preparados, os soldados devem abraçar uma causa moral, devem lutar com e pela retidão. Somente aqueles propriamente motivados pela virtude (além do estímulo imediato das recompensas e do medo de punições) se mostram compromissados e eficazes no combate. Embora não mencione novamente a importância da retidão para as tropas, Sun Pin salienta sua necessidade para o comandante e assevera ainda que guerreiros, individualmente, não se qualificarão para sua designação aos carros se lhes faltar uma constelação de virtudes. Mesmo nos dias de hoje, a retidão permanece um forte motivador, capaz de despertar veemência quando intensamente proclamada por um orador habilidoso, incitando os homens à ação não somente por causas morais, mas também por ódio, nacionalismo e fanatismo ocultos sob seu garbo. Os sábios podem ainda se valer de seu poder, tanto na busca por parceiros e associados no Tao, como para se prepararem para as lutas cotidianas.

3
As indagações do Rei Wei

威王問

◐ Rei Wei de Ch'i, ao inquerir sobre o emprego das forças militares, disse a Sun Pin: "Se dois exércitos se encontram frente a frente, e se os dois generais se olham diretamente, e ambos são sólidos e seguros, de modo que nenhum dos lados ousa se mover primeiro, o que deve ser feito?"

Sun Pin respondeu: "Emprega algumas tropas ligeiras para testá-los, comandadas por um oficial modesto, mas corajoso. Concentra-te em escapar, não te empenhes em alcançar a vitória. Ao dispô-las, oculta teus exércitos para assaltarem abruptamente os flancos do inimigo. Isso é denominado a 'Grande Realização'."

O Rei Wei perguntou: "Há um método para empregar muitos e poucos?"

Sun Pin disse: "Há."

O Rei Wei disse: "Se somos fortes ao passo que o inimigo é fraco, se somos numerosos ao passo que o inimigo é diminuto, como os devemos empregar?"

Sun Pin fez duas reverências e disse: "Esta pergunta é própria de um Rei esclarecido! Ser numeroso e além disso forte, e não obstante ainda inquirir sobre seu emprego é o Tao para tornar um estado seguro. O método é chamado 'Induzindo o Exército'. Desordena tuas companhias e desorganiza teus postos, para concordar, na aparência, com os desejos do inimigo. Assim, o inimigo certamente encetará a batalha contigo."

O Rei Wei perguntou: "Se o inimigo é numeroso enquanto nós somos diminutos, se o inimigo é forte enquanto nós somos fracos, como os devemos empregar?"

Sun Pin disse: "A estratégia é denominada 'Sucumbindo ao Pavor'. Cumpre que ocultes a retaguarda do exército para assegurar-te de que ele poderá retirar-se. As armas longas devem posicionar-se na frente, as curtas atrás. Estabelece unidades móveis de besteiros para fornecerem apoio em emergências. Teu exército principal não deve se mover, mas esperar que o inimigo manifeste suas capacidades."

O Rei Wei disse: "Supõe que tanto nós quanto o inimigo avançamos um em direção ao outro. Ainda não sabemos se são muitos ou poucos. Como devemos empregar o exército?"

Sun Pin disse: "O método é chamado 'Conclusão Perigosa'. Se o inimigo está bem organizado, dispõe três formações. Uma deve enfrentar o inimigo, duas podem prover auxílio mútuo. Quando puderem descansar, devem descansar. Quando puderem mover-se, devem mover-se. Não busques uma vitória rápida."

O Rei Wei perguntou: "Como atacamos invasores exaustos?"

Sun Pin disse: "Podes fazer planos enquanto eles buscam uma rota para a vida."

O Rei Wei perguntou: "Como atacamos alguém de igual força?"

Sun Pin disse: "Confunde-os para que dispersem seus exércitos, e então unifica nossas tropas e ataca-os; não deixes o inimigo saber disso. Mas, se não se dispersarem, assegura tua posição e descansa. Não ataques em nenhuma situação que pareça suspeita."

O Rei Wei disse: "Há um Tao para um atacar dez?"
Sun Pin disse: "Há. 'Ataca onde eles não estão preparados, avança por onde eles não esperam.'"

O Rei Wei disse: "Se o solo é plano e as tropas bem ordenadas, mas depois de travar batalha elas recuam, o que isso significa?"

Sun Pin disse: "Significa que à disposição faltou uma frente."

O Rei Wei disse: "Como podemos fazer com que o povo sempre escute as ordens?"

Sun Pin disse: "Sê sempre sincero."

O Rei Wei disse: "Ótimo. Ao discutir o poder estratégico do exército és inesgotável."

T'ien Chi perguntou a Sun Pin: "O que causa problemas para o exército? O que causa dificuldades para o inimigo? Como é que as muralhas e os entrincheiramentos não são tomados? Como se perdem as vantagens do Céu? Como se perdem as vantagens da Terra? Como se perde o povo? Gostaria de perguntar se há um Tao para estas seis."

Sun Pin disse: "Há. O que causa problemas para o exército é o terreno. O que causa dificuldades para o inimigo são as ravinas. Diz-se, pois, que três quilômetros de pantanais causarão problemas para o exército; atravessar esses pantanais implicará deixar a principal força para trás. Assim, diz-se, 'o que causa problemas para o exército é o terreno, o que causa problemas para o inimigo são as ravinas'. Se as muralhas e os entrincheiramentos não são tomados é por causa das valas e desfiladeiros defensivos."

T'ien Chi perguntou: "Se deparamos com uma força fortemente instalada, que fazer?"

Sun Pin disse: "Soa o sinal de avançar, pressiona-os e emprega dez meios para expulsá-los."

T'ien Chi disse: "Quando sua disposição já foi determinada, como podemos fazer com que os soldados invariavelmente obedeçam?"

Sun Pin disse: "Sê severo e mostre-lhes os lucros potenciais."

T'ien Chi disse: "Não são as recompensas e as punições as questões mais prementes para a arte militar?"

Sun Pin disse: "Não. Entretanto, as recompensas são os meios de proporcionar felicidade às massas e fazer os soldados esquecerem a morte. As punições são os meios de retificar o caótico e fazer o povo temer seus superiores. Podem ser empregadas para facilitar a vitória, mas não são questões prementes."

T'ien Chi perguntou: "A autoridade, o poder estratégico, os planos e o ardil são questões prementes para a arte militar?"

Sun Pin disse: "Não. Entretanto, autoridade é o meio de reunir as massas. Poder estratégico é o meio de fazer com que os soldados invariavelmente lutem. Planos são os meios de fazer com que o inimigo esteja despreparado. Ardil é o meio de colocar o inimigo em dificuldade. Podem ser empregados para facilitar a vitória, mas não são assuntos prementes."

T'ien Chi ruborizou-se exasperado: "Estes seis são empregados por aqueles que excelem nos assuntos militares, e não obstante tu, senhor, dizes que não são prementes. Quais questões são, então, prementes?"

Sun Pin disse: "Avaliar o inimigo, estimar as dificuldades de terreno, investigando invariavelmente tanto o próximo quanto o distante é o Tao do general. Atacar invariavelmente onde eles não defendem, essa é a premência do exército. Recompensas e punições são os ossos."

T'ien Chi perguntou a Sun Pin: "Há um Tao para dispor o exército mas não travar batalha?"

Sun Pin disse: "Há. Concentra tuas tropas em ravinas e eleva a altura de tuas fortificações, mantendo-te silenciosamente alerta sem mover-te. Não deves ser ganancioso, não te deves exasperar."

T'ien Chi disse: "Se o inimigo é numeroso e marcial, mas temos que lutar, há um Tao?"

Sun Pin disse: "Há. Expande tuas fortificações e aumenta a determinação de teus soldados. Ordena severamente e unifica as massas. Evita o inimigo e torna-o arrogante. Ilude-o e cansa-o. 'Ataca onde ele não estiver preparado, avança onde ele não esperar.' Cumpre que estejas preparado para prosseguir com essas ações por longo tempo."

T'ien Chi perguntou a Sun Pin: "E quanto à Formação Sovela? E quanto à Formação Gansos Selvagens? Como se selecionam as tropas e os oficiais fortes? E quanto aos besteiros fortes que correm e atiram? E quanto à Formação Vento Feroz? E quanto às massas de tropas?"

Sun Pin disse: "A Formação Sovela é o meio para penetrar em formações sólidas e destruir unidades de elite. A Formação Gansos Selvagens é o meio para assaltar abruptamente os flancos do inimigo e reagir a mudanças. A seleção das tropas e dos oficiais fortes é o meio de invadir as formações do inimigo e capturar seu general. Besteiros fortes que correm e atiram são o meio para obter prazer com a batalha e a sustentar. A Formação Vento Feroz é o meio para retornar de enfrentamentos ferozes. As massas de tropas são usadas para dividir os esforços e alcançar a vitória. No entanto, governantes esclarecidos e generais instruídos não confiam nas massas de tropas para buscar êxito."

Sun Pin saiu e seus discípulos indagaram: "Como foram as perguntas do Rei Wei e de T'ien Chi, ministro e governante?"

Sun Pin disse: "O Rei Wei fez nove perguntas, T'ien Chi fez sete. Estão muito próximos de conhecer tudo sobre assuntos militares, mas ainda não penetraram o Tao. Ouvi que aqueles que são sempre sinceros florescem, aqueles que demonstram retidão empregam a força militar; aqueles que não têm preparação adequada sofrem ofensas; e aqueles que esgotam suas tropas perecem. Em três gerações, Ch'i terá problemas."

Fragmentos

"Mostrando-se alguém excelente, o exército se preparará para ele."

"Se fores o dobro do inimigo, detém-te e não te movas, sê pleno e espera-o."

"Quem não estiver preparado sofrerá as dificuldades do terreno."

COMENTÁRIO

Este capítulo relata presumidamente a discussão de Sun Pin sobre o aspecto crucial dos assuntos militares com o Rei Wei e T'ien Chi, o famoso general comandante do rei. Eles propõem um total de dezesseis situações hipotéticas de batalha para as quais Sun Pin sugere princípios táticos apropriados. Seu diálogo participa, pois, da crescente tradição dos primeiros escritos militares, que provavelmente começou com algumas poucas sentenças lacônicas do *Ssu-ma Fa* de análise de situações de confronto comuns. *A arte da guerra* de Sun Tzu oferecia inúmeros princípios gerais abstratos para conceitualizar e conduzir circunstâncias de batalha, ao passo que Wu Ch'i, cuja atividade se deu na geração anterior à de Sun Pin, descrevia várias situações táticas, analisava seus fatores inerentemente significativos e os relacionava a medidas táticas.

Sun Tzu, que tendia a conceber essas situações prototípicas em grande medida em termos de configurações de terreno, havia sido ainda onerado pelo fato de as forças de direção baseadas nos carros constituírem o principal elemento de batalha. Ao tempo de Wu Ch'i, a infantaria havia se tornado muito mais significativa, como resultado do escopo cada vez mais amplo da batalha. Sun Pin, desse modo, viveu em um tempo em que a mobilidade e a flexibilidade eram crescentemente requeridas, em que a logística e a imposição de novas formas de organização permitiam facilmente a disposição de exércitos de oito mil homens ou mais, como já foi visto no primeiro capítulo que descreve as batalhas entre Wei e Ch'i. Posteriormente, *Seis ensinamentos secretos*, provavelmente composto um século depois de *Métodos militares*, sugeriu extensas análises táticas voltadas para condições de batalha com que comumente se defronta. Muitos dos casos hipotéticos aqui relatados são encontrados em dois ou três desses livros, embora as respostas variem.

As respostas de Sun Pin são todas breves, sem dúvida simplesmente resumidas como outras obras do período, e geralmente enfatizam temas anteriormente expressados por Sun Tzu: mobilidade, criação de oportunidades através da manipulação do inimigo, divisão e reunião para se concentrar em pontos apropriados; e atacar onde o inimigo está despreparado, onde não organizou uma defesa adequada ou não espera um ataque. Alguns comentadores percebem grandes avanços no pensamento de Sun Pin, acentuando significativamente a ação agressiva, mas o capítulo é mais equilibrado do que parece à primeira vista, e certas medidas defensivas, bem como a manipulação do inimigo, são advogadas.

4

T'ien Chi indaga sobre fortificações

陳忌問壘

T'ien Chi perguntou a Sun Pin:

"Se nossas tropas, sendo poucas, defrontam-se inesperadamente com um inimigo, que táticas devemos empregar?"

Sun Pin disse: "Ordena que nossos besteiros se disponham rapidamente e espalha nossos outros arqueiros."

T'ien Chi disse: "Quando estamos em campo, nossas tropas sempre incrementam suas posições e estabelecem fortificações temporárias. Como isso deve ser feito?"

Sun Pin disse: "Esta, general, é uma pergunta sábia, pois são coisas que as pessoas negligenciam ou raramente consideram prementes. São os meios para erigir rapidamente defesas no campo e elevar a determinação das tropas."

T'ien Chi disse: "Poderias falar sobre elas?"

Sun Pin disse: "Pois não. Empregando essas medidas podes reagir a infortúnios repentinos, ocupar desfiladeiros e passadouros e sobreviver no interior de terrenos fatais. Este foi o modo como apanhei P'ang Chuan e capturei o Príncipe Imperial Shen."

T'ien Chi disse: "Excelente. O caso se passou há muito, mas as táticas ainda não são perceptíveis."

Sun Pin disse: "As estrepes são empregadas à guisa de valas e fossos. Os carros são empregados como fortificações. Os tapumes protetores dos carros são empregados como parapeitos. Os escudos são empregados como ameias. As armas longas são proximamente posicionadas para fazer frente a qualquer invasão. As lanças curtas são posicionadas em seu interior para apoiar as armas longas. As outras armas curtas seguem-se umas às outras para dificultar a retirada do inimigo e obter vantagem de suas fraquezas. As bestas são posicionadas atrás destas para agirem como emboscadas. No meio não há homem algum para permitir reações flexíveis.

"Uma vez que tenhas determinado como dispor tuas tropas, estabelece táticas detalhadas para o enfrentamento. As

Ordenações afirmam: 'Posiciona as bestas atrás das estrepes e atira de acordo com uma sequência predeterminada somente depois que o inimigo adentrar as estrepes.' O topo das fortificações deve ser guarnecido com um igual número de bestas e alabardas com pontas de lança. Os *Métodos* afirmam: 'Move-te apenas quando receberes os relatórios dos espiões que enviaste.'

"A cinco quilômetros para além de tuas linhas defensivas, firma pilares de advertência ordenando que eles estejam sob as vistas uns dos outros. Se estiveres acampado em solo alto, dispõe os pilares de advertências em uma forma quadrada; se estiveres acampado em solo baixo, dispõe-nos ao longo de um perímetro circular. Para sinalizar, à noite bate os tambores, durante o dia hasteia as bandeiras."

Fragmentos

Sun Pin disse: "Não deixes de organizar uma defesa em razão do medo do exército."

Sun Pin disse: "Saber de antemão se se será ou não vitorioso é denominado 'conhecer o Tao'."

COMENTÁRIO

Este intrigante capítulo pode ser traduzido de modo bastante diferente, conforme seja interpretado como a explicação das táticas realmente empregadas para alcançar o famoso massacre de Ma-ling, ou como uma resposta geral às perguntas de T'ien Chi sobre fortificações. No primeiro caso, e desse modo para explorar vales e terrenos similares com o intuito de estabelecer uma zona mortal, essas táticas – ainda que tenham aplicabilidade geral – foram especificamente implementadas para emboscar um exército inimigo. Portanto, as tropas deviam estar escondidas atrás das fortificações temporárias descritas acima, mas dispostas numa formação em U ou paralelamente e em torno de uma área aberta essencial à rota de marcha do inimigo, e não em uma formação defensiva fechada, quadrada e direcionada para fora.

Tanto para propósitos defensivos quanto ofensivos, as fortificações que obtêm êxito exploram invariavelmente a configuração de terreno. Solo aberto, por exemplo, normalmente requer baluartes como os que se obtém "fazendo cercos com as carroças", precisamente como nos dias de fronteira na América. Quando os carros de guerra e mesmo os vagões de suprimento eram temporariamente empregados como a base de "muralhas" defensivas, as ameias e os parapeitos eram então inerentemente fornecidos pelas muralhas fixas e coberturas protetoras dos carros, e podiam ser rapidamente suplementados pelos diferentes escudos carregados pelos soldados. Os vários grupos de armas, de acordo com suas características individuais, eram então dispostos atrás dos carros fortificados. Neste capítulo, Sun Pin aconselha a posicionar as armas longas (lanças e alabardas) dentro do perímetro dos carros, sem dúvida porque poderiam então fazer frente a quaisquer tropas que sobrevivessem à tempestade de flechas e viessem atacar o baluarte propriamente dito. As armas mais curtas seriam então ordenadas mais ao interior para contrariar quaisquer invasões, e os espadachins e os portadores de machados mantidos de reserva para interceptar quaisquer soldados que conseguissem penetrar as defesas exteriores. O interior de tão fechada formação seria deixado vago, pelo princípio geralmente reconhecido de que espaços vazios são necessários para conter as invasões do inimigo, ou para permitir flexibilidade de reação a desenvolvimentos imprevistos ou ameaças que possam se materializar em uma ou outra área. O capítulo descreve, desse modo, os princípios organizacionais para uma formação temível e sistematizada que pode ser rapidamente efetuada por um exército móvel que opera longe de seu bastião próprio, de maneira muito parecida com a prática romana de erigir paliçadas mesmo para acampamentos temporários.

Naturalmente, estes princípios organizacionais poderiam ser facilmente adaptados às características de terreno, com fortificações temporárias erguidas ao longo das laterais dos vales, utilizando a proteção natural proporcionada pelas alturas que se encontram atrás. Alternativamente, as embocaduras de ravinas, especialmente aquelas que defrontam um vale ou uma estrada estreita, podem ser ocupadas pela construção de baluartes na abertura. Entretanto, terrenos fatais – um termo que Sun Tzu tornou eminente – apresentariam problemas um pouco mais difíceis, especialmente se as tropas forem pegas entre um exército que avança e um curso de água, mas poderiam ser dominados com uma disposição forte e quadrada.

Abstraídos para aplicações mais universais, os princípios essenciais da organização de defesas temporárias, explorando os recursos à mão e estando sempre preparado para ataques inesperados, permanecem todos cruciais para a ciência militar, os negócios e mesmo para a vida pessoal. A particularização e especialização de grupos de armas, assim como as táticas que empregam os recursos apropriadamente e em apoio mútuo, também merecem ser notadas. Defesas fortificadas – materiais ou abstratas – criam vantagens estratégicas localizadas que permitem que unidades saqueadas e defasadas em número resistam a exércitos mais fortes e animados e escolham o momento para confrontar o inimigo. Além disso, formações defensivas fortes encerram inerentemente grande potencial ofensivo. Invertendo meramente o perímetro e atraindo o inimigo ao foco recém-criado, ataques avassaladores podem também ser organizados a partir de fortificações em grande medida inexpugnáveis, ainda que temporárias.

Selecionando as tropas

Sun Pin disse:

"Para um exército, a vitória reside na seleção das tropas; a coragem reside na ordem; a habilidade reside na configuração estratégica do poder; a sagacidade reside na confiança; o poder reside no Tao; a riqueza reside em um retorno rápido; a força reside em dar descanso ao povo; a injúria reside nas batalhas frequentes."

Sun Pin disse: "A implementação da Virtude é o recurso essencial do exército. A confiança é a recompensa distinta do exército. Quem detesta a guerra é o verdadeiro instrumento do exército. Ganhar as massas é a base da vitória."

Sun Pin disse: "Há cinco fatores que concorrem para constantemente se alcançar a vitória. O comandante que obtiver a autoridade plena do governante será vitorioso. Quem conhecer o Tao será vitorioso. Quem houver conquistado as massas será vitorioso. Aquele cuja direita e esquerda estiverem em harmonia será vitorioso. Quem analisar o inimigo e avaliar o terreno será vitorioso."

Sun Pin disse: "Há cinco fatores que concorrem para constantemente não se alcançar a vitória. Um general que é atravancado pelo governante não será vitorioso. Quem não conhecer o Tao não será vitorioso. Um general perverso não será vitorioso. Quem não se utilizar de espiões não será vitorioso. Quem falhar em conquistar as massas não será vitorioso."

Sun Pin disse: "A vitória reside em semear confiança, tornar claras as recompensas, selecionar as tropas e obter vantagem das fraquezas do inimigo. A isso nos referimos como o tesouro do Rei Wu."

Sun Pin disse: "Quem não alcançou a confiança do governante não atua como seu general."

Sun Pin disse: "Os generais têm três traços essenciais. O primeiro é denominado confiança, o segundo, lealdade, e o terceiro, ousadia. Que lealdade? Ao governante. Que confiança? Nas recompensas. Que ousadia? De eliminar o mal. Aquele que não é leal ao governante, não podes arriscar empregá-lo no exército. Aquele em cujas recompensas não se confia, os nobres não reconhecerão como Virtuoso. Aquele que não ousa eliminar o mal não será respeitado pelos nobres."

COMENTÁRIO

O primeiro parágrafo sintetiza inúmeras observações de Sun Pin acerca da natureza dos assuntos militares, e em particular da essência do exército. Os princípios singulares, que compõem igualmente os pensamentos de Sun Tzu, se explicam por si só. Entretanto, um princípio subjacente a todo o capítulo (ainda que este possa ter sido acrescentado por seus discípulos) é a fundamental importância do povo.

A guerra neste período impunha ônus cada vez maiores ao povo, especialmente àqueles que eram obrigados a servir na crescente infantaria, e todo governante sábio buscava, portanto, conquistar sua lealdade física e psicológica, unificando-o quanto à perspectiva e ao ponto de vista, como Sun Tzu havia aconselhado. Isso se realizaria pelo seguimento do Tao, o que equivale à imposição de uma ditadura benevolente; pela não interferência nas ocupações e atividades sazonais do povo; a implementação de políticas morais que salientassem a Virtude; a redução de privações que lhe fossem impostas, como as corveias; e a eliminação de tudo o que se mostrasse nocivo. "Conquistar as massas" também exigia a minimização da extensão e da frequência das campanhas, seguindo uma política militar sábia que permitiria ao povo o descanso adequado. Consequentemente, Sun Pin é agora exaltado por ter se oposto à guerra frequente e longa, embora estivesse bastante isolado entre os pensadores militares, que reconheciam a guerra como a empresa essencial do estado; quanto a esse ponto ele seguia Sun Tzu, que condenava as campanhas prolongadas.

Certas características aplicáveis a todas as organizações são consideradas cruciais para forjar uma força militar efetiva: selecionar homens; impor regulamentações e desenvolver uma disciplina severa; fomentar a confiança e a certeza, de modo que os comandos sejam imediatamente obedecidos e as recompensas e punições sejam efetivas; e criar e nutrir a coerência interna, a unidade e a harmonia. Além disso, embora todas as atividades humanas sejam predicadas destas, ousadia e decisão são também exigidas, em lugar de excitação e delongas. Subordinados-chave e comandantes de níveis inferiores devem usufruir igualmente de uma medida plena de autoridade, de confiança de seus superiores e de suporte das tropas.

Finalmente, Sun Pin oferece algumas observações sobre o caráter e as qualificações necessárias para um general comandante, ainda que de maneira não tão sistemática quanto em seus capítulos posteriores ou em muitos outros estrategistas. Embora o conhecimento seja obviamente crucial, os três traços distinguidos são confiança, lealdade e ousadia. Praticamente todos os pensadores militares enfatizavam a coragem e alguns salientavam o conhecimento, mas Sun Pin centrou-se na lealdade afirmando: "Aquele que não é leal ao governante não podes arriscar empregá-lo no exército." Neste período de crescente especialização e profissionalismo militares, generais poderosos ofereciam ameaças potencialmente maiores ao governante do que os inimigos externos de um estado. Na medida em que, para ser eficaz, ao general comandante deve ser concedida autoridade irrestrita sobre suas tropas, a tentação de usurpar o poder quando de um retorno triunfante à capital deve ter causado sérios problemas para todos os líderes políticos. Nesse sentido, outros textos do período, inclusive o *Ssu-ma Fa*, ofereciam conselhos sobre como dissipar o poder e incorporar novamente as tropas à vida normal e sedentária. Esses problemas não são estranhos nem mesmo ao século XX, ou entre subordinados de grandes empresas que obtiveram êxito, relutantes em assumir um papel secundário e de menor prestígio depois de haverem gozado de praticamente pleno poder sobre domínios, projetos e companhias subsidiárias significativos ou filiais internacionais.

Guerra lunar

月戰

Sun Pin disse:

"Na região entre o Céu e a Terra nada é mais nobre que o homem. A guerra não é uma questão de um único fator. Se as estações do Céu, as vantagens da Terra e a harmonia dos homens, sem exceção de nenhuma, não forem percebidas, mesmo que se possa ser vitorioso, haverá desastre. Por essa razão, deve-se confiar nelas mutuamente para travar batalha; desse modo, entabula guerra somente quando for inevitável. Assim, se se concorda com as estações para entabular guerra, não será necessário empregar novamente as massas. Se se trava batalha sem base alguma e se obtém uma vitória menor, é devido a influências astrológicas."

Sun Pin disse: "Se em dez batalhas se obtém a vitória seis vezes, é devido às estrelas. Se em dez batalhas se obtém a vitória sete vezes, é devido ao sol. Se em dez batalhas se obtém a vitória oito vezes, é devido à lua. Se em dez batalhas se obtém a vitória nove vezes, a lua tornou-se plenamente cheia. Se em dez batalhas se obtém a vitória dez vezes, o general excele, mas isso conduz ao infortúnio."

Sun Pin disse: "Há cinco fatores que impedem a vitória. Se qualquer um desses cinco estiver presente, não serás vitorioso. Assim, no Tao da guerra há as seguintes situações comuns: Muitos homens são mortos, mas os comandantes de companhia não são capturados. Os comandantes de companhia são capturados mas o acampamento não é tomado. O acampamento é tomado mas o general comandante não é capturado. O exército é destruído e o general morto. Assim, se se cumpre o Tao, mesmo que o inimigo queira viver, não poderá."

COMENTÁRIO

Este capítulo está desfigurado por caracteres obliterados e porções fragmentadas e foi provavelmente formado pela reunião de parágrafos desconjuntos. Entretanto, como o título sugere, ele encerra materiais de grande valor que refletem uma crença nos efeitos das influências astrológicas sobre as atividades militares. Ao mesmo tempo, inicia-se com a afirmação de Sun Pin de que "nada é mais nobre que o homem", situando-o, ao menos parcialmente, na tradição dos pensadores militares que salientavam o homem em lugar de fatores sobrenaturais.

No segundo parágrafo, Sun Pin aparentemente retoma a visão de que, estando ausentes as bases do Céu, da Terra e do Homem enumeradas na primeira seção, a vitória na maioria dos enfrentamentos provém da influência favorável de um ou outro dos fatores astrológicos. Embora não pareça consonante com o todo de sua obra, com os pensamentos de seu famoso predecessor ou com escritos subsequentes que rejeitam explicitamente essas crenças e práticas, isso aparentemente espelha algumas visões comuns à sua época. Entre elas, uma abordagem entretecia intimamente as atividades militares com as influências estelares e lunares, as épocas e os augúrios, talvez ela mesma derivando da antiga tradição de empregar a divinação antes de quaisquer empresas significativas, incluindo batalhas e campanhas. No entanto, de Sun Tzu aos precursores dos *Sete clássicos militares*, todos, mesmo admitindo a persistência desses costumes, redirecionaram o foco para os homens, rejeitando explicitamente esses rituais e inclinações. Confúcio, contemporâneo aproximado de Sun Tzu, quando questionado sobre como servir aos espíritos, respondeu: "Quando ainda não se é capaz de servir aos homens, como se pode servir aos espíritos?" O próprio Sun Tzu, que enfatizava a preparação racional para a guerra e para a atividade humana, afirmou em um contexto diverso: "O conhecimento avançado não pode ser obtido de fantasmas e espíritos, inferido dos fenômenos, ou projetado a partir das medidas do Céu, mas deve ser obtido dos homens, porque é o conhecimento da verdadeira situação do inimigo." O T'ai Kung é historicamente mencionado por ter rejeitado enfaticamente a validade da divinação quando a campanha do Rei Wu contra a dinastia Shang em 1045 a.C. se defrontou com tempo nebuloso. Em sua conhecida visão, os resultados de uma revolução sangrenta organizada por um usurpador dificilmente seriam auspiciosos. Finalmente, a sequência que inicia o *Wei Liao-tzu* aponta que o êxito e a falha militares não estão relacionados com influências astrológicas, concluindo: "Desta perspectiva, 'momentos', 'estações' e 'Ofícios Celestes' não são tão importantes quanto o esforço humano."

À luz das visões de Sun Tzu e dos pensadores militares imediatamente subsequentes à sua época, é um tanto enigmático o fato de que Sun Pin ainda abrace fortemente uma teoria das influências astrológicas. Fossem as afirmações menos específicas quanto a seus referentes, elas poderiam ser entendidas simplesmente como a expressão do pensamento de que não ser constantemente vitorioso é uma questão de sorte. (Na hierarquia de vitória contida no segundo parágrafo do capítulo, a lua claramente se destaca como aquilo que exerce a influência mais poderosa, sem dúvida porque as ações militares eram consideradas atividades *yin*. De fato, a lua é o símbolo por excelência do *yin*, sendo o sol a personificação suprema do *yang*. Entretanto, o capítulo é concluído com a asserção de que aquele que cumprir o Tao da guerra alcançará a vitória total, o que implica que sua análise se aplica àqueles que entabulam a guerra sem os fundamentos apropriados ou o discernimento militar. Isso não anula a credibilidade que ele atribui tangencialmente àquelas influências, apenas o domínio de sua aplicabilidade.

O último parágrafo, que pode bem ter sido situado erroneamente no capítulo, carece de uma quantidade desconhecida de frases iniciais. Provavelmente cinco fatores ou exemplos que ilustram esses fatores tenham já sido discutidos, estabelecendo com isso o contexto para as breves afirmações que foram preservadas. Mesmo que o conectivo "assim" seja empregado para introduzir o assunto que se segue – o Tao da guerra –, apenas três exemplos de vitórias presumivelmente incompletas são iterados. Portanto, apesar das alegações de alguns comentadores modernos, parece que o conectivo é empregado simplesmente em um sentido geral, para ligar e não para concluir logicamente, de maneira muito similar à de Sun Tzu. A tradução, consequentemente, reflete nossa crença de que Sun Pin está apenas discutindo alguns casos gerais, não postulando cinco tipos de vitória incompleta. No entanto, alguns analistas modernos interpretam o parágrafo como uma ilustração da doutrina de Sun Pin de que somente o extermínio do inimigo pode constituir uma verdadeira vitória – uma visão que certamente refletiria a brutalidade da última parte do período dos Reinos Combatentes. Isso contrastaria notadamente, é claro, com a crença de Sun Tzu de que a maior vitória é alcançada quando as forças do inimigo são mantidas intactas.

# 7
Oito formações

八陣

Sun Pin disse:

"Quando alguém cuja sabedoria é inadequada comanda o exército, é presunção. Quando alguém cuja coragem é inadequada comanda o exército, é bravata. Quando alguém que não conhece o Tao ou não se engajou em uma quantidade suficiente de batalhas comanda o exército, torna-se uma questão de sorte.

"De garantir a segurança de um estado de dez mil carros; de trazer a glória ao governante de dez mil carros; e de preservar a vida do povo de um estado de dez mil carros, somente um general que conhece o Tao é capaz. Acima ele conhece o Tao do Céu; abaixo conhece os padrões da Terra; no interior do estado, ganhou o coração do povo; fora, conhece as verdadeiras condições do inimigo; e na disposição de suas forças conhece os princípios das oito formações. Se distingue a vitória, enceta a batalha; se não a distingue, permanece quieto. Esse é o general de um verdadeiro rei."

Sun Pin disse: "Quanto ao emprego das oito formações na batalha: de acordo com as vantagens do terreno, utiliza as formações mais apropriadas entre as oito. Emprega uma disposição que divide as tropas em três, tendo cada formação uma frente de elite e cada frente de elite uma retaguarda. Devem todos aguardar suas ordens antes de se moverem. Luta com uma delas, reserva as outras duas. Emprega uma para atacar o inimigo, utiliza as outras duas para consolidar os ganhos. Se o inimigo for fraco e confuso, utiliza tuas tropas escolhidas primeiro para o explorar. Se o inimigo for forte e disciplinado, utiliza tuas tropas fracas primeiro para o atrair.

"Os carros e a cavalaria que participam de uma batalha devem ser divididos em três forças, uma para a direita, uma para a esquerda e uma para a retaguarda. Se o terreno for fácil, torna numerosos os carros; se difícil, torna numerosa a cavalaria. Se restrito, amplia as bestas. Tanto em terreno fácil como difícil cumpre que conheças o solo 'sustentável' e 'fatal'. Ocupa solo sustentável, ataca em solo fatal."

COMENTÁRIO

Este capítulo – um dos poucos mantidos intactos – representa em grande medida uma continuação e uma explicação dos princípios táticos propostos por Sun Tzu em *A arte da guerra*. Inicia-se pelo apontamento das observações do próprio Sun Pin acerca do caráter e das qualificações do general, embora apresentadas em termos dos problemas gerados pelas três maiores deficiências. Sabedoria, coragem e conhecimento do Tao são comumente encontrados entre os escritores militares; Sun Pin somente alia o último à experiência de batalha. Quando um general carece tanto de experiência de combate quanto do conhecimento requerido, o destino do exército se torna uma questão de sorte. "Conhecimento do Tao", previamente mencionado e em consonância com a maioria dos escritos militares, inclui o conhecimento das condições naturais; dos desejos do povo; da verdadeira situação do inimigo; e dos princípios da disposição militar. (Sun Pin aparentemente considerava outros meios, diversos da experiência de campo de batalha, para a obtenção de tal conhecimento; do contrário, não haveria necessidade de os reunir.)

Talvez a característica mais significativa que qualifica um general ou outros líderes a se incumbirem do comando seja a habilidade de abster-se de travar batalha quando a vitória não é evidente. Em outras palavras, não se deveria permitir que pressões externas, temor pela reputação e outros fatores similares afetassem a análise objetiva do inimigo ou forçassem o exército à ação. O pensamento subjacente a *A arte da guerra* de Sun Tzu é que o combate deve ser empreendido somente quando a vitória é evidente. Com este fim ele aconselhou que os generais ignorassem os comandos de seus governantes e concluiu: "Se não for vantajoso, não te movas. Se os objetivos não puderem ser alcançados, não empregues o exército." Além disso, os *Seis ensinamentos secretos* afirmam: "Em questões militares, nada é mais importante do que a vitória certa. Quem excele na guerra esperará os desdobramentos da situação sem fazer nenhum movimento. Quando vir que será vitorioso, emergirá; se vir que não poderá ser vitorioso, desistirá." No *Wei Liao-tzu*, um princípio ainda mais amplo governa: "O exército não pode ser mobilizado pela exasperação pessoal. Se a vitória pode ser antevista, então as tropas podem ser recrutadas. Se a vitória não pode ser antevista, então elas devem ser refreadas."

Embora Sun Pin diferencie e caracterize dez formações no capítulo dezesseis (intitulado "Dez disposições"), a questão de se as "oito formações" do título e do texto se referem a oito diferentes formações, como a circular, a quadrada e a angular; às oito posições exteriores de uma disposição quadrada de nove intervalos (três horizontais, três verticais); ou simplesmente constituem uma rubrica geral incitou considerável discussão. Pelo contexto, parece que se tenciona apontar oito formações, cada uma escolhida como adequada à configuração de terreno. No entanto, falta a evidência definitiva, e as discussões posteriores não podem ser projetadas para a antiguidade de modo confiável.

Neste capítulo, Sun Pin novamente aconselha a dividir o exército em três forças, empregando uma como força de ataque ativa e mantendo duas delas em reserva. Embora o caractere utilizado por ele também signifique "defesa", e seu papel de defender a posição primeira do exército não deva ser menosprezado, sem dúvida sua pretensa função era executar táticas constantemente aprimoradas e proporcionar uma reação flexível aos desenvolvimentos no campo de batalha, como pela implementação das medidas heterodoxas que Sun Pin discute longamente no capítulo trinta. Sun Pin parece ter sido o primeiro a empregar a "reserva subtraída" em suas campanhas, e este capítulo fornece a primeira articulação sistemática do conceito e sua realização tática.

O capítulo também aponta a importância de conformar a formação, a disposição dos componentes do exército, à configuração de terreno. Embora Sun Tzu tenha classificado as configurações de terreno comumente encontradas por suas características definidoras e sugerido medidas táticas apropriadas para confrontar o inimigo, ele não discutiu os tipos de formações, nem os registros históricos do período contêm mais que algumas poucas referências superficiais. Ainda que Sun Pin aplique os conceitos de Sun Tzu, suas observações sobre a especialização das forças e das armas representam um avanço. Contudo, comparado aos do período de Primavera e Outono, os exércitos da época de Sun Pin eram marcados por uma maior diversidade de elementos de campo de batalha, provinda do aparecimento da besta e (provavelmente) da cavalaria e da significativa ampliação do papel da infantaria.

As frases finais expõem o princípio fundamental para explorar e sobreviver ao terreno: "Tanto em terreno fácil como difícil cumpre que conheças o solo 'sustentável' e 'fatal'. Ocupa solo sustentável e ataca um inimigo em solo fatal." Nesta frase, terreno "fácil" e "difícil" abarca implicitamente todos os tipos de terreno; portanto, o princípio é simplesmente o de que o general deve saber que posições são acessíveis e quais posições são inerentemente fatais. "Terreno sustentável" (que originalmente aparece em *A arte da guerra*) é literalmente o terreno que sustentará a vida, frequentemente identificado pelos comentadores como os solos altos e o lado ensolarado das montanhas, embora obviamente encerre qualquer terreno que possa ser facilmente empregado com vantagem. Além disso, é geralmente solo que não contém ou não se encontra próximo aos perigos e armadilhas que podem pôr em risco e destruir um exército, como ravinas, rios e charcos. "Terreno Fatal" (ou solo) é definido em *A arte da guerra* como: "onde quem lutar com intensidade sobreviverá mas quem não lutar com intensidade perecerá". Sun Tzu acreditava firmemente que os soldados obteriam o máximo ardor quando confrontados pela morte iminente e aparentemente inexorável, forçados a uma situação impossível em solo fatal: "Lança-os em situações desesperadas e eles serão preservados; faz com que penetrem em terreno fatal e eles viverão." Isso evidentemente sugere que a injunção final e ambígua "atacar em terreno fatal" deve ser entendida como tomar a ofensiva e organizar um ataque sempre que se encontrar em solo fatal, assumindo que não é possível escapar intacto. Isso difere significativamente da asserção comum – e com certeza igualmente válida em termos táticos – de que ela se refere a alvejar o inimigo que se aventura em terreno fatal.

Tesouros do terreno

地葆

Sun Pin disse:

"Quanto ao Tao do terreno, *yang* constitui o exterior, *yin* constitui o interior. O direto constitui a urdidura, as técnicas constituem a trama. Quando a urdidura e a trama forem realizadas, as disposições não serão confusas. O direto atravessa terras em que a vegetação viceja; as técnicas obtêm vantagem onde a folhagem está quase morta.

"Quanto ao campo de batalha, o sol é a essência, mas os oito ventos que emergem não podem ser esquecidos. Cruzar rios; confrontar montanhas; ir contra o fluxo da corrente, ocupar solo mortal; e confrontar massas de árvores – tudo o que acabo de mencionar, em todos os cinco não se obterá a vitória.

"Uma montanha em que se acantona no lado sul é uma montanha sustentável; uma montanha em que se acantona no lado leste é uma montanha fatal.

"A água que corre para o leste é água que mantém a vida; a água que corre para o norte é água mortal. A água que não corre é a morte.

"A relação de conquista dos cinco tipos de terreno é como se segue: montanhas conquistam morros altos; morros altos conquistam morros; morros conquistam colinas irregulares; colinas irregulares conquistam florestas e planícies.

"A relação de conquista dos cinco tipos de vegetação é como se segue: profusão de sebes; arbustos espinhosos; caniço; bambus; e vegetação juncosa.

"A relação de conquista dos cinco tipos de solos é como se segue: o azul conquista o amarelo; o amarelo conquista o preto; o preto conquista o vermelho; o vermelho conquista o branco; o branco conquista o azul.

"Cinco tipos de terreno conduzem à derrota: gargantas com córregos; vales; áreas fluviais; charcos; e planícies salinas.

"Os cinco terrenos mortais são o Poço do Céu, o Cárcere do Céu, a Rede do Céu, o Sulco do Céu e o Abismo do Céu. Estas cinco tumbas são terrenos mortais. Não os ocupes, não permaneças neles.

"Na primavera não desças; no outono não subas. Nem o exército nem qualquer formação deve atacar pela direita dianteira. Estabelece teu perímetro à direita; não estabeleças teu perímetro à esquerda."

COMENTÁRIO

Este capítulo, que discute as configurações de terreno a serem evitadas e fornece algumas observações gerais sobre os respectivos valores de diversos aspectos físicos, corresponde na "esfera terrestre" ao anterior, intitulado "Guerra lunar". Muito de seu conteúdo concreto é idêntico ao suscitado em *A arte da guerra* e pode ser também encontrado disperso ao longo de *Sete clássicos militares*. Evidentemente, todo estrategista e comandante deve estar ciente de tais perigos, bem como dos princípios para os explorar.

O primeiro parágrafo aparentemente introduz um princípio fundamental de terreno, através da conceitualização da topografia em termos de *yin* e *yang*, e aconselhando que ambos – vinculando ortodoxo e heterodoxo – devem ser empregados para que seja efetivo o comando. O segundo parágrafo enfatiza a disposição das forças para utilizar os raios do sol e estar conforme aos ventos predominantes. Descreve, em seguida, cinco situações em que avançar para confrontar o inimigo seria taticamente desaconselhável, todos elas extraídas de *A arte da guerra* ou, caso contrário, comuns ao pensamento militar antigo.

O terceiro e quarto parágrafos, que especificam índices de sobrevivência aparentemente baseados em valores direcionais, são objeto de intensa especulação. O parágrafo final também especifica prioridades direcionais que parecem igualmente carecer de quaisquer fundamentos para assumirem um caráter absoluto, embora possam compreender uma validade relativa em situações limitadas.

Os três primeiros dos cinco parágrafos restantes ordenam alturas, vegetações e solos em sequências baseadas no poder relativo de conquista. As alturas podem ser simplesmente entendidas como sendo as alturas maiores estrategicamente superiores às menores, ao passo que as vegetações são hierarquizadas de acordo com sua força e habilidade para impedir os exércitos de avançarem. No entanto, os cinco solos são caracterizados nos termos de um dos ciclos de conquista encontrados na teoria correlativa das cinco fases (do "elemento"). Infelizmente, embora a frase seja perfeitamente inteligível, o sentido subjacente e as implicações permanecem incompreendidos, o que levou os acadêmicos marxistas a condená-la como reflexões místicas. Se Sun Pin realmente acreditava na eficácia de tais relações ou as incluíra apenas por propósitos teóricos; ou se são simplesmente acréscimos posteriores, está ainda por ser estudado.

Finalmente, Sun Pin lista ainda outros dois conjuntos de cinco: "terrenos que conduzem à derrota" e "terrenos mortais". Muitos deles são também encontrados em outros escritos militares, e os nomes dos últimos aparecem todos em *A arte da guerra*, tornando-se em seguida conhecimento militar comum. Como sempre, Sun Pin não forneceu quaisquer definições; o único recurso continua sendo, portanto, os comentários sobre termos similares em outras obras militares. Entretanto, em todo caso o princípio básico é simplesmente que as configurações de terreno que restringem o movimento de um exército devem ser evitadas; caso contrário, um inimigo astuto lançará mão do aterrador poder de longo alcance dos arcos e bestas para acuar, dizimando facilmente um alvo confinado. O mesmo se dá em todos os aspectos da vida, em que o limitado, o restrito e o claramente definido sacrificam a liberdade e se tornam presa fácil para incomensuráveis e violentos ataques.

9
A preparação do poder estratégico

勢備

***S**un Pin disse:*

"Assim, dotado de dentes e, além disso, exibindo chifres, tendo garras na frente e esporas atrás, conciliando quando feliz, lutando quando exasperado, este é o Tao do Céu, não pode ser detido. Assim, aqueles que carecem das armas Celestes as produzem por si mesmos. Esta foi uma ação de homens extraordinários. O Imperador Amarelo criou espadas e com base nelas concebeu formações militares. Yi criou arcos e bestas e com base neles concebeu o poder estratégico. Yu criou barcos e carretas e com base neles concebeu as variações táticas. T'ang e Wu fizeram as armas longas e com base nelas conceberam o desequilíbrio estratégico de poder.

"Assim estas quatro – formações, poder, variações e desequilíbrio estratégico de poder – são o emprego da arte militar. Como sabemos que as espadas constituíram a base das formações? Dia e noite são portadas mas não necessariamente usadas. Assim, diz-se, dispor em formação mas não travar batalha é o modo como as espadas constituem a base das formações. Se a uma espada falta o gume, mesmo alguém com a coragem de Meng Pen não ousaria avançar com ela para a batalha. Se a uma formação falta a frente de elite, alguém desprovido da coragem de Meng Pen que ousasse ordenar-lhe que avançasse não conhece a essência das operações militares. Se a uma espada falta o punho, mesmo um oficial habilidoso seria incapaz de avançar e travar batalha. Se a uma formação falta uma retaguarda, alguém que não seja um oficial habilidoso mas ouse ordenar-lhe que avance não conhece a verdadeira natureza das operações militares. Assim, se há uma frente de elite e uma retaguarda, e elas mutuamente confiam uma na outra e não estão em movimento, os soldados inimigos invariavelmente fugirão. Sem uma frente de elite e uma retaguarda, o exército será exaurido e desordenado.

"Como sabemos que os arcos e as bestas constituíram a base para o poder estratégico? Disparadas de entre os ombros matam um homem a cem passos adiante sem que ele se aperceba da trajetória da flecha. Assim, diz-se que arcos e bestas são o poder estratégico.

"Como sabemos que os barcos e carretas constituíram a base das variações táticas?...

"Como sabemos que as armas longas constituíram a base do desequilíbrio estratégico de poder? No ataque, seus golpes não precisam ser desferidos de cima ou de baixo, mas ainda despedaçam a testa e destroem os ombros. Assim, diz-se que as armas longas são a base do desequilíbrio estratégico de poder.

"Em geral, quanto a estes quatro – aqueles que obtêm estes quatro sobrevivem, aqueles que perdem estes quatro morrem. Deve-se aquiescer a eles para que completem seu Tao. Se se conhece seu Tao, então o exército terá êxito, e o governante será famoso. Se alguém os quiser empregar mas não conhecer seu Tao, o exército não terá êxito. Assim, o Tao do exército é quádruplo: formações, poder estratégico, variações e desequilíbrio estratégico de poder. A investigação desses quatro é o meio pelo qual se destroem inimigos fortes e se tomam generais impetuosos. O que é visto próximo mas ataca longe é o desequilíbrio estratégico de poder. Tornar numerosas as bandeiras durante o dia, tornar muitos os tambores à noite é o meio para os remeter à batalha. Assim, esses quatro são o emprego da força militar. O povo todo os toma para seu próprio uso, mas ninguém penetra seu Tao.

"Quem tem uma frente de elite é extremamente cauteloso na seleção das tropas para as formações."

COMENTÁRIO

Este capítulo relativamente bem preservado considera o combate como um aspecto inerente ao comportamento humano e animal, e portanto inevitável. Embora Sun Pin não seja o único pensador militar a acreditar que a origem da guerra se encontra nas raízes mesmas da antiguidade, sua atribuição dos quatro conceitos militares fundamentais – formações, poder estratégico, variações e desequilíbrio estratégico do poder – aos antigos heróis culturais a quem são creditadas a criação dos elementos e artefatos da civilização é incomum. Entretanto, duas obras filosóficas subsequentes contêm visões similares e mesmo passagens praticamente idênticas, sendo que uma delas até mesmo considera a fraqueza do homem em face das ameaças naturais e humanas à base da ordem social, pois que estimula a formação de grupos para proteger o indivíduo. Além disso, Hsun-tzu, um filósofo de finais do período dos Reinos Combatentes, conhecido primordialmente por sua asserção de que a natureza humana é inerentemente egoísta e tende, portanto, ao mal, acreditava que, na medida em que o desejo é a causa primeira do conflito, somente a imposição de coibições governamentais o resolverá.

A maioria dos escritos militares justificam as atividades militares apenas para defender o estado contra a agressão e salvar o povo das inflições de opressores brutais. Entretanto, mesmo nesses escritos, aparecem dois retratos algo contraditórios da sociedade orientada pelos antigos Sábios. Uma das visões sustenta que essa foi uma época ideal, o reino era tranquilo e o povo exercia em paz suas ocupações. Consequentemente, a violência e a perversidade surgiram apenas depois de um abrupto declínio da Virtude do governante, que fez com que a desordem resultante tivesse que ser suprimida através de medidas militares violentas. Essa interpretação da história como desdobramento de uma época dourada tende a caracterizar a guerra como essencialmente má, fazendo ressoar frequentemente o famoso dito de Lao-tzu, "o exército é um implemento de mau agouro". Desse modo, governantes conscienciosos e morais só podem empreender ações militares punitivas com grande relutância, no reconhecimento pleno de que o Céu abomina tal violência. Em *Três estratégias* se afirma: "O Rei Sábio não obtém prazer algum do uso do exército. Mobiliza-o para justiçar o violentamente perverso e retificar o rebelde. O exército é um implemento de mau agouro e o Tao do Céu o abomina. No entanto, quando seu uso é inevitável, concorda com o Tao do Céu." É evidente que "o Tao do Céu o abomina" contradiz radicalmente a visão de Sun Pin neste capítulo, "este é o Tao do Céu, não pode ser detido".

A segunda visão, associada aqui a Sun Pin, considera que os Sábios e os heróis culturais surgiram em resposta ao caos do mundo, atuando radicalmente para suprimir a desordem e criar segurança para o povo. A maioria dos escritos militares, inclusive *A arte da guerra* de Sun Tzu, salientam a importância decisiva das campanhas militares, embora alguns enfatizem que o governante deve cultivar seu valor moral e entabular ações militares direcionadas para a redução do sofrimento do povo. Entretanto, *Métodos militares* está menos preocupado com esses objetivos do que com a teoria real e a ciência da arte militar.

A concepção de que a luta é a resultante natural da exasperação tem seu contraponto na psicologia motivacional da guerra dos teoristas militares. Em geral, a maioria deles discutiu medidas próprias a estimular os espíritos dos homens, cultivar seu *ch'i* e os coagir a enfrentar fervorosamente o inimigo. Sun Tzu havia dito anteriormente: "o que motiva os homens a matar o inimigo é a fúria". Baseado neste capítulo Sun Pin certamente concordaria, porque a exasperação é a causa primeira do conflito.

Quanto aos quatro conceitos militares essenciais, três foram previamente levantados por Sun Tzu, sendo que apenas o tópico das formações não recebera nenhuma discussão significativa até obras posteriores. Na interpretação de Sun Pin da história, todos os quatro se originaram nas mentes dos Sábios, que os derivaram antes das armas e invenções concretas do que de imagens abstratas. Assim, tendo produzido a primeira espada, o Imperador Amarelo modelou o conceito de formações com base na espada concreta e não criou espadas pela imitação concreta de alguma imagem nebulosa. Similarmente, arcos

199

e bestas, que agem a distância e fornecem a quem os utiliza uma vantagem de distância crucial, foram a base para o conceito da configuração estratégica de poder. Barcos e carretas, que fornecem mobilidade e tornam possível mudar subitamente a disposição e correr para uma posição, foram a base e o meio para realizar a variação. E finalmente as armas longas e em especial as armas mísseis, que facilitam o ataque de uma distância relativamente segura quando se está entrando em luta com um inimigo, conferem uma vantagem tática temporal quando empunhadas contra armas curtas e assim subjazem ao conceito e fornecem as bases do desequilíbrio estratégico de poder. Quando os quatro são plenamente compreendidos e analiticamente empregados, o comandante astuto pode dominar o campo de batalha, sendo ativo e não passivo, e efetivar os princípios táticos essenciais defendidos tanto por Sun Tzu quanto por Sun Pin.

10
A natureza do exército

兵情

Sun Pin disse:

"Se queres entender a natureza do exército, a besta e as flechas são o modelo. As flechas são as tropas, a besta é o general. Aquele que as lança é o governante. Quanto às flechas, o metal fica na frente, as penas ficam atrás. Assim, são poderosas e excelentes no voo, pois a frente é pesada e a parte posterior é leve. Hoje, na ordenação das tropas, a retaguarda é pesada e a frente leve, de modo que quando dispostas em formação são bem ordenadas, mas quando pressionadas em direção ao inimigo não obedecem. Isto porque, no controle das tropas, os homens não têm a flecha como modelo.

"A besta é o general. Quando a besta é desenhada, se a haste não é reta, ou se um lado do arco é forte e um lado fraco e desequilibrado, ao atirar a flecha as duas partes dessa arma não estarão de acordo. Desse modo, mesmo que a leveza e o peso da flecha estejam corretos, a frente e a parte posterior estejam adequadas, ainda assim não atingirá o alvo.

"Se o emprego que o general faz de sua mente não estiver em harmonia com o exército, mesmo que a leveza e o peso da formação estejam corretos, e a frente e a retaguarda estejam adequadas, ainda assim não conquistará o inimigo.

"Mesmo que a leveza e o peso da flecha estejam corretos, a frente e a parte posterior estejam adequadas, a besta desenhada de forma reta e o atirar da flecha de acordo, se o arqueiro não for correto, ela ainda não atingirá o alvo. Se a leveza e o peso das tropas estiverem corretos, a frente e a retaguarda adequadas, o general em harmonia com o exército, mas o governante não for excelente, elas ainda não conquistarão o inimigo. Assim, diz-se que para a besta atingir seu objetivo é preciso que realize esses quatro. Para o exército obter êxito é preciso que existam o governante, o general e as tropas, esses três. Assim diz-se que um exército conquistando um inimigo não difere de uma besta atingindo um alvo. Esse é o Tao da arte militar. Se se aceder ao modelo da flecha, o Tao estará completo. Quando se compreender o Tao, o exército terá êxito e o governante será famoso."

COMENTÁRIO

Ainda que este capítulo tenha sofrido danos consideráveis, as extensas porções que faltam podem ser razoavelmente bem reconstruídas devido ao paralelismo que Sun Pin emprega ao longo do desenvolvimento de seu argumento. "A natureza do exército" enfatiza dois pontos: primeiramente, as formações de ataque devem ser poderosas na frente; em segundo lugar, deve haver coerência e unidade entre todos os membros, e em todos os níveis, da hierarquia de comando.

Em capítulos anteriores, Sun Pin já havia afirmado a importância de empregar uma frente de elite determinada para penetrar de modo incisivo nas posições do inimigo. Esta seção o justifica mais uma vez, com a analogia da flecha com sua ponta de metal – e portanto peso na frente – e as penas comparativamente mais leves atrás. Entretanto, isso não deve ser visto como um princípio absoluto, já que antes ele havia defendido reter dois terços das forças como reserva capaz de executar táticas defensivas e heterodoxas. Mas, no contexto das situações de campo de batalha, seu conceito é claro: o impacto necessário em um ataque será criado através da concentração de massa na frente de uma formação escolhida ao invés de retê-la na retaguarda.

A analogia da flecha é mais bem desenvolvida em termos da besta e do arqueiro para ilustrar a necessidade de cooperação e harmonia entre todos os três, bem como de caracterizá-los individualmente de modo correto. Se o general age como a besta, suas táticas devem ser corretas e equilibradas; do contrário, as tropas serão utilizadas de uma maneira desequilibrada, resultando a derrota. Além disso, suas intenções devem penetrar os oficiais e as tropas, e estes devem estar harmonizados com ele de modo que não existam fissuras ou dissensões. Uma imagem frequentemente empregada pelos escritores militares para descrever concretamente sua relação é a da mente e dos quatro membros. Por exemplo, o *Wei Liao-tzu* afirma: "Assim, o general é a mente do exército, ao passo que todos abaixo deles são os membros e articulações. Quando a mente se move com plena sinceridade, então os membros e articulações são invariavelmente fortes. Quando a mente se move com dúvida, então os membros e articulações são invariavelmente adversos. Assim, se o general não governa sua mente, as tropas não se moverão como membros."

O governante que se posiciona como o arqueiro na determinação, em última instância, da direção e dos objetivos da campanha, deve também ser justo e presumivelmente estar em harmonia com o general. Na medida em que muitos dos estrategistas antigos, incluindo Sun Tzu e Sun Pin, condenavam vigorosamente sua interferência uma vez que o general comandante recebera seu mandato, a questão da justeza do governante se referiria primordialmente a seu papel nos primeiros conselhos que determinariam a adequação e a exequibilidade do empreendimento das atividades militares. Por essa razão, o general é a besta, não o arqueiro, embora a analogia não possa ser levada muito adiante, já que no campo ele deve se tornar tanto o arqueiro quanto a besta.

As implicações para líderes preocupados em estabelecer a direção de cooperativas ou grupos são imediatamente evidentes. Qualquer inclinação perceptível do comandante se traduz imediatamente, até mesmo inconscientemente, na orientação do grupo, apesar das manifestas afirmações em contrário. Quaisquer preconceitos ou deficiências emocionais afetam os fundamentos, inclusive a direção, a interpretação e o empenho. Em síntese, o comandante deve manter um equilíbrio adequado, ao mesmo tempo que define claramente as tarefas organizacionais e se empenha em obter recursos para o projeto.

11
Realizando a seleção

行篹

Sun Pin disse:

"O Tao para empregar a força militar e influenciar o povo consiste na autoridade e na balança. A autoridade e a balança são os meios pelos quais se selecionam os Valorosos e se escolhem os bons. *Yin* e *yang* são os meios pelos quais se reúnem as massas e se enfrenta o inimigo. Primeiro cumpre que corrijas o contrapeso, depois os pesos, e então terão atingido o padrão. A isso nos referimos como ser inexaurível. Avalia o talento e o desempenho pesando-os com o padrão, somente para determinar o que é adequado.

"A riqueza privada e estatal são uma única. Assim, entre o povo há aqueles que têm longevidade insuficiente, mas um excesso de bens materiais, e aqueles que têm bens materiais insuficientes, mas um excesso de longevidade. Apenas reis esclarecidos e homens extraordinários sabem disso, e portanto podem apropriar-se de tais coisas. Os mortos não acharão isso odioso, aqueles de quem se toma não se ressentirão. Esse é o Tao inesgotável. Quando apropriadamente implementado, o povo todo esgotará sua força. Aqueles próximos ao governante não cometerão roubo, aqueles que se encontram longe não serão dilatórios.

"Quando os bens materiais forem abundantes, haverá contenda; quando houver contenda, o povo não verá seus superiores como Virtuosos. Quando os bens forem poucos, o povo se inclinará em direção a seus superiores; quando se inclinar em direção a seus superiores, Tudo o que há sob o Céu os respeitará. Se o que o povo busca for o meio pelo qual busco seu desempenho, isso será a base da resistência militar. No emprego do exército, esse é o tesouro do estado."

COMENTÁRIO

Este breve capítulo é repleto de problemas e levou os comentadores a oferecer interpretações extremamente divergentes tanto para as frases em particular quanto para o sentido geral do capítulo. Para além das partes obviamente danificadas, em muitos locais parece que o copista original pode ter esquecido caracteres e mesmo perdido parágrafos. O primeiro parágrafo é razoavelmente claro: para selecionar e empregar os homens de modo efetivo, deve-se empregar padrões. Padrões adequados tornam possível não apenas julgar as habilidades e as qualificações morais de um indivíduo, mas também seu caráter e inclinações pessoais. Embora muitos critérios e testes improvisados para avaliar os homens sejam encontrados ao longo dos clássicos militares, somente Sun Pin, juntamente com o Senhor Legalista Shang que era ativo em sua época, tornou explícito o conceito de empregar padrões.

A referência a *yin* e *yang* na primeira seção do capítulo exige atenção. Infelizmente, Sun Pin não indicou a que tipo de medidas concretas eles estariam vinculados; no entanto, entre elas, *yin* e *yang* evidentemente abrangem todas as possíveis políticas de governo, táticas de batalha e métodos de empregar os homens. *Yin* pode bem referir-se a medidas coercivas, a virtude obscura do governo, e *yang* a recompensas e incentivos, o lado positivo. Como foi traduzido, a base – a autoridade e a balança – agruparia recompensas e punições, comumente reconhecidas como os instrumentos gêmeos do poder na antiguidade, sob a autoridade do governante. Sem o poder de punir e recompensar, sua autoridade careceria de alicerces efetivos, seus comandos não seriam obrigatórios e aqueles que designa para cargos seriam irresponsáveis.

O segundo parágrafo de "Implementando a seleção" contém algumas afirmações que são possivelmente de vasta significação histórica, dependendo de como as sentenças são compreendidas. A tradução é bastante literal, e sugere o caráter enigmático do original. A primeira frase, "a riqueza privada e estatal são uma única", expressa a visão de Sun Pin de que não deve haver distinção entre riqueza material pessoal e estatal. Antes, utilizar todas as fontes de riqueza para fins governamentais, incluindo as atividades militares, é crucial. As políticas que exploram o desequilíbrio entre bens e longevidade, entre posse e desejo, que marca a existência humana, proverão com êxito o estado de recursos inesgotáveis. Embora a maioria dos comentadores entendam a frase "Assim, entre o povo há aqueles que têm longevidade insuficiente, mas um excesso de bens materiais, e aqueles que têm bens materiais insuficientes, mas um excesso de longevidade" como a descrição de uma insatisfação sentida tanto com respeito à vida quanto com respeito aos bens materiais, Sun Pin parece estar apenas contrastando sua natureza conjunta. Obviamente, pessoas com riqueza excessiva têm que ser motivadas de outras formas, ao passo que somente aqueles que carecem do que é essencial à vida podem ser coagidos a desdenhar suas vidas na busca pelas recompensas do governo. Assumindo a introdução de um sistema apropriado de recompensas e punições, os homens que morrerem sob as armas não se ressentirão de suas mortes, e aqueles cujos bens forem confiscados não reclamarão. Isso criará uma sociedade plácida e ordenada em que as pessoas todas esgotam sua energia, ao mesmo tempo que não se prevalecem de suas posições para cometer roubo.

O último parágrafo é interessante na medida em que sugere uma doutrina absolutamente contrária ao ponto de vista predominante nos Reinos Combatentes, de acordo com o qual a escassez conduz inevitavelmente ao conflito, porque Sun Pin parece acreditar que uma pletora de bens materiais incentiva as pessoas a desdenhar os incentivos oferecidos pelo governo, menosprezando a "Virtude" do governante. Inversamente, quando os bens são escassos e disponíveis principalmente através dos incentivos do governo, as pessoas serão compelidas a se centrar neles e consequentemente a valorizá-los. Além disso, serão forçadas a competir por eles, comportando-se de um maneira estruturada, ao passo que, quando os bens são amplamente disponíveis, podem acumulá-los livremente e contender por eles entre si. Já que apenas o estado tem recursos para satisfazer o povo, enquanto seus incentivos permanecerem críveis e oportunos, poderá manipular a população através de seus desejos e alcançar o objetivo último dos pensadores militares – organizar extensos esforços de campanha que obriguem os homens a resistirem à exposição prolongada a perigos e privações.

12
Matando oficiais

殺士

S**un Pin disse:**

"Torna claros os emolumentos e as recompensas, e as tropas avançarão sem hesitação. Se invariavelmente os investigares e implementares, os oficiais morrerão. Se matares os oficiais, então os oficiais certamente se submeterão à tua imponência.

"Após determinares teus planos, faz com que os oficiais os conheçam. Pode-se confiar em oficiais instruídos, então não permitas que o povo se desvie deles. Somente quando a vitória é certa se trava batalha, mas não deixes que os soldados o saibam. Quando travada a batalha, não te esqueças dos flancos.

"Se os tratares diferenciadamente, os oficiais morrerão por ti. Ainda que os oficiais morram, seus nomes serão transmitidos à posteridade. Se os encorajares com prazeres essenciais, morrerão por suas localidades natais. Se os importunares com relações de família, morrerão pelos túmulos dos ancestrais. Se os honrares com banquetes, morrerão em honra da comida e da bebida. Se os fizeres residir em tranquilidade, morrerão na urgência da defesa. Se perguntares sobre suas doenças febris, morrerão por tua solicitude."

COMENTÁRIO

Os remanescentes deste capítulo, identificados por uma notação no verso das tiras como "Matando oficiais", são por demais fragmentados para permitir mais do que a tentativa de reconstrução aqui proporcionada. A primeira sentença sugere um dos princípios fundamentais encontrados na maioria dos escritos dos Reinos Combatentes para a implementação efetiva das recompensas e incentivos: "tornar claros os emolumentos e recompensas". Somente quando forem amplamente promulgados, minuciosamente compreendidos e rigorosamente implementados, os incentivos motivarão o povo a empreender os cursos de ação desejados ou os soldados a avançar fervorosamente para a batalha e a estar dispostos a morrer sem se lastimar.

A frase de conclusão do primeiro parágrafo, que se inicia com "se matares os oficiais", pode se referir à sujeição de qualquer transgressor entre os oficiais à pena capital, como um exemplo aos demais. Quando a punição – especialmente a pena capital – for visivelmente infligida aos postos mais altos, os subordinados e as tropas ordinárias se tornarão temerosas. Desse modo, os escritos militares salientam que, na administração das punições, os grandes e os nobres não devem nunca ser poupados, disseminando com isso o temor por entre as tropas, levando-as a obedecer às suas ordens e lutar agressivamente.

O segundo parágrafo sugere explicitamente o princípio raramente expresso mas certamente assumido de que "pode-se confiar em oficiais instruídos". Se essa instrução se refere simplesmente a seus conhecimentos pessoais das recompensas e punições (e, assim, à sua fidelidade certa) ou à sua perícia de comando, é incerto. Entretanto, o pensamento de que se pode confiar em subordinados e de que o povo deve se aferrar a eles é incomum, ainda que os exércitos chineses antigos tivessem fortes laços de comando e clara organização hierárquica. "Não deixes que as pessoas o saibam" contrasta totalmente com ter oficiais instruídos, mas também espelha um dos pensamentos de Sun Tzu: "De acordo com a disposição do inimigo, impomos medidas às massas que levam à vitória, mas as massas não são capazes de compreendê-las." Sun Tzu também disse: "No momento em que o general os designa, será como se ascendessem a uma altura e abandonassem suas escadas. O general adentra com eles profundamente no território dos senhores feudais e então dispara o gatilho. Comanda-os como se conduzisse um rebanho de ovelhas – são conduzidos para a frente, para trás, mas ninguém sabe para onde estão indo."

O princípio de que "somente quando a vitória é certa se trava batalha" sintetiza a abordagem da família Sun para o início do combate. Em seu quarto capítulo, que esclarece a natureza da vitória e da derrota,

Sun Tzu afirmara: "O exército vitorioso primeiro realiza as condições para a vitória e só depois procura travar batalha. O exército derrotado luta primeiro e só depois procura a vitória." Sun Tzu defende ainda tornar-se inconquistável antes de procurar conquistar o inimigo. Por conseguinte, sempre que as perspectivas de vitória se mostrarem incertas, devem ser empregadas medidas contemporizadoras e defensivas. Ademais, o governante não deve mobilizar o exército senão sob condições apropriadas, uma postura encontrada em muitos outros textos do período.

O parágrafo de conclusão – cuja tradução representa nossa melhor tentativa de deslindar o sentido geral de uma série de tiras desarticuladas e fragmentadas – modifica radicalmente a complexidade do capítulo. Essencialmente, esse parágrafo acarreta uma discussão sobre motivação aplicável a várias esferas, questionando o que estimularia os homens a agir, o que eles matariam para proteger. À exceção da exasperação, os fatores mais eminentes levantados pelos escritos militares abrangem a vergonha, as recompensas e punições, a família e a localidade natal. Os inúmeros escritos militares também enfatizaram que o general comandante deve demonstrar uma solicitude contínua pelo bem-estar e pela condição física de seus homens, estando certo de dar um exemplo pessoal e compartilhar suas privações. Tratá-los com a cortesia adequada, como indica Sun Pin, também lhes conferirá o respeito exigido.

13
Expandindo o *ch'i*

延氣

Sun Pin disse:

"Quando formares o exército e reunires as massas, concentra-te em estimular seu *ch'i*. Quando novamente decampares e reunires o exército, concentra-te em organizar os soldados e aguçar seu *ch'i*. Quando o dia da batalha tiver sido definido, concentra-te em tornar seu *ch'i* resoluto. Quando o dia da batalha estiver próximo, concentra-te em expandir seu *ch'i*.

"O general comandante reúne as tropas e promulga a declaração da missão com o intuito de atemorizar os guerreiros dos Três Exércitos, o meio pelo qual ele estimula seu *ch'i*.

"O general comandante reúne novamente as tropas e emite suas ordens, o meio pelo qual se aguça seu *ch'i*.

"Os casacos curtos e as roupas ásperas que encorajam a determinação dos guerreiros são os meios pelos quais se afia seu *ch'i*. Antes de se lançarem ao enfrentamento, o general comandante emite ordens para que cada homem prepare ração para três dias. Quanto aos soldados do estado, suas famílias são honradas e os homens motivados.

"Quando prestes a travar combate, interrompe todas as comunicações para liquidar esperanças de vida. Emissários não vêm do estado, oficiais do exército não avançam, com o intuito de tornar resoluto o *ch'i* das tropas. O general comandante convoca o comandante das forças de segurança do acampamento e o instrui: 'Não raciones a comida ou a bebida dos homens para que se expanda seu *ch'i*.'

"Quando acampando sobre terreno fácil cumpre que sejas numeroso e estimes o marcial, pois assim o inimigo será certamente derrotado. Se seu *ch'i* não for agudo, eles serão laboriosos. Quando forem laboriosos, não alcançarão seu objetivo. Quando não alcançarem seu objetivo, perderão a vantagem.

"Quando em campanha, se seu *ch'i* não for aguçado, ficarão amedrontados. Se ficarem amedrontados, se encolherão. Quando se encolherem, serão incapazes de reagir ao ataque do inimigo.

"Quando seu *ch'i* não for resoluto, serão indolentes. Quando forem indolentes, não serão centrados e se dispersarão facilmente. Se se dispersarem facilmente, quando encontrarem dificuldades, serão derrotados.

"Se seu *ch'i* não for expandido, serão preguiçosos. Quando forem preguiçosos, será difícil empregá-los. Quando for difícil empregá-los, não serão capazes de convergir para seu objetivo.

"Se não forem expostos a privações, não saberão refrear-se. Quando não souberem refrear-se, as atividades serão aniquiladas.

"Se os membros do pelotão de cinco perderem um membro e não conseguirem salvá-lo, eles próprios morrerão e suas famílias serão exterminadas. O general comandante convoca seus subordinados, exorta-os, e então ataca."

COMENTÁRIO

Este intrigante capítulo possui os contornos de uma psicologia da motivação em campo de batalha, conceitualizada em termos de *ch'i*, o espírito ou pneuma da vida, algo que caracteriza igualmente os esforços humanos em todos os campos e especialmente nos tempos contemporâneos. Os escritores militares antigos eram intensamente conscientes de que o desempenho de um exército em batalha – independentemente de seu equipamento, treinamento e condição geral – dependeria principalmente da motivação e comprometimento dos soldados. Inúmeras medidas concretas eram portanto empregadas sistematicamente para direcionar sua preparação para o combate, desde os primeiros estágios do treinamento até o último rufar dos tambores para avançar e o real enfrentamento. Remanescentes dessas medidas estão registradas nos *Sete clássicos militares*, juntamente com comentários sobre sua efetividade e manipulação. Em "Expandindo o *ch'i*", Sun Pin descreveu a sequência normativa dos estados de *ch'i* que devem ser realizados, embora as técnicas reais para alcançá-los permaneçam desconhecidas em razão da condição danificada das tiras.

Ainda que os Clássicos Militares tenham sido compostos ao longo de um período de dois séculos ou mais durante os quais os conceitos e táticas se desenvolveram significativamente, os textos que subsistiram geralmente reconhecem e concordam com as assumpções básicas e o papel subjacente do *ch'i*. O primeiro *Ssu-ma Fa* contém uma frase frequentemente citada: "Em geral, na batalha se resiste com a força, e se obtém a vitória através do espírito." Posteriormente, o *Wei Liao-tzu* identificou explicitamente o *ch'i* como o componente decisivo: "Assim, o meio por que o general luta é o povo; o meio por que o povo luta é seu *ch'i*. Quando seu *ch'i* for sólido, eles lutarão. Quando seu *ch'i* lhes tiver sido arrebatado, eles fugirão."

Ao perceber que a perda do *ch'i* torna um exército suscetível à derrota, o general astuto se centra na formulação de estratégias e princípios táticos para manipular o inimigo, levando suas forças a sofrer precisamente essa mesma perda. Esse foi um dos principais temas de *A arte da guerra*, já que Sun Tzu enfatizava ser ativo em lugar de ser passivo e controlar o desenrolar dos acontecimentos em lugar de ser compelido ao movimento por outros: "O *ch'i* dos Três Exércitos pode lhes ser arrebatado; a mente do general comandante pode ser apreendida. Por essa razão, de manhã seu *ch'i* é ardente; durante o dia seu *ch'i* torna-se indolente; ao anoitecer, seu *ch'i* está exausto. Assim, quem excele no emprego do exército evita o *ch'i* ardente do inimigo e ataca quando ele está indolente ou exausto. Esse é o caminho para manipular o *ch'i*."

Wu-tzu, para quem o *ch'i* era um dos quatro pontos vitais da guerra, acreditava que ele "declinava e florescia", e desse modo também aconselhava uma política dirigida para arrebatar o *ch'i* do inimigo. Além disso, tropas que se encontram longe de casa, fisicamente cansadas e mentalmente exaustas, fornecem oportunidades fáceis que devem ser exploradas. Entretanto, se o inimigo se mantém vigoroso e determinado, duas outras possibilidades podem ser aguardadas ou criadas: dúvida e medo. Sobre estes, os estrategistas advertiam constantemente: "Dos reveses que podem sobrevir a um exército, nenhum supera a dúvida." Portanto, praticamente todos eles sugeriam que se lançasse um ataque quando o inimigo estivesse tomado pela dúvida, quando o general comandante estivesse confuso.

O medo gera ainda maior paralisia em um inimigo, o que o torna presa fácil. O T'ai Kung citava o medo entre as oportunidades distinguidas para organizar um ataque, advertindo que "obter vantagem de seu medo e temor é o meio pelo qual um pode atacar dez". O *Ssu-ma Fa* afirma de maneira similar: "Ataca quando eles estiverem verdadeiramente amedrontados, evita-os quando exibirem apenas temores menores." Wu-tzu frequentemente sugeria medidas designadas para irritar e amedrontar as tropas inimigas, propondo atacá-las quando se tornassem temerosas.

Nesse contexto, o general comandante – e os líderes que se defrontam com desafios disciplinares e motivacionais em muitos campos – tinha que enfrentar a difícil questão de como instilar o espírito e desenvolver a coragem. Embora a teoria motivacional de muitos teóricos militares estivesse fundada na implementação draconiana de recompensas e punições, política esta que essencialmente levava os soldados a temer seus próprios oficiais mais profundamente que ao inimigo, havia diversas outras medidas para estimular seu *ch'i*, seus espíritos, no estágio adequado. O capítulo "Expandindo o *ch'i*" de Sun Pin fornece a visão geral mais sistemática encontrada nos escritos antigos ainda existentes, ainda que careça das técnicas propriamente ditas.

Como plano de fundo, deve-se observar que o *Ssu-ma Fa* contradizia expressamente a postura básica e subjacente que distingue as esferas civil e marcial: a primeira é o reino da propriedade e deferência, ao passo que a última é o reino da ação e da franqueza. Assim, a conduta do verdadeiro guerreiro difere radicalmente, e seu *ch'i* é adequadamente refreado. No entanto, *ch'i* é explicitamente compreendido como um objeto de manipulação, e há técnicas apropriadas para o erigir, pois, "quando o fundamento do coração é sólido, um ímpeto renovado do *ch'i* trará a vitória".

A solução para a antiquíssima questão sobre o que motiva os indivíduos a lutar em enfrentamentos militares – ou mesmo a se empenhar em suas posições na vida e funções no trabalho – e as medidas para assegurar que o esforço de cada homem seja maximizado eram fundadas na percepção básica de que a coragem, que é uma manifestação e função de *ch'i*, é a chave. Ao assumir que a vida sob armas instilará a postura e a disciplina básicas, é preciso então fomentar um compromisso intenso que não admitirá outra possibilidade senão lutar até a morte. Duas ilustrações analíticas encontradas nos Clássicos Militares descrevem de modo vívido a natureza desse compromisso. Na primeira, Wu Ch'i fala sobre um "vilão assassino":

> Assim, se há um vilão assassino escondido na floresta, ainda que mil homens o persigam, todos olharão a seu redor como corujas e espiarão à volta como lobos. Por quê? Temem que a violência eclodirá e os ferirá pessoalmente. Assim, um homem cego para com a vida e a morte pode amedrontar mil.

Quase dois séculos depois, o *Wei Liao-tzu* ecoou:

> Se um guerreiro empunha uma espada para atacar as pessoas na praça do mercado, entre dez mil pessoas não haverá uma sequer que não o evite. Se digo que não é que apenas um homem seja corajoso, mas que os dez mil diferem dele, qual a razão? Comprometer-se a morrer e comprometer-se a buscar a vida não são comparáveis.

MÉTODOS MILITARES

Embora o *Ssu-ma Fa* discuta inúmeras medidas para estimular e fomentar o espírito e a determinação, e os demais Clássicos Militares também ofereçam sugestões dispersas, somente o *Ssu-ma Fa* caracteriza brevemente a progressão idealizada dos estados mentais dos soldados ao avançar para a batalha:

> Os soldados têm cinco compromissos definitivos: por seu general esquecem suas famílias; quando atravessam as fronteiras, esquecem seus parentes; quando confrontam o inimigo, esquecem de si mesmos; quando comprometidos a morrer, viverão; embora perseguir sofregamente a vitória seja o pior. Cem homens determinados a sofrer a dor de uma lâmina podem penetrar uma linha e causar o caos em uma formação. Mil homens determinados a sofrer a dor de uma lâmina podem apanhar o inimigo e matar seu general. Dez mil homens determinados a sofrer a dor de uma lâmina caminham à vontade sob o Céu.

Sobre esse pano de fundo, que, embora com a distância de dois séculos, delineia as concepções comuns da época antiga sobre motivação e *ch'i*, o capítulo de Sun Pin pode ser claramente interpretado. No período inicial, em que um exército de campanha está sendo formado e as tropas reunidas, seria exigida uma postura de seriedade e reserva. Deve-se estimular o compromisso espontâneo dos soldados, sua iniciativa e participação voluntária. Como os demais escritos observam, devem-se obstar augúrios perniciosos, temores e dúvidas. Entretanto, uma coragem desenfreada seria igualmente nociva, na medida em que conduz a manifestações excessivas de bravata e a uma tendência à insubordinação.

À medida que o exército avança para o campo, cumpre que se mantenha a "ordem", entendida como a disciplina militar e o controle rigoroso da organização hierárquica de unidades responsivas do exército. Simultaneamente, é preciso aguçar a expectativa e o comprometimento dos soldados. Aguçar pode ser mais bem compreendido como a incitação do entusiasmo e comprometimento de seu general para com a empresa militar, porque seria danoso para seu *ch'i* tornar-se por demais "aguçado". Como os Taoistas apontam, o que é afiado demais se embota e se quebra facilmente, especialmente se esse gume não é dirigido para a ação.

Uma vez que o dia da batalha foi fixado, um compromisso com a morte – a resolução descrita acima – deve ser criado. É preciso que todos os vestígios de medo sejam eliminados e que os soldados manifestem a determinação desesperada que Sun Tzu elicia lançando-os em situações desesperadas. Como afirma o *Ssu-ma Fa*: "Quando os homens têm suas mentes fixas na vitória, tudo o que veem é o inimigo. Quando os homens têm suas mentes cheias de medo, tudo o que veem é seu medo." (Ou, explicitando em termos contemporâneos, as pessoas comprometidas com suas atividades carecem do ócio que permitiria que a dúvida as afetasse; estão por demais concentradas e absortas para perder a confiança ou permitir que a ansiedade as paralise.)

Finalmente, quando adentram a batalha concentrados na dura tarefa de lidar com a morte e de eles mesmos morrerem – em lugar de simplesmente errarem, levados por seu entusiasmo alentado –, o general deve "expandir seu *ch'i*". A análise de Sun Pin enfatiza essa distinção entre um entusiasmo exaltado e fantasioso e a atitude decisiva, de comprometimento com a "morte como se retornassem para casa", exigida como fundamento do combate violento. Ele aparentemente reconhecia o perigo de levar os homens a esse ponto extremo que, embora absolutamente necessário, pode se mostrar muito frágil. Essa ardência pode ser rapidamente dissipada pelos momentos iniciais da batalha, após talvez a primeira arremetida contra o inimigo, ou mesmo resulte no tipo de ação impulsiva que Wu Ch'i condenava brutalmente. A tarefa final do general é, portanto, expandir seu *ch'i* de modo que sua coragem seja mantida ao longo do conflito do dia e não seja rompida precipitadamente. Talvez esse seja um aspecto fundamental do "impulso renovado do *ch'i*" que trará a vitória, já observado acima.

Infelizmente, os detalhes dos métodos de Sun Pin foram perdidos; apenas vislumbres restam. Recompensas e punições, tornadas o fundamento da imponência do governante e do comandante nos Clássicos Militares, são as ferramentas para estimular as tropas. Suas roupas, que evidentemente ofereciam pouca proteção contra o frio e sem dúvida ainda menos conforto, juntamente com as privações gerais do serviço militar, claramente "amolavam" seu *ch'i*, precisamente como um pedra de amolar que afia uma lâmina lentamente. Além disso, provê-los de rações mínimas os compeliria a arrancar agressivamente os suprimentos necessários do inimigo e a não protelar a tomada de iniciativa no campo de batalha.

Os perigos proporcionados por qualquer falta de coragem também foram extensivamente observados acima. Sun Pin aponta que a ausência de um *ch'i* afiado resultará em derrota. Quando os homens são descorçoados, seu desempenho é pobre e sem vigor, o que os faz presentear o inimigo com uma espantosa oportunidade. Ademais, quando seu *ch'i* não foi amolado, tornam-se suscetíveis a se amedrontar, e mesmo um inimigo imperceptível correrá para obter vantagem da situação, aterrorizando-os e atacando-os. O *Wei Liao-tzu* apreendeu esses dois aspectos: "Aqueles dos quais foi tirada a iniciativa não têm qualquer *ch'i*; aqueles que temem são incapazes de organizar uma defesa." De maneira similar, quando outros estados necessários de *ch'i* não são estimulados adequadamente, pode-se esperar um desastre. Como Sun Pin observa, quando seu *ch'i* não é resoluto, eles se dispersarão facilmente com a pressão do inimigo, ao passo que, quando são preguiçosos (provavelmente porque seu *ch'i* não é estimulado), não responderão às ordens. Sem oferecer resposta, será impossível ordenar às tropas que iniciem ataques ou convirjam para alvos designados de acordo com a doutrina básica de Sun Pin de divisão das forças e com os princípios de Sun Tzu de divisão e reunião para concentrar a massa sobre pontos fracos. Finalmente, sem refreamento e medidas apropriadas, o exército não apenas carecerá de ordem e disciplina como também dissipará prodigamente sua energia. Ainda que não tenha sido afirmado, a inaptidão para empreender batalhas prolongadas resultará ao final em derrota.

O último parágrafo evidencia a importância fundamental que Sun Pin atribui ao estímulo à implementação de punições. Evidentemente, os membros de cada unidade, qualquer que fosse o nível – embora provavelmente o pelotão de cinco fosse a base –, estavam vinculados pela responsabilidade mútua de um para com o outro. Outras obras encerram regulamentos para um pelotão que sofre a morte de um membro em batalha; este capítulo é incomum na sua referência provável à captura de um membro da unidade ou possivelmente do líder da unidade. Os homens eram, pois, coagidos a lutar fervorosamente por aquilo que provavelmente foi a motivação primordial ao longo do milênio, sua relação com os soldados companheiros. Embora os escritos militares geralmente discutam essa coerção em termos da ameaça de pena capital, por vezes suplementada por grandes recompensas, muitos dos pensadores antigos também compreendiam o poder da vergonha na motivação dos homens à luta. Reforçando ainda mais a coerção das punições pessoais, havia a ameaça constante de que a família de um indivíduo, que corria igual risco, poderia sofrer por sua falha. As punições a que se incorria por transgressões no campo de batalha só poderiam ser mitigadas por um exímio desempenho individual e do pelotão em combate subsequente.

14
Postos, I

官 一

Sun Pin disse:

"Em geral, para comandar as tropas, tornar vantajosas as formações e unificar os soldados armados com cota de malha, deves estabelecer postos conforme forem apropriados ao corpo. Implementa ordens com insígnias coloridas; faz com que os carros levem flâmulas para distinguir as relações das coisas; ordena as fileiras por pelotão; organiza as tropas por aldeias e vizinhanças; confere liderança de acordo com as cidades e vilas; liquida as dúvidas utilizando-te de bandeiras e galhardetes; difunde ordens utilizando-te de gongos e tambores; unifica os soldados através de uma marcha firme; e dispõe-nos em uma ordem estreita, ombro a ombro.

"Para dominar o exército inimigo, usa uma formação alongada; reprime-os e impugna-os para os ocupar e esgotar.

"Para dispor os regimentos, usa uma formação temerária.

"Trava guerras de flechas com a Composição em Nuvem.

"Defende-te contra o inimigo e cerca-o utilizando-te de uma formação confusa e ondeante.

"Apodera-te do bico feroz do inimigo com um cerco cerrado.

"Ataca os já derrotados sitiando-os e apoderando-te deles.

"Ao arremeter-te para salvar um exército, emprega uma formação fechada.

"Em combates ferozes, usa fileiras alternadas.

"Emprega tropas pesadas para atacar tropas ligeiras.

"Emprega tropas ligeiras para atacar os dispersos.

"Ao atacar despenhadeiros de montanhas, emprega as 'Muralhas Ordenadas'.

"Em terrenos extensos, emprega uma formação quadrada.

"Ao confrontares alturas e dispores tuas forças, emprega uma formação penetrante.

"Em ravinas, quando pressionado, emprega uma formação circular.

"Quando engajado em combate em terreno fácil, para efetivar uma retirada marcial emprega teus soldados em uma ação de retaguarda.

"Quando teu poder estratégico exceder o do inimigo, ao dispores as forças para o abordar, emprega um ataque pelo flanco.

"Em guerras ordinárias, quando as armas curtas se chocarem, emprega uma frente agudamente penetrante.

"Quando o inimigo estiver retido em uma ravina, libera a embocadura para o atrair mais à frente.

"Quando em meio a matagais e vegetações densas, usa flâmulas *yang* (visíveis).

"Após alcançar a vitória em batalha, dispõe em formação para exercitar o ânimo.

"Para criar imponência, dispõe de modo que faça das montanhas a ala direita.

"Quando a estrada estiver coberta de espinhos e densa vegetação, avança em ziguezague.

"Para esgotar o inimigo com maior facilidade, usa a Formação Sovela.

"Em ravinas e regos, usa elementos mesclados.

"Ao volver e retirar-te, usa medidas para confundir o inimigo.

"Ao desviar-te de montanhas e florestas, usa unidades divididas consecutivas.

"Atacar capitais de estado e cidades em que há água se mostrará eficaz.

"Para retiradas noturnas, usa tiras de bambu claramente escritas.

"Para manter a vigilância à noite, usa licenças curtas com contra-autorizações.

"Para impugnar forças invasoras que penetram à força o interior, usa 'Guerreiros Mortais'.

"Para ir contra armas curtas, usa armas longas e carros.

"Usa carros para organizar ataques incendiários em suprimentos que estão sendo transportados.

"Para realizar uma disposição com extremidades agudas, usa a Formação Sovela.

"Para dispor um pequeno número de tropas, usa forças unidas mescladas; combinar forças misturadas é o meio por que se resiste a ser cercado.

"Retificar as fileiras e sistematizar as flâmulas são os meios por que se aglutinam as formações.

"Separar-se e mesclar-se são os meios por que se cria um desequilíbrio tático de poder e um movimento explosivo.

"Ventos turbulentos e formações instáveis são os meios por que se exploram dúvidas.

"Planos escondidos e ardis ocultos são os meios por que se intruje o inimigo ao combate.

"Dragões descendentes, poderes ocultos e armação de emboscadas são os meios por que se luta nas montanhas.

"Movimentos incomuns e ações perversas são os meios por que se acua o inimigo em vaus.

"Ser imprevisível e confiar na brusquidão são os meios por que se conduz a guerra imperscrutável.

"Trincheiras preventivas e formações circulares são os meios por que se trava batalha com poucas tropas contra um inimigo superior.

"Espalhar as flâmulas e tornar conspícuas as bandeiras são os meios por que se infunde a dúvida no inimigo.

"A Formação Tufão e os carros velozes são os meios por que se persegue um inimigo que escapa.

"Quando sob coação, alterar a posição é o meio por que se prepara para um inimigo forte.

"A Formação Pântano Flutuante e os ataques pelo flanco são os meios por que se luta com um inimigo em uma estrada restrita.

"Os movimentos lentos e a evasão constante são os meios por que se induz um inimigo a tentar te esmagar.

"O treinamento zeloso e a alacridade buliçosa são os meios por que se impugnam arremetidas penetrantes.

"As formações sólidas e os batalhões maciços são os meios por que se investe contra a força ígnea de um inimigo.

"O posicionamento analítico de parapeitos e anteparos é o meio por que se ofusca o inimigo e se lhe incute a dúvida.

"Erros táticos deliberados e perdas menores são os meios por que se isca o inimigo.

"A criação de circunstâncias extremamente desvantajosas é o meio por que se estorva e se exaure o inimigo.

"A patrulha minuciosa e os desafios verbais são os meios por que se mantém a segurança do exército à noite.

"Inúmeras fontes de suprimentos e provisões dispersas são os meios para facilitar a vitória.

"Os resolutos são os meios para se defender contra invasões.

"O movimento em turnos das várias unidades é o meio por que se atravessam as pontes.

"Retiradas e entrada indiretas são os meios por que se livra um exército de dificuldades."

COMENTÁRIO

Entre os trinta e um capítulos de *Métodos militares*, "Postos, I" é o mais difícil de compreender e traduzir, uma vez que – à exceção do primeiro parágrafo – consiste em uma série de pronunciamentos disparatados sobre princípios táticos concretos, muitos deles com implicações e aplicações extensamente abrangentes. Embora as tiras propriamente ditas não tenham sofrido danos vastos, boa parte da linguagem é relativamente obscura e requer um reconstrução imaginativa. Ao longo das duas últimas décadas, analistas e comentadores modernos despenderam centenas, talvez milhares de horas sobre o texto, buscando passagens paralelas e frases esclarecedoras devido à similaridade. Muitas de suas sugestões foram incorporadas em nossa tradução; privamo-nos, entretanto, de outras, em favor de uma interpretação mais direta das sentenças.

Os princípios táticos enumerados em "Postos, I" se conformam facilmente com a estrutura geral de *Métodos militares* de Sun Pin e são consistentes com as medidas propostas nos demais capítulos. Talvez a questão mais significativa advenha da grande e incomum quantidade de formações que aparecem no capítulo. Inúmeros comentadores identificam os diversos termos de dois caracteres como termos que, em verdade, dão nome a formações específicas, em lugar de designarem características gerais. No entanto, ainda que alguns deles (como a Composição em Nuvem) pertençam claramente à primeira categoria, em geral deve-se duvidar de que os exércitos pudessem ter dominado a fundo tantas formações complexas singulares. É mais provável que, com exceção das formações básicas (como a quadrada, a circular, e assim por diante) e algumas disposições específicas designadas para incorporar forças exclusivas, elas se refiram a sistemas de ordenação temporais que o general deveria efetivar, utilizando-se de seus blocos de construção básicos. Contudo, na medida em que nenhuma outra fonte ou mesmo combinação de escritos fornece uma lista tão extensa, o grau de flexibilidade tática que caracteriza esses exércitos antigos precisa ser estudado.

À medida que o escopo da guerra se expandia e o número de homens remetidos ao campo de batalha aumentava radicalmente, o exercício de um controle efetivo – problema que também afetou a guerra grega e romana durante longo período de sua história e levou muitos generais famosos a conduzirem suas tropas e não serem capazes de exercer o comando uma vez iniciada uma batalha – tornou-se uma questão crucial. A resposta na China antiga era a organização, a articulação e uma ênfase na comunicação que tornavam possível a execução flexível das táticas. O alicerce era o agrupamento dos homens em pelotões, companhias e exércitos de acordo com um rígido sistema hierárquico. A chave passou a ser, portanto, sua identificação e o desenvolvimento de seu senso de identidade com relação às unidades mais amplas, pois que poderiam então ser comandados para agirem como partes integrantes de organizações maiores e efetivarem disposições adequadas. Com efeito, as insígnias, mencionadas no primeiro parágrafo, identificavam os homens e tornavam possível a execução rápida de ordens criativas.

As insígnias eram associadas a cada nível, do mais baixo ao mais alto, inclusive às casas dinásticas da antiguidade. Posto, exércitos, regimentos, companhias e mesmo pelotões seriam distinguidos individualmente por uma combinação de insígnias, pelo posicionamento das insígnias e de bandeiras ou galhardetes para os oficiais. Emblemas, bandeiras, flâmulas e insígnias não eram apenas designados para refletir a ordem, mas para assegurá-la, e eram numerados entre as doze determinações essenciais identificadas pelo *Wei Liao-tzu* como o Tao para a vitória certa: "O sétimo, 'cinco emblemas', se refere à distinção das fileiras com emblemas de modo que as tropas não sejam desordenadas. O décimo segundo, 'tropas fortes', se refere à regulação das bandeiras e à preservação das unidades. Sem que as bandeiras sinalizem uma ordem, eles não se moverão."

Sun Tzu cita um texto anterior sobre a origem das bandeiras e tambores – sendo ambos utilizados sempre em conjunção, ainda que, evidentemente, os tambores tivessem que bastar à noite – e discute o efeito imediato que produziam sobre cada soldado em "Combate Militar". Quando todos os elementos são sintetizados e implementados apropriadamente, as ações do soldado individual são única e explicitamente dirigidas pelas bandeiras e tambores, o que gera a capacidade de manobra articulada e a unidade essencial exigidas para a derrota do inimigo em combate.

A importância de bandeiras, flâmulas e tambores não pode ser superestimada. Por conseguinte, o general comandante os dirigia pessoalmente e, ao contrário dá expectativa comum de que os homens mais fortes seriam posicionados à frente da luta, às bandeiras – cuja manipulação decidiria a sorte de centenas, senão milhares –, era dada a prioridade. Naturalmente, em qualquer situação e a todos os momentos – ainda que em terreno difícil, em meio à vegetação alta ou durante marchas penosas nas montanhas – as bandeiras tinham que se encontrar claramente visíveis.

15
Fortalecendo o exército

強兵

O Rei Wei perguntou a Sun Pin:
"Ao instruir-me sobre como fortalecer o exército, nenhum dos oficiais de Ch'i sustentam o mesmo Tao. Alguns me instruem sobre o governo; alguns me instruem sobre a limitação ao fazer imposições; e alguns me instruem a distribuir provisões para o povo. Alguns me instruem sobre tranquilidade, outros sobre práticas diversas. Em meio ao que eles ensinam, o que devo pôr em prática?"

Sun Pin respondeu: "Nenhuma dessas coisas é indispensável para fortalecer o exército."

O Rei Wei disse: "Então o que é indispensável para fortalecer o exército?"

Sun Pin disse: "Enriquecer o Estado."

O Rei Wei disse: "Como devo proceder para enriquecer o estado?"

COMENTÁRIO

O tema deste capítulo severamente fragmentado se mantém perfeitamente evidente pela questão do Rei Wei: como Ch'i deveria proceder para fortalecer seu exército? Sua queixa com relação à dissensão das abordagens sugeridas atesta a multiplicidade de visões a que a corte aderia, resultado de sua abertura para explorar diferentes disciplinas na busca declarada pela descoberta de paradigmas estratégicos e programas essenciais, cruciais para a sobrevivência do estado. De particular importância aqui é o foco do interesse do rei – não apenas medidas administrativas ou abordagens gerais de governo, mas passos concretos que possam ser implementados para fortalecer o exército. Assim estruturado, qualquer resposta é inevitavelmente coagida a se concentrar nesse problema crucial, em lugar de desfrutar a liberdade de aconselhar desviar a ênfase no exército para fortalecer o estado através do cultivo da virtude ou práticas similares. Esse tema é, com certeza, plenamente conforme à discussão de Sun Pin no capítulo intitulado "Audiência com o Rei Wei", em que observa que os grandes modelos de virtude, ao sofrerem a usurpação de malfeitores, foram compelidos a empregar a força militar para impor a ordem no mundo, e enfatiza, com isso, a natureza inata do conflito humano.

Na época do Rei Wei, em meados do século IV a.C., os proponentes do Taoismo, do primeiro Confucionismo, do Mohismo, do primeiro Legalismo, os Lógicos, os agriculturalistas, *yin-yang* e outros naturalistas e os pensadores militares estavam em plena evidência. Entre os muitos milhares de conselheiros mendicantes em Ch'i, praticamente todas as perspectivas filosóficas e doutrinas políticas podiam certamente ser encontradas. Inúmeras figuras menores – que enfatizam um aspecto ou outro da prática de governo – também propunham suas visões em uma tentativa de influenciar o rei e obter cargos ministeriais. Os Confucianos, além de enfatizarem um governo de Virtude e a prática da retidão, teriam defendido a minimização das imposições sobre o povo e o bem-estar do povo. Embora as visões do próprio Sun Pin possam ser inferidas dos princípios encontrados ao longo de *Métodos militares*, à exceção deste capítulo e de sua ênfase no "enriquecimento do estado" ele nunca discutiu esses temas básicos, tais como o bem-estar do povo.

A resposta sucinta de Sun Pin ao Rei Wei, "enriquecer o estado", pode ser esclarecida em termos das crenças encontradas em outros escritos militares de finais do período dos Reinos Combatentes. Fundamentalmente, o estado precisa reunir a lealdade espontânea de sua população para convertê-la em soldados entusiásticos e bem treinados, capazes de organizar uma defesa sólida e derrotar o inimigo. Apenas uma população razoavelmente próspera, satisfeita e bem organizada – livre de serviços laboriosos onerosos e taxas excessivas – será física e emocionalmente capaz de suportar as privações do serviço militar. Além disso, o estado que se concentra no desenvolvimento de um grau adequado de prosperidade material poderá arcar com as vastas despesas e os enormes desperdícios das campanhas militares, bem como com o luxo de retirar varões fisicamente capacitados da população agricultora ativa enquanto se submetem ao treinamento e servem por longos períodos. Em geral, somente os governos benevolentes, que esposam essas virtudes fundamentais, como retidão e sinceridade, e cujos governantes cultivam a Virtude e com isso desenvolvem carisma e poder pessoal, afetarão significativamente o povo, motivando aqueles que se encontram dentro do estado a lutar por ele, e aqueles que estão fora a imigrarem para seu interior, especialmente se terras incultas forem oferecidas como incentivo. O grau em que as punições, em lugar das recompensas, deviam ser enfatizadas variava entre os teóricos; entretanto, os pensadores militares acreditavam na rígida implementação de recompensas e punições, bem como na prática severa mas imparcial da lei, contrárias à ênfase Confuciana na moralidade pessoal. Conceitos organizacionais, tais como o sistema de garantia mútua e o agrupamento inevitável por aldeias e vilas, ocupavam um lugar eminente em seu pensamento e eram a base da implementação draconiana de punições tanto na vida civil quanto na vida militar.

16
Dez disposições

十 陣

EM GERAL, há dez disposições: quadrada, circular, difusa, concentrada, Sovela, Gansos Selvagens, em gancho, Ascensão Obscura, incendiária e aquática. Cada uma delas tem suas vantagens:

A disposição quadrada é para fender.

A disposição circular é para unificar.

A disposição difusa é para uma resposta rápida (flexível).

A disposição concentrada é para impedir de ser interceptado e tomado.

A disposição na Formação Sovela é para cindir, cortar decisivamente o inimigo.

A disposição na Formação Gansos Selvagens é para trocar tiros de arco e flecha.

A disposição na formação em gancho é o meio por que se mudam os alvos e se alteram os planos.

A disposição Ascensão Obscura é para incutir a dúvida nas massas do inimigo e dificuldades em seus planos.

A disposição incendiária é o meio para se apoderar dos acampamentos inimigos.

A disposição aquática é o meio para inundar o sólido.

As táticas para a disposição quadrada: Cumpre que desbastes as tropas no meio e as tornes espessas nas laterais. As formações de reserva (resposta imediata) ficam na retaguarda. Desbastando o meio, o general pode efetivar uma resposta abrupta. Expandindo e tornando pesadas as laterais, o general pode fender o inimigo. Reter as reservas na retaguarda é o meio por que se reage rapidamente.

As táticas para a disposição difusa: A armadura é escassa e os homens são poucos. Por essa razão, torna-a firme. A idoneidade marcial reside nas bandeiras e flâmulas; exibir um grande número de homens depende de tuas armas. Assim, os soldados devem se dispersar e manter sua separação interna. Torna numerosas as bandeiras, estandartes e flâmulas emplumadas; afia tuas lâminas para que ajam como teus flancos. Para não serem comprimidos pelo inimigo quando difusos, ou cercados quando concentrados, cumpre que se exerça intenso cuidado. Os carros não disparam, a infantaria não corre. As táticas para a disposição difusa residem na criação de inúmeras unidades operacionais pequenas. Algumas avançam, outras recuam. Algumas atacam, outras mantêm suas posições e defendem. Algumas lançam investidas frontais, outras pressionam as fraquezas que surgem no inimigo. Assim, a disposição difusa é capaz de se apoderar das forças de elite do inimigo.

As táticas para a disposição concentrada: Não amplies o espaçamento entre os homens. Quando estiverem comprimidos, reúna tuas espadas na cabeça da formação e então a estenda adiante enquanto a frente e a retaguarda preservam mutuamente uma à outra. Em meio às variações da batalha, não a alteres. Se os soldados armados de cotas de malha estiverem temerosos, faz com que se sentem. Usa som para os mandar sentar e erguer-se. Não envies nenhuma força atrás das tropas inimigas que se partem; não pares aquelas que avançam. Algumas de nossas tropas devem atacar suas rotas indiretas de aproximação, outras devem "insultar" suas tropas de elite. Torna-a densa como uma pena, sem nenhuma brecha; quando volverem e se retirarem, devem ser como uma montanha. Então, a disposição concentrada não pode ser tomada.

A disposição na Formação Sovela deve ser como uma espada. Se a ponta não for afiada, não penetrará; se a lâmina não for fina, não cortará; se a base não for espessa, não poderás manejar a formação. Por essa razão, a ponta deve ser afiada, a lâmina deve ser fina e a base deve ser sólida. Só então pode uma disposição na Formação Sovela cindir decisivamente o inimigo.

A disposição na Formação Gansos Selvagens: As fileiras da frente devem ser como um babuíno, as fileiras da retaguarda devem ser como gatos selvagens. Ataca de três lados, não permitindo ao inimigo que escape de tua rede para se preservar. A isso nos referimos como a função da disposição Gansos Selvagens.

Quando disposto na formação em gancho, as fileiras da frente devem ser quadradas, ao passo que aquelas reunidas à esquerda e à direita devem ser em gancho. Quando os três sons (dos tambores, dos gongos e das flautas) estiverem já completos, as bandeiras em cinco cores devem ser preparadas. Quando os sons de nossos comandos são claramente discernidos e todas as tropas conhecem as cinco bandeiras, não há nenhuma frente ou retaguarda, acima ou abaixo.

Na disposição Ascensão Obscura, cumpre que tornes numerosas as bandeiras, as flâmulas e os estandartes emplumados; os tambores devem ser integrados e ressonantes. Se as tropas armadas de cotas de malha estiverem confusas, faz com que se sentem; se os carros estiverem desordenados, arranja-os em fileiras. Quando tiverem sido ordenados, a infantaria deve avançar a passos pesados e tumultuosamente, como se descesse do Céu, como se saísse do interior da Terra, e ser resoluta. Ao longo do dia não serão tomados. A isso nos referimos como a disposição Ascensão Obscura.

As táticas para a guerra incendiária: quando tuas valas e teus baluartes já estiverem completos, constrói um outro anel de valas e fossos. A cada cinco passos empilha lenha e certifica-te de equiparar as quantidades em cada pilha. Um determinado número de contínuos devem ser designados para cuidar delas. Ordena que os homens formem um cavalo de frisa coeso; devem ser leves e agudos. Se o clima estiver ventoso [evita posições a favor do vento ou acender fogueiras no acampamento. Uma vez que se iniciar o enfrentamento], se os vapores de uma fogueira se estenderem sobre ti e não fores capaz de conquistar o inimigo, abdica e te retira.

As táticas para a guerra incendiária: se o inimigo se posiciona a favor do vento em uma área onde sobeja o mato seco e em que os soldados dos Três Exércitos não terão por onde escapar, então podes organizar um ataque incendiário. Quando houver um vento feroz e frígido, vegetação e rama abundantes, lenha e mato já empilhados para serem usados como combustível, e as fortificações do inimigo ainda não tiverem sido preparadas, podes, nessas condições, organizar uma ataque incendiário. Usa das chamas para os confundir, dispara uma chuva de flechas. Bate os tambores e compõe um toque para motivar teus soldados. Apoia o ataque com poder estratégico. Essas são as táticas para a guerra incendiária.

As táticas para a guerra aquática (defensiva): cumpre que tornes numerosa a infantaria e diminutos os carros. Ordena que preparem todo o equipamento necessário, como ganchos, varões de vadear, madeira de cipreste, pilões, barcos leves, remos, gabiões e velas. Ao avançar, deves seguir proximamente. Ao retirar-te, mantém distância. Ao organizar um ataque de flanco, segue o fluxo da corrente, tomando os homens deles como alvo.

As táticas para a guerra aquática (agressiva): os barcos ágeis devem ser usados como bandeiras, os barcos velozes devem ser usados como mensageiros. Quando o inimigo partir, segue-o; quando o inimigo avançar, pressiona-o. Resiste ou rende-te conforme seja apropriado, e de acordo com a situação prepara-te contra eles. Quando alterarem suas forças, faz com que mudem seus planos; quando estiverem se preparando, ataca-os; quando estiverem adequadamente reunidos, separa-os. Do mesmo modo, as armas incluem pás e os carros possuem uma infantaria defensiva. Deves investigar sua força numérica em muitos ou poucos, atacar seus barcos, apoderar-te das vaus e mostrar ao povo que a infantaria se aproxima. Essas são as táticas para a guerra aquática.

COMENTÁRIO

Este capítulo considera novamente a questão crucial das disposições, a essência de muitos enfrentamentos militares bem-sucedidos. Entre os *Sete clássicos militares* pré-Ch'in, as formações quadrada e redonda eram frequentemente mencionadas, quase sempre em conjunto, mas nenhuma das outras aparece até as *Perguntas e respostas* da dinastia T'ang, em que as "disposições quadrada, redonda, curva, reta e angular" são brevemente discutidas para treinar as tropas. Ademais, o primeiro livro de *Perguntas e respostas* analisa a natureza das formações e desmistifica a origem dos nomes apostos às conhecidas "oito formações" – Céu, Terra, vento, nuvem, dragão, tigre, pássaro e serpente. Esse conjunto de formações é geralmente, embora sem bases decisivas, considerado a série mais antiga, e sua criação é atribuída ao Imperador Amarelo. Ainda que a tradição popular comumente proclame o Imperador Amarelo como o progenitor da história militar chinesa em razão de suas marcantes batalhas com o Imperador Vermelho e Ch'ih Yu, isso a envolveria de novo na névoa da antiguidade. Além disso, diz-se por vezes que as grandes realizações de notáveis generais históricos como Wu Ch'i e Sun Tzu tornaram-se possíveis por sua mestria nessas formações. Entretanto, outra série de oito é igualmente bem conhecida: as formações quadrada, redonda, feminina, masculina, extraordinária, Roda, Obstáculo Flutuante e Gansos Selvagens. Ao longo dos séculos, muitos diagramas foram criados para caracterizá-las, mas a maioria parece incongruente, meros produtos da imaginação.

As formações Sovela e Gansos Selvagens foram já encontradas no Capítulo 3, "As indagações do Rei Wei", ao passo que o Capítulo 7, intitulado "Oito formações", discutiu em termos gerais os princípios que governam a constituição e a disposição de todas as formações, tais como a criação de uma frente aguda e a manutenção de reservas adequadas. Infelizmente, o presente capítulo oferece apenas umas poucas características proeminentes para cada um dos nomes sugestivos, em lugar de especificar os elementos constitutivos e caracterizar claramente a configuração da formação. Sem dúvida elas eram conhecidas dos antigos, o que permitiu a Sun Pin simplesmente enfatizar determinados aspectos cruciais. Apenas a Formação Sovela é particularmente clara, na medida em que a analogia da espada foi previamente empregada no Capítulo 9. O contraste entre as disposições difusa e densa merece ser observado, com os problemas concomitantes de impedir que a primeira se torne comprimida e a última seja demasiado densa e, com isso, desorganizada. Certamente, a principal vantagem da disposição difusa deve ser sua mobilidade e a capacidade de resposta rápida, já que pequenas unidades podem mover-se livremente – especialmente por terrenos internos razoavelmente abertos –, ao passo que unidades pesadas, com sua intensa inércia, requerem tempo e amplo apoio logístico. Não são mencionados os perigos de se ser penetrado por forças inimigas concentradas – talvez na Formação Sovela – ou de pequenas unidades encontrarem forças superiores que as possam simplesmente esmagar. No entanto, algumas táticas para responder a tais situações, bem como para enfrentá-las, são encontradas no próximo capítulo e dispersas ao longo do livro.

No Capítulo 12, "Ataques incendiários", Sun Tzu discutiu o emprego do fogo para realizar objetivos táticos. Aparentemente, ele considerava que os ataques incendiários poderiam facilitar a captura de posições fortificadas, ao passo que a água não o poderia: "Usar o fogo para complementar um ataque é sábio, usar a água para apoiar um ataque é poderoso. A água pode ser usada para dividir mas não pode ser empregada para capturar." Infelizmente, ele nunca descreveu as formações designadas para armar um ataque incendiário, tampouco alguma é indicada nos outros *Sete clássicos militares*. Além disso, apenas umas poucas medidas essenciais à defesa contra ataques incendiários são observadas nos *Seis ensinamentos secretos*, sendo a principal delas lançar fogos contra e então ocupar o terreno chamuscado, porém viável, com uma forte formação defensiva.

Assim como ocorre com as táticas incendiárias, aquelas destinadas aos enfrentamentos aquáticos defensivo e agressivo são analisadas em separado. Ademais, em lugar de se dirigirem somente aos enfrentamentos navais entre barcos, centram-se na defesa contra ataques anfíbios e mesmo inundações, o que explica a estranha mescla de ferramentas e materiais. As táticas de assalto encerram não apenas o encetamento do combate na água, mas também simultaneamente a frustração do ataque inimigo. Estranhamente, apesar da extensa história de combate no período de Primavera e Outono entre estados com numerosos rios, lagos e charcos, as táticas para a "guerra na água" recebem parca atenção nos escritos militares antigos que nos chegaram às mãos. Isso talvez provenha do fato de a natureza das táticas antigas ser fundamentada nos carros e da consequente persistência em considerar corpos de água como embaraços e obstáculos que cumpre vigorosamente evitar.

17
Dez questões

十問

*I*NDAGANDO SOBRE A ARTE MILITAR:

"Supõe que nosso exército encontre o inimigo e ambos montem acampamentos. As provisões e os mantimentos são iguais e abundantes em ambos os lados; nossos homens e armas são equivalentes aos do inimigo; ao mesmo tempo, tanto o 'hóspede' (o invasor) quanto o 'anfitrião' (o defensor) temem. Se o inimigo se tiver disposto em uma formação circular para nos esperar e contar com ela para sua solidez, como devemos atacá-lo?"

"Para atacá-lo, as massas de nossos Três Exércitos devem ser divididas de modo que compreendam quatro ou cinco grupos operacionais. Alguns deles devem investir contra o inimigo e então simular retirada, manifestando medo. Quando virem que tememos, dividirão suas forças e nos perseguirão com indolência, confundindo e destruindo, com isso, sua solidez. Os quatro tambores devem emergir em uníssono, nossas cinco forças operacionais devem atacar todas juntas. Quando todas as cinco se aproximarem simultaneamente, os Três Exércitos estarão unidos em sua agudeza. Este é o Tao para atacar uma formação circular."

"Supõe que nosso exército encontre o inimigo e ambos montem acampamento. O inimigo é rico ao passo que nós somos pobres; o inimigo é numeroso ao passo que nós somos poucos; o inimigo é forte ao passo que nós somos fracos. Se se aproximarem em uma formação quadrada, como devemos atacá-los?"

"Para atacá-los, lança mão de uma formação difusa e fragmenta-os; se estiverem adequadamente reunidos, separa-os; trava batalha e então simula retirada; e mata seu general na sua retaguarda sem que se deem conta disso. Esse é o Tao para atacar uma formação quadrada."

"Supõe que nosso exército encontre o inimigo e ambos montem acampamento. Se as tropas inimigas forem já numerosas e fortes; vigorosas, ágeis e resolutas; e tiverem se disposto em uma formação aguda para nos esperar, como devemos atacá-las?"

"Para atacá-las, deves segmentar três grupos operacionais para as separar. Um deve estender-se horizontalmente, dois devem partir para atacar seus flancos. Seus postos superiores estarão temerosos, seus postos inferiores, confusos. Quando os postos inferiores e superiores já estiverem em meio ao caos, seus Três Exércitos serão severamente derrotados. Este é o Tao para atacar uma disposição aguda."

"Supõe que nosso exército encontre o inimigo e ambos montem acampamento. O inimigo é já numeroso e forte e assumiu uma disposição horizontal estendida. Dispusemo-nos em formação e os esperamos, mas nossos homens são poucos e incapazes de resistir a eles. Como devemos atacá-los?"

"Para atacá-los, deves segmentar nossos soldados em três grupos operacionais e selecionar os 'guerreiros mortais'. Dois grupos devem ser dispostos em uma formação extensa com longos flancos; um deve consistir de oficiais talentosos e tropas selecionadas. Devem reunir-se para atacar o ponto crítico do inimigo. Este é o Tao para matar seu general e atacar disposições horizontais."

"Supõe que nosso exército encontre o inimigo e ambos montem acampamento. Nossos homens e armas são numerosos, mas são poucos nossos carros e cavalaria. Se os homens do inimigo forem dez vezes os nossos, como devemos atacá-los?"

"Para atacá-los, deves ocultar-te nas ravinas e tomar os desfiladeiros como base, cuidando evitar terrenos fáceis e vastos. Isso porque terrenos fáceis são vantajosos para os carros, enquanto as ravinas são vantajosas para a infantaria. Esse é o Tao para atacar carros nessas circunstâncias."

"Supõe que nosso exército encontre o inimigo e ambos montem acampamento. Nossos carros e cavalaria são numerosos, mas são poucos nossos homens e armas. Se os homens do inimigo forem dez vezes os nossos, como devemos atacá-los?"

"Para atacá-los, evita cuidadosamente ravinas e estreitos; abre uma rota e conduze-os, coagindo-os em direção a um terreno fácil. Ainda que o inimigo seja dez vezes mais numeroso, o terreno fácil será conducente com nossos carros e cavalaria, e nossos Três Exércitos poderão atacar. Esse é o Tao para atacar a infantaria."

"Supõe que nosso exército encontre o inimigo e ambos montem acampamento. Nossas provisões e suprimentos alimentícios foram interrompidos. Não convém confiar em nossas armas e infantaria. Se abandonarmos nossa base e atacarmos, os homens do inimigo serão dez vezes os nossos. Como devemos atacá-los?"

"Para atacá-los quando os homens do inimigo já se tiverem disposto e estiverem defendendo os estreitos, devemos não adentrar a ravina, mas nos voltar e infligir danos a suas vacuidades. Esse é o Tao para atacar um inimigo em terreno contencioso."

"Supõe que nosso exército encontre o inimigo e ambos montem acampamento. Os generais do inimigo são corajosos e difíceis de amedrontar. Suas armas são fortes, e seus homens, numerosos e autoconfiantes. Todos os guerreiros dos Três Exércitos são corajosos e impassíveis. Seus generais são imponentes; seus soldados são marciais; seus oficiais, fortes; e suas provisões, bem abastecidas. Nenhum dos senhores feudais ousa contender com eles. Como devemos atacá-los?"

"Para atacá-los, anuncia que não ousas lutar. Mostra-lhes que és incapaz; deixa-te estar sentado de maneira submissa e espera-os, com o intuito de tornar seus pensamentos arrogantes e aparentemente conformes a suas ambições. Não os deixes reconhecer tua manobra para frustrar seus planos. Em seguida, ataca onde não se espera; investe onde eles não defendem; exerce pressão onde estão indolentes; e ataca suas dúvidas. Sendo tão orgulhosos quanto marciais, quando seus Três Exércitos levantarem acampamento, a frente e a retaguarda não olharão uma para a outra. Assim, ataca seu meio, precisamente como se tivesses força de infantaria para fazê-lo. Esse é o Tao para atacar um adversário forte e numeroso."

"Supõe que nosso exército encontre o inimigo e ambos montem acampamento. Os homens do inimigo esconderam-se nas montanhas e tomaram por base os passadouros. Nossas forças distantes não podem travar batalha, mas não temos pontos de apoio nas proximidades. Como devemos atacá-los?"

"Para atacá-los cumpre que os forces a se moverem dos passadouros que tomaram para um terreno fácil, e então estarão em perigo. Assalta as posições que eles precisam resgatar. Força-os a deixar suas fortalezas para analisar seu pensamento tático e então instalar armadilhas e estabelecer forças de apoio. Ataca suas massas quando estiverem em movimento. Esse é o Tao para atacar aqueles que se escondem em fortalezas."

"Supõe que nosso exército encontre o inimigo e tanto o 'hóspede' como o 'anfitrião' se dispuseram. A disposição dos homens do inimigo é como uma cesta trançada e chata. Se estimo as intenções do inimigo, eles parecem querer que penetremos suas linhas e sejamos subjugados. Como devemos atacá-los?"

"Para atacá-los, os que têm sede não devem beber, os que têm fome não devem comer. Segmenta-te em três grupos operacionais e emprega dois para reunir e atacar seu ponto crítico. Quando o inimigo já tiver iniciado uma reação em direção ao meio, nossos oficiais talentosos e soldados selecionados devem então atacar seus dois flancos. Desse modo, seus Três Exércitos serão severamente derrotados. Esse é o Tao para atacar disposições em forma de cesta."

COMENTÁRIO

Em "Dez questões", um interlocutor desconhecido, talvez o Rei Wei ou mesmo o próprio Sun Pin, descreve uma série de dez possíveis situações de batalha para as quais uma fonte não identificada – presumivelmente Sun Pin – fornece soluções táticas apropriadas. Por conseguinte, este capítulo pertence à tradição analítica que se inicia com *A arte da guerra* e se encontra amplamente incorporada no *Wu-tzu* e em *Seis ensinamentos secretos*, sendo muitos desses problemas hipotéticos similares ou mesmo idênticos àqueles resolvidos em diversos outros escritos. Entretanto, certos princípios próprios germanos ao pensamento de Sun Pin dominam as dez respostas teóricas. A maioria das situações levantadas oferece dificuldades porque as forças "inimigas" são invariavelmente mais fortes, mais bem equipadas ou bem entrincheiradas, ao passo que a força de solução do interlocutor pode sofrer deficiências adicionais acentuadas, como carros, cavalaria ou infantaria bem menos numerosos. As resoluções sugeridas por Sun Pin dependem inerentemente de dois princípios: dividir as forças em grupos operacionais e manipular o inimigo. Exemplos do primeiro já foram vistos nos capítulos anteriores e são particularmente característicos de seu pensamento.

Em geral, Sun Pin aparentemente acreditava que seria extremamente difícil para um oponente observar, antever, opor e então neutralizar com êxito inúmeras ameaças simultâneas. O súbito aparecimento de forças segmentadas em inúmeras posições ou provindas de inúmeras direções iria, naturalmente, dilacerar a unidade firmemente forjada do inimigo, aumentar seus problemas logísticos e romper sua estrutura de comando. Um esforço bem planejado poderia então obter vantagem da confusão e da consequente fragmentação de forças para alcançar a vitória total ou parcial, especialmente pela concentração rápida do poder combinado das unidades operacionalmente segmentadas em um único ponto. Essa abordagem segue evidentemente o dito básico de Sun Tzu: "Se forem unidos, faz com que se separem. Se estamos concentrados em uma única força enquanto ele está fragmentado em dez, então o atacaremos com dez vezes a sua força. O exército se estabelece pelo logro, move-se por vantagem e se transforma através da segmentação e da reunião."

O segundo princípio que subjaz às táticas de Sun Pin é simplesmente "manipular o inimigo". Essa era também uma das doutrinas fundamentais de Sun Tzu, minuciosamente implementadas ao longo de *A arte da guerra*, mas em especial no capítulo intitulado "Vacuidade e substância". No primeiro capítulo, Sun Tzu disse: "Quem excele na guerra compele os homens e não é compelido por outros homens." Mesmo os métodos sugeridos neste capítulo para a manipulação do inimigo são encontrados em *A arte da guerra*, bem como nas outras obras acima mencionadas. Em particular, a precaução do inimigo deve ser minada simulando fraqueza, retiradas e submissão em geral ou inação estupefata. Medidas designadas para desorganizar as forças do inimigo ou sua estrutura de comando devem também ser empregadas antes de um ataque súbito, ao passo que ataques precipitados e batalhas de atrito devem sempre ser evitados. Sempre que o inimigo estiver abrigado em pontos fortes ou tiver explorado de algum outro modo as vantagens naturais do terreno, deve ser movido para solos mais favoráveis – tanto através da tentação quanto pela ameaça a uma de suas posições cruciais. Forças menos numerosas devem beneficiar-se das ravinas e espaços limitados, como defendia Sun Tzu e praticamente todos os outros pensadores, ao passo que aqueles que possuem uma grande superioridade de homens e especialmente de carros devem travar batalha com o inimigo em terreno "fácil", espaços abertos em que a mobilidade permitirá a números superiores concentrar a massa apropriadamente. Só então terá o exército uma chance razoável de vitória.

Este capítulo tem também uma importância histórica considerável, na medida em que discute os problemas da desproporcionalidade e desequilíbrio das forças componentes. Posto que a cavalaria só se tornou parte integrante dos exércitos dos Reinos Combatentes no início do século III a.C., e provavelmente só passou a ser taticamente significativa em finais do período dos Reinos Combatentes, "Dez questões" deve ou ter sido redigido por um discípulo posterior, ou o papel da cavalaria no tempo de Sun Pin tem que ser consideravelmente revisado.

18
Ordenando as tropas armadas de cotas de malha

略甲

Fragmentos

"Se queres travar batalha, aja como se enlouquecido."

"Seleciona tuas tropas de acordo com (a situação)."

"Quando os flancos direito e esquerdo atacam convergindo-se rapidamente, isto é denominado um 'ataque em gancho agudo'."

"Se o incitares de longe, o inimigo abandonará sua armadura para avançar velozmente."

"Controla e isola seu general, aturde sua mente, e então ataca."

COMENTÁRIO

Este capítulo está tão intensamente fragmentado que a maioria das edições nem mesmo o incluem, enquanto outras não fornecem quaisquer observações. Entre as cerca de vinte sentenças parciais, apenas as cinco recuperadas acima podem ser abstraídas. No entanto, a primeira é notável, e não é vista em nenhum dos outros escritos militares antigos.

19
A distinção entre hóspedes e anfitrião

客主人分

Os EXÉRCITOS SÃO DISTINGUIDOS como "hóspedes" e "anfitriões". As forças do hóspede são comparativamente numerosas e as forças do anfitrião comparativamente poucas. Somente se o hóspede é o dobro e o anfitrião a metade podem eles contender como inimigos.

O anfitrião estabelece sua posição primeiro, o hóspede estabelece sua posição posteriormente. O anfitrião se oculta no terreno e confia em seu poder estratégico para esperar o hóspede, que para chegar transgride passadouros de montanhas e atravessa ravinas. Mas, se transgridem passadouros de montanhas e atravessam ravinas apenas para se retirar e ousam, com isso, cortar suas próprias gargantas em lugar de avançar e ousar resistir ao inimigo, qual a razão? É porque sua configuração estratégica de poder não é conducente ao ataque e o terreno não é vantajoso.

Se seu poder estratégico é conducente e o terreno vantajoso, então as pessoas avançarão por si mesmas. Se seu poder estratégico não é conducente e o terreno não é vantajoso, as pessoas se retirarão por si mesmas. Aqueles que são referidos como excelentes na guerra tornam seu poder estratégico conducente e o terreno vantajoso.

Se as tropas armadas de cotas de malha são contadas por centenas de milhares, enquanto as pessoas têm um excedente de grãos que são incapazes de comer, têm um excesso. Se o número de tropas que residem em um estado é abundante, mas o número empregado é pequeno, então as forças permanentes são excessivas, e aquelas empregadas em combate, insuficientes. Se muitas centenas de milhares de soldados com cotas de malha avançam de milhar em milhar, continuando milhares após milhares, dezenas de milhares são então enviados em nossa direção. Aqueles que são referidos como excelentes na guerra excelem em os cortar e romper, precisamente como se uma mão por acaso os espanasse. Quem pode dividir os soldados inimigos, quem pode conter os soldados inimigos, terá homens suficientes mesmo com as menores quantidades. Quem não pode dividir os soldados inimigos, quem não pode conter os soldados inimigos, será insuficiente mesmo inúmeras vezes mais numeroso.

É certo que o mais numeroso será vitorioso? Então, calcula os números e trava batalha. É certo que o mais rico vencerá? Então, mede o suprimento de grãos e trava batalha. É certo que as armas mais afiadas e as armaduras mais sólidas vencerão? Então será fácil predizer a vitória. Já que não é esse o caso, os ricos ainda não vivem em segurança; os pobres ainda não vivem em perigo; os numerosos ainda não obtiveram a vitória; os poucos ainda não estão derrotados. Assim, o que determina a vitória ou a derrota, a segurança ou o perigo é o Tao.

Se os homens do inimigo são mais numerosos, mas podes torná-los divididos e incapazes de salvar uns aos outros; aqueles que são atacados incapazes de se conhecer; fossos profundos e fortificações altas incapazes de ser consideradas seguras; armaduras sólidas e armas afiadas incapazes de ser consideradas como força; e guerreiros corajosos e fortes incapazes de defender seu general, então tua vitória terá realizado o Tao. Assim, governantes esclarecidos e generais que conhecem o Tao certamente calcularão primeiro se podem obter êxito antes da batalha, e desse modo não perderão nenhuma oportunidade de realização depois de travada a batalha. Assim, se, quando o exército avança, consegue êxito, ao passo que, quando o exército retorna, está incólume, o comandante é esclarecido acerca dos assuntos militares.

[Se o inimigo é robusto e marcial], faz com que se canse. Se os guerreiros dos Três Exércitos podem ser forçados a perder completamente sua determinação, a vitória pode ser alcançada e mantida. Por essa razão, segura a esquerda enquanto estiveres golpeando a direita; desse modo, quando a direita estiver sendo derrotada, a esquerda não será capaz de resgatá-la. Segura a direita enquanto estiveres golpeando a esquerda; desse modo, quando a esquerda estiver sendo derrotada, a direita não será capaz de resgatá-la. Por essa razão, se o exército se deixa estar sentado e não se levanta, se os que estão próximos por serem poucos e inadequados ao emprego evitam a batalha e não são empregados, ao passo que os que estão distantes são dispersos e incapazes, [estão esgotados e descorçoados e devem ser atacados].

Fragmentos

As *Táticas* asseveram: "O anfitrião impugna o hóspede na fronteira."

Quando um hóspede ama travar combate, será certamente derrotado.

COMENTÁRIO

Este capítulo introduz a interessante distinção de "hóspede" e "anfitrião", referindo-se geralmente o primeiro a um invasor e o segundo a um defensor, que luta normalmente em seu território natal ou em território que já ocupa. Esses dois termos não são encontrados em nenhum dos outros clássicos militares antigos, mas figuram proeminentemente no pensamento e escritos em geral posteriores, o que torna claro que as distinções não são invariáveis. O conceito de um "hóspede" não se limita apenas aos invasores que se movem para território estrangeiro, mas pode ser considerada uma outra designação tática comparativa, na medida em que se refere essencialmente a uma força em movimento que ataca uma outra já posicionada. Ao longo da história, as forças defensivas têm geralmente conquistado vantagens muitas vezes insuperáveis, através da escolha do campo de batalha, da exploração do terreno e do estabelecimento de fortificações, o que obriga seus "hóspedes" a possuírem uma esmagadora superioridade em poder de fogo ou números, como indica Sun Pin, mesmo para criarem a possibilidade de vitória. Naturalmente, o número de soldados destacados e a sequência de sua chegada determinará a natureza e o curso do conflito. Embora as cidades estivessem se desenvolvendo economicamente e proliferando, mesmo na época de Sun Pin o campo era ainda razoavelmente aberto e os exércitos podiam percorrer certa distância antes de encontrar um local seguro. Seria possível escolher, ainda que não de modo tão livre como no período de Primavera e Outono, rotas esparsamente povoadas, de acordo com os ditos de Sun Tzu. Portanto, apesar do acesso a muralhas construídas, mesmo no interior de seus próprios estados, os defensores seriam compelidos a enviar tropas para impugnar invasores, em lugar de confiar em pesadas defesas estáticas.

"A distinção entre hóspede e anfitrião" também reitera o princípio fundamental, bastante discutido em capítulos anteriores, de que a vitória pode ser alcançada através da fragmentação das forças inimigas. Do mesmo modo, a importância das ravinas para a defesa é tangencialmente evidente neste capítulo, pois que Sun Pin as cita para enfatizar a dificuldade do invasor de avançar e sua coragem em face de tais obstáculos.

Dois outros conceitos são cruciais, o Tao e o poder estratégico. Neste capítulo, "Tao" se refere primordialmente ao Tao da guerra, ainda que o governante deva também preocupar-se com o Tao do governo. Sun Pin disse anteriormente: "O poder do exército reside no Tao" e "Se se cumpriu o Tao, mesmo que o inimigo queira viver não poderá." Além disso, de acordo com outros pensadores, ele acreditava que "somente um general que conhece o Tao é capaz". Wu Ch'i falava frequentemente do Tao da guerra, enquanto Sun Tzu o posicionava em primeiro lugar entre seus fatores cruciais no capítulo de abertura, "Estimativas iniciais". O papel do poder estratégico, um conceito eminentemente identificado com Sun Tzu, já foi caracterizado por Sun Pin como "o meio de fazer com que os soldados inevitavelmente lutem". Sua visão repercute a afirmação anterior de Sun Tzu: "Quem excele na guerra procura a vitória através da configuração estratégica de poder, não na confiança nos homens." Quando há um desequilíbrio na configuração estratégica de poder, é fácil prevalecer; ademais, os soldados, percebendo suas vantagens, são motivados a se arriscarem aos perigos necessários para alcançar a vitória. Aparentemente, no tempo de Sun Pin, a ausência de vantagens estratégicas levaria os soldados a preferir a desgraça, as punições e até mesmo a morte a avançar inutilmente contra o inimigo.

Finalmente, o capítulo elabora um princípio que é apenas vislumbrado em *A arte da guerra* de Sun Tzu – a capacidade das forças menos numerosas e comparativamente extenuadas de sustentar a batalha e mesmo de obter a vitória através de técnicas como a divisão e a segmentação. Sun Tzu geralmente propunha evitar tais batalhas em favor da assunção de uma postura defensiva, exceto em um parágrafo crucial: "O exército não avalia qual número de tropas é mais copioso, pois isso significa apenas que não podes avançar ofensivamente. É suficiente que reúnas tua própria força, analises o inimigo e o domines. Somente alguém que não tem planejamento estratégico e negligencia um inimigo será inevitavelmente capturado por outros." O método de Sun Tzu para enfrentar um adversário superior consiste em fragmentar as forças do inimigo, mantê-lo ignorante e forçá-lo a se defender ao longo de uma frente extremamente ampla, transformando, com isso, seus muitos em poucos e os bem menos numerosos em muitos. Situações similares em outras esferas continuam a demandar exatamente essas táticas.

20

Aqueles que excelem

善者

*A*QUELES QUE EXCELEM NA GUERRA, mesmo quando as forças do inimigo são fortes e numerosas, podem compeli--las a se dividir e separar, a se tornar incapazes de salvar-se uns aos outros e a sofrer ataques inimigos sem deles tomar conhecimento. Assim, profundas valas e altos baluartes serão incapazes de oferecer segurança; carros sólidos e armas afiadas são incapazes de criar imponência; e guerreiros de coragem e força são incapazes de tornar alguém forte. Aqueles que excelem na guerra controlam as ravinas e avaliam os estreitos, incitam os Três Exércitos e obtêm vantagem da contração e expansão. As tropas inimigas que são numerosas, eles as podem tornar poucas. Os exércitos plenos de provisões e suprimentos, eles os podem tornar famintos. Aqueles posicionados em segurança, imóveis, eles os podem tornar cansados. Aqueles que obtiveram Tudo o que há sob o Céu, eles os podem tornar alheios. Quando os Três Exércitos estão unidos, eles os podem tornar rancorosos.

Assim, o exército tem quatro vias e cinco movimentos. Avançar é uma via, retirar-se é uma via, a esquerda é uma via, a direita é uma via. Avançar é um movimento, retirar-se é um movimento, a esquerda é um movimento, a direita é um movimento. O posicionamento silencioso é também um movimento. Para que alguém alcance a excelência, essas quatro vias devem ser penetradas, esses cinco movimentos devem ser habilidosos.

Assim, ao avançar, não pode ser infringido à frente, ao retirar-se, não pode ser cindido atrás. À esquerda e à direita, não pode ser compelido ao interior das ravinas. Ao permanecer silenciosamente em posição, não pode ser estorvado pelos homens do inimigo.

Por conseguinte, faz com que sejam extenuadas as quatro vias do inimigo e seus cinco movimentos invariavelmente estorvados. Se o inimigo avançar, ele o pressionará à frente; se se retirar, o cindirá atrás. À esquerda e à direita será compelido ao interior das ravinas, ao passo que, se permanecer tranquilamente acampado, seu exército não evitará o infortúnio.

Aqueles que excelem na guerra podem fazer com que o inimigo abandone sua armadura e corra para longe; viaje a distância normal de dois dias de uma só vez; se torne exausto e doente, mas incapaz de descansar; faminto e sedento, mas incapaz de comer. Um inimigo de tal forma emaciado certamente não será vitorioso! Saciados, esperamos sua fome; descansando em nossa posição, esperamos sua fadiga; na verdadeira tranquilidade, esperamos seu movimento. Assim, nosso povo conhece o avançar, mas não a retirada. Pisará sobre espadas nuas e não se voltará.

COMENTÁRIO

Talvez este seja de toda a obra o capítulo mais lúcido, pois que se centra inteiramente na habilidade do comandante de manipular o inimigo e com isso realizar as condições para a vitória. Os princípios táticos derivam essencialmente dos conceitos de Sun Tzu de guerra de manobra, que requerem mestria no comando e controle, ao mesmo tempo que enfatizam a implementação de medidas para debilitar o inimigo tanto física quanto moralmente. Em "Nove terrenos", Sun Tzu afirma: "Na antiguidade, aqueles que eram referidos como excelentes no emprego do exército eram capazes de impedir as forças de frente e de retaguarda do inimigo de se conectarem; os que são muitos e os que são poucos de confiarem uns nos outros; os nobres e os humildes de virem em socorro uns dos outros; os altos e os baixos postos de se fiarem uns nos outros; de fazer com que as tropas se separassem, tornando-as incapazes de se reunirem ou, quando unidas, de se organizarem. Moviam-se quando era vantajoso, descansavam quando não era vantajoso."

As habilidades exigidas são, evidentemente, simétricas: as táticas concretas designadas para compelir o inimigo não devem, ao contrário, ser aplicadas com êxito pelo inimigo. Cumpre realizar todo o esforço para frustrar os movimentos do inimigo, coagindo-o a atividades inefetivas e debilitantes, ao mesmo tempo que se preserva a força do exército e se assegura de que ele permaneça livre de coações de manobra. Só então será o comandante excelente e se mostrará seu exército consistentemente vitorioso.

Cinco nomes, cinco respeitos

五名五恭

OS EXÉRCITOS TÊM CINCO NOMES:

O primeiro é Imponentemente Forte, o segundo Altivamente Arrogante, o terceiro Firmemente Inflexível, o quarto Temerosamente Receoso e o quinto Duplamente Flexível. No caso do exército Imponentemente Forte, sê maleável e flexível e espera-os.

No caso do exército Altivamente Arrogante, sê respeitoso e sobrevive a eles.

No caso do exército Firmemente Inflexível, atrai-os e então toma-os de surpresa.

No caso do exército Temerosamente Receoso, pressiona-os para a frente; compõe um alarido nos flancos; aprofunda teus fossos e eleva a altura de tuas fortificações; e dificulta seus suprimentos.

No caso do exército Duplamente Flexível, compõe um alarido para os aterrorizar, abalar e desordenar. Se avançarem, então ataca-os. Se não avançarem, cerca-os.

Esses são os cinco nomes.

Os exércitos têm cinco manifestações de "respeito" e cinco de "brutalidade". O que se quer dizer com as cinco manifestações de respeito?

Quando cruza a fronteira do inimigo e é respeitoso, o exército perde sua normalidade.

Se agir respeitosamente por duas vezes, o exército não terá onde pilhar alimentos.

Se agir respeitosamente por três vezes, o exército perderá suas ocupações apropriadas.

Se agir respeitosamente por quatro vezes, o exército não terá comida alguma.

Se agir respeitosamente por cinco vezes, o exército não atingirá seu objetivo.

Esses são os cinco respeitos.

Quando cruza a fronteira do inimigo e age brutalmente, ao exército se refere como um hóspede.

Se age brutalmente por duas vezes, é denominado glorioso.

Se age brutalmente por três vezes, os homens do anfitrião estão temerosos.

Se age brutalmente por quatro vezes, as tropas e os oficiais foram enganados.

Se age brutalmente por cinco vezes, os soldados foram invariavelmente desperdiçados em demasia.

Os cinco respeitos e as cinco brutalidades devem ser mutuamente implementados.

COMENTÁRIO

Os escritos militares antigos por vezes atribuíam nomes sucintos e pungentes aos vários tipos de exércitos, frequentemente em conjunto com modos sugeridos para os confrontar e derrotar. Essa prática espelhava avaliações similares encontradas no doloroso mundo real da arte de governar, pois que inimigos de ambos os tipos deviam primeiro ser caracterizados e analisados antes que as táticas para manipulá-los pudessem ser desenvolvidas.

A teoria ortodoxa tanto dos clássicos militares antigos quanto dos escritores confucianos salientavam que a guerra era uma atividade justa, que não deve ser empreendida suavemente, e portanto somente quando o compelir a autopreservação ou para extirpar o mal. Naturalmente, a maneira de pensar e os interesses estratégicos do analista afetavam fundamentalmente a determinação de se a ação militar seria ou não necessária. Consequentemente, precisamente como na história do século XX, ameaças observadas eram com frequência citadas para justificar ações antecipadas. No entanto, à exceção dos Legalistas que consideravam a guerra como um meio necessário para ampliar o estado e aumentar sua riqueza e poder, a maioria dos pensadores interpretavam as atividades militares a partir de uma estrutura razoavelmente benigna. O próprio Sun Tzu defendia veementemente evitar ações militares frequentes e prolongadas, pois que debilitariam o estado, e a época de Sun Pin, ainda que bem mais instável, em geral conferia um respeito nominal à existência de motivos apropriados. No entanto, talvez por viver em uma época em que a guerra se intensificava progressivamente, as táticas de Sun Pin para derrotar os cinco diferentes tipos de exércitos são mais orientadas ao enfrentamento do que um conjunto mais abstrato, em grande medida verbal, como o formulado por Wu Ch'i ao tempo em que se iniciava essa época.

A segunda parte do capítulo, que devia ser originalmente separada, caracteriza o comportamento de um exército invasor em termos dos dois modos de ação fundamentais: "respeitoso" ou "acanhado" *versus* "cruel" ou "brutal". Naturalmente, este último era normalmente associado às forças invasoras, e o período massivamente destrutivo dos Reinos Combatentes inevitavelmente o testemunhava. A perspectiva, entretanto, que prevalecia na época de Sun Pin (ou logo em seguida, quando este livro deve ter sido compilado) ainda mantinha vestígios de conceitualizações e valores anteriores. Para vencer, o exército invasor tinha que manifestar uma imagem severa e temível e agir com resolução e força. As frequentes advertências, encontradas nas obras de finais do período dos Reinos Combatentes, contra a violência, os saques e a destruição licenciosa do campo sem dúvida refletem a reação contra excessos que, embora infligissem efetivamente o terror e possivelmente fizessem com que o adversário se curvasse em rápida submissão, aumentavam o ódio e enrijeciam a resistência. Ao contrário, a análise de Sun Pin salienta que ser "respeitoso" provoca desastre e desse modo caracteriza um exército fraco e incapaz, ao passo que a brutalidade, se não levada a extremos, se mostra eficaz, bem como esperada.

Concretamente, quando o exército cruza a fronteira, ele deve agir de maneira enérgica para assim ser denominado "hóspede", a designação normal. Manifestar um comportamento brutal pela segunda vez o faz "glorioso". Pela terceira vez, e todos no território do defensor ficarão aterrorizados. Contudo, exceder essas três expressões de violência gera dificuldades. Os soldados, então sem dúvida esgotados, sentem-se enganados, talvez porque esperassem uma missão bem mais simples. (Isso seria particularmente verdadeiro quando, diferentemente da propaganda, a campanha encontrasse determinada resistência da população, em lugar de se dirigir meramente contra um governante odiado, tal como no famoso caso da derrota que o rei Wu infligiu sobre o depravado Shang.) Uma quinta vez, e sua força é exaurida, seus esforços desperdiçados. É claro que a vitória na guerra e a "brutalidade" não são necessariamente sinônimas, tampouco o é o âmbito do comportamento, encerrado no emprego que Sun Pin faz do termo, como já indicamos. Entretanto, a observação final – que assevera que respeito e brutalidade precisam ser equilibrados e implementados de maneira alternada – é um pouco problemática, na medida em que este capítulo essencialmente condena todas as manifestações de respeito, bem como os atos de brutalidade repetidos com demasiada frequência. Por essa razão, a conclusão é duvidosa; talvez as palavras "cinco" apareçam incorretamente.

22
As perdas do exército

兵 失

Se queres empregar aquilo em que o povo do inimigo não está seguro, deves retificar os hábitos com que governas o estado.

Se queres fortalecer e ampliar as deficiências do exército do teu estado com o intuito de causar dificuldades para o exército do inimigo naquilo que ele é forte, o exército será desperdiçado.

Se queres fortalecer e multiplicar aquilo em que teu estado é exíguo com o intuito de responder àquilo em que o inimigo é abundante, o exército será rapidamente subjugado.

Se tua organização e fortalezas são incapazes de causar dificuldades para os equipamentos de ataque do inimigo, o exército será "insultado".

Se teu equipamento de ataque não é eficaz contra a organização e fortalezas do inimigo, o exército será malogrado.

Se alguém é excelente em disposições, sabe as orientações adequadas para a frente e para trás e conhece a configuração de terreno, mas ainda assim o exército frequentemente sofre dificuldades, ele não é esclarecido acerca da distinção entre conquistar estados e conquistar exércitos.

Se após mobilizar-se um exército não consegue vicejar grandes realizações, é porque nada sabe quanto à unificação.

Se um exército perde as pessoas, não tem conhecimento sobre o excesso.

Se um exército emprega uma enorme força, mas as realizações são pequenas, não compreende o tempo.

Um exército que é incapaz de superar uma grande adversidade é incapaz de conciliar as mentes das pessoas.

Um exército que com frequência sofre de arrependimento confia no duvidoso.

Um exército que é incapaz de discernir a boa fortuna do infortúnio quando ainda informes não compreende a organização.

Quando o exército vê o bem mas é dilatório; quando chega a hora mas ele hesita; quando exala perversidade mas é incapaz de usufruir dos resultados, esse é o Tao da parada.

Ser cúpido ainda que escrupuloso; ser um dragão ainda que respeitoso; ser fraco ainda que forte; ser maleável ainda que firme, esse é o Tao do devir.

Se implementares o Tao da parada, nem mesmo o Céu e a Terra serão capazes de fazer-te vicejar. Se implementares o Tao do devir, nem mesmo o Céu e a Terra serão capazes de impedir-te.

Fragmentos

Quando o exército está internamente exausto, nem mesmo grandes dispêndios de energia resultarão em solidez.

Quando vês que o inimigo é difícil de subjugar, se o exército ainda assim age de maneira licenciosa entre o Céu e a Terra, será rapidamente derrotado.

COMENTÁRIO

Este capítulo é o primeiro de quatro que consistem em observações reunidas sobre as forças e os erros do exército e dos generais, tal como são comumente encontrados nos escritos militares antigos. Dois temas – a vital importância do momento crucial e os conceitos interligados de firme e flexível, rígido e maleável – merecem aqui particular atenção. Os escritos militares, inclusive a obra de Sun Pin, enfatizam o conceito de "ocasião" e, de modo consistente, salientam a necessidade de reconhecer e explorar o momento fugaz para iniciar a ação. Atacar no momento preciso é tão crucial que quaisquer forças que falhem em reconhecer e explorar uma oportunidade podem imediatamente se tornar tão vulneráveis quanto se sofressem de outras condições que as incapacitassem fundamentalmente, tais como fome ou fadiga.

O outro conceito eminentemente encontrado neste capítulo é o conceito inerentemente dinâmico do firme e do flexível, do rígido e do maleável. Embora vinculados a duas outras condições interligadas, são essas duas que demandam atenção. A época de Sun Pin testemunhou o crescimento do pensamento taoista e seu desdobramento em diferentes perspectivas, entre as quais, ao final, a escola conhecida como "Huang-Lao". O texto central que compreende grande parte da filosofia taoista é o famoso *Tao Te Ching*, em que é maior a importância do flexível e do maleável, sutilmente justapostos às visões normais de mundo que supõem que o firme domine o flexível e o forte brutalize o fraco, e de acordo com isso predicam as ações. Os seguintes trechos de duas seções são particularmente esclarecedores:

> O homem vivo é maleável e fraco,
> Morto, é rígido e fraco.
> Vivas, as incontáveis coisas, capim e árvores, são maleáveis e fracas;
> Mortas, são secas e miradas.
> Assim, o rígido e forte é discípulo da morte;
> O maleável e fraco é discípulo da vida.
> Por essa razão, os exércitos que são fortes não serão vitoriosos;
> Árvores que são fortes se quebrarão.
> O forte e grandioso habita abaixo,
> O maleável e fraco habita acima.

> Sob o céu não há nada mais maleável e fraco que a água, mas para atacar o rígido e forte nada a supera, nada a pode substituir. Ser o fraco vitorioso sobre o forte, ser o maleável vitorioso sobre o rígido – não há ninguém sob o Céu que não o saiba. Ainda que ninguém seja capaz de o implementar.

Essas considerações são claramente adotadas por trechos do *Wei Liao-tzu*: "O exército que será vitorioso é como a água. Pois a água é a mais flexível e fraca das coisas, mas o que quer que abalroe – como colinas e morros – ruirá, pela única e simples razão de ser sua natureza concentrada e seu ataque persistente." Assim formulado, o conceito é mais complexo do que do modo como foi originalmente expresso no *Tao Te Ching*, pois reconhece que não é apenas a "flexibilidade" que realiza a mudança, mas principalmente a concentração e a persistência da água – sua incessante pressão ao longo do tempo –, a que não se pode resistir.

Em geral, os escritores militares percebiam a necessidade de empregar cada um dos quatro – o flexível, o firme, o maleável e o rígido – adequadamente. As *Três estratégias* recomendam: "Os *Pronunciamentos militares* afirmam: 'O flexível pode controlar o firme, o fraco pode controlar o forte.' O flexível é Virtude. O firme é um bandoleiro. O fraco é o que o povo ajudará, o forte é o que o ressentimento atacará. Há situações em que se estabelece o flexível; há situações em que se aplica o firme; há situações em que se emprega o fraco; há situações em que se eleva o forte. Combina esses quatro e implementa-os com propriedade." Ademais, cumpre que se integre e combine os quatro porque adotar de maneira obstinada somente um condenará o estado: "Os *Pronunciamentos militares* afirmam: 'Quem puder ser flexível e firme fará seu estado cada vez mais glorioso! Quem puder ser fraco e forte fará seu estado cada vez mais glorioso! Se puramente flexível e puramente fraco, fará definhar inevitavelmente seu estado. Se puramente firme e puramente forte, destruir-se-á inevitavelmente seu estado.'" Até mesmo Sun Tzu, cuja obra *A arte da guerra* evidencia a influência taoísta, embora tenha sido escrita um pouco antes, observou: "Realiza o emprego apropriado do firme e do flexível através dos padrões de terreno." Finalmente, Wu Ch'i, que era profundamente interessado nos problemas de comando e controle, indica a necessidade de qualquer general qualificado encerrar essas aptidões: "O emprego dos soldados exige que se una a firmeza e a flexibilidade."

23
A retidão do general

將義

O GENERAL DEVE SER RETO. Se não for reto, não será severo. Se não for severo, não será imponente. Se não for imponente, as tropas não morrerão por ele. Assim, a retidão é a cabeça do exército.

O general deve ser benevolente. Se não for benevolente, o exército não conquistará. Se o exército não conquistar, carecerá de realizações. Assim, a benevolência é o ventre do exército.

O general deve ter Virtude. Se carecer de Virtude, não terá força. Se carecer de força, as vantagens dos Três Exércitos não serão realizadas. Assim, a Virtude constitui as mãos de exército.

O general não é general sem credibilidade. Se nele não houver confiança, suas ordens não serão implementadas. Se suas ordens não forem implementadas, o exército não será unificado. Se o exército não for unificado, não alcançará a fama. Assim, a credibilidade constitui os pés do exército.

O general deve estar certo da vitória. Se não estiver certo da vitória, o exército não será resoluto. Assim, a resolução é a cauda do exército.

COMENTÁRIO

Este capítulo e aqueles que o sucedem discutem concretamente as qualidades essenciais que caracterizam os comandantes eficazes e detalham as faltas e falhas comumente encontradas que resultam em erros significativos. A maioria delas aparece em outros escritos militares antigos, já que todos discutiam a questão crucial das qualificações do general. Historiadores contemporâneos e comentadores tendem a se concentrar nas diferenças entre o que apontam Sun Tzu e Sun Pin como as cinco características essenciais, salientando que Sun Tzu enfatizava a coragem e Sun Pin a retidão e a Virtude. Entretanto, uma leitura cuidadosa de toda a obra de cada um dos pensadores revelará que ambos, na essência, concordavam, e que consideravam em primeiro lugar o conhecimento. Isto é de se esperar, na medida em que o ambiente do campo de batalha elicia invariavelmente certas características que, se ausentes, resultariam em falhas óbvias de comando e controle.

Muitos dos livros militares que nos chegaram às mãos enfatizam a necessidade de liderança pessoal e, para tanto, aconselham o general a se constituir em um exemplo evidente e liderar de maneira visível, compartilhando de todas as privações com seus homens em lugar de assumir uma posição régia de retaguarda em conforto e glória. No entanto, ao tempo de Sun Pin, em que os exércitos de campanha claramente começavam a exceder cem mil soldados, os generais haviam há muito abandonado qualquer participação pessoal na luta real. Os finais do período de Primavera e Outono já haviam testemunhado a lenta evolução dos comandantes profissionais, embora Wu Ch'i (cuja atividade se deu no início do período dos Reinos Combatentes) tenha sido a última figura significativa que reunia as habilidades civis e marciais. A época de Sun Tzu marcou evidentemente um ponto de transição na posição e autoridade dos generais "especialistas", que obviamente buscavam (necessariamente) tornar-se de modo visível independentes do governante, uma vez comissionadas e designadas as tropas. Assim, Sun Tzu enfatizava a necessária independência do comandante, ao passo que o caráter e as virtudes do general, inclusive a lealdade, tornavam-se cada vez mais importantes para os governantes políticos do momento.

24
A virtude do general

將德

SE CONSIDERA AS TROPAS COMO A UMA CRIANÇA, ama-as como a um menino bonito, respeita-as como a um professor severo e emprega-as como a torrões de terra, o general excele.

Se apesar das circunstâncias adversas a batalha não é perdida, é pela sabedoria do general. Se não menospreza os pouco numerosos e não sofre incursões do inimigo, se é tão cauteloso com respeito ao fim quanto com respeito ao início, o general é sagaz.

Que não se interfira em seus comandos e que as ordens do governante não adentrem os portões do exército, essas são as constantes do general. Quando adentra o exército, o general comandante esquece sua família e assume a autoridade plena.

Em combate, não viverão ambos os generais comandantes, não sobreviverão ambos os exércitos. O destino do general depende de suas tropas.

A doação de ração adicional e a concessão de recompensas irregulares, estas são as beneficências do general. Quando a concessão de recompensas não ultrapassa um dia; a imposição de punições é rápida como o virar do rosto; e não são afetados pelo homem ou sujeitos a ameaças externas, essa é a Virtude do general do exército.

COMENTÁRIO

Este capítulo está intensamente fragmentado e sua reconstrução é questionável, porque não há praticamente nenhum indício da sequência das tiras ou mesmo justificativas para incluí-las todas. Contudo, o conteúdo de cada tira, tomado isoladamente, se mantém razoavelmente claro e pode ser esclarecido contextualmente por passagens presentes nos outros escritos militares antigos. A primeira passagem é centrada em questões de disciplina, entendida como o tratamento geral das tropas e os meios para vinculá-las ao comandante. Inúmeras medidas, como compartilhar das privações, foram anteriormente discutidas. O ponto crucial é equilibrar o temor que os soldados sentem do poder e da imponência do general com uma devoção forjada através de laços de fidelidade emocional, evitando com isso o perigo de simples deserções. O capítulo de Sun Tzu intitulado "Configurações de terreno" contém uma passagem que pode bem constituir a base desta: "Quando ele considerar as tropas como crianças amadas, elas de bom grado morrerão com ele. Se são bem tratadas mas não se pode empregá-las, se são amadas mas não se pode comandá-las, ou quando em meio ao caos não se pode governá-las, são comparáveis a crianças arrogantes e não podem ser utilizadas." A última frase do fragmento indica a postura nova e realista que permeou a época de Sun Pin: as tropas, ainda que muito amadas, devem ser utilizadas como "torrões de terra". Qualquer outra atitude, ainda que temporariamente salvasse vidas, resultaria em perdas maiores e possivelmente na morte do próprio estado.

Em geral, os comentadores citam uma passagem do *Tao Te Ching* juntamente com o segundo fragmento: "Em sua administração das atividades, as pessoas muitas vezes as frustram bem quando estão prestes a completá-las. Se se for tão cauteloso com o fim quanto com o início, então não haverá estados malogrados." A emergência do comandante profissional e a asserção de sua independência necessária com relação ao governante são refletidas no terceiro fragmento. Sun Tzu disse: "Aquele cujo general for capaz e não sofrer interferência do governante será vitorioso." As *Três estratégias* e os *Seis ensinamentos secretos* também enfatizam esses temas e até mesmo fazem com que o general designado, ao aceitar seu mandato, saliente a necessidade de sua independência, dizendo: "Ouvi dizer que um país não pode seguir as ordens do governo de um outro estado, assim como um exército não pode seguir o controle do governo central. Alguém com duas mentes não pode servir adequadamente a seu governante; alguém em dúvida não pode reagir ao inimigo."

Evidentemente, a tendência dos Reinos Combatentes de afastamento com relação ao controle político ou civil contrasta inteiramente com o pensamento e as práticas atuais, ao menos do modo como foram vistos em meados de 1990 nos Estados Unidos. (Naturalmente, a revolução das comunicações afetará radicalmente as dimensões e possibilidades de controle da batalha em tempo real. Sempre que aparecem novos potenciais para as autoridades exercerem o poder, inadequadamente ou não, tende-se a explorá-los. Na antiguidade, ao contrário, a mensagem ou o sistema de sinalização previamente preparados mais rápidos podiam requerer horas ou dias – demasiado lentos para acompanharem a batalha passo a passo.) Além disso, há aqui dois problemas: um é a interferência no exercício da autoridade do comandante, o que se faz conduzindo-o a implementar ordens provindas do exterior. O segundo é o enfraquecimento da autoridade de comando pela emissão de ordens ao próprio exército ou permitindo que oficiais mais antigos se prevaleçam de modo insubordinado de sua relação com o governante.

O combate na época de Sun Pin se desdobrava progressivamente em batalhas de aniquilação, e os conflitos reais geralmente implicavam a derrota de um ou outro lado e a morte subsequente do comandante – quer no campo de batalha, quer como punição por perder. É claro que Sun Tzu, Wu Ch'i e muitos outros estrategistas sentiam que isso era necessário para advertir contra a tolice de se iniciar um combate movido unicamente por uma coragem cega ou pelo medo de ser acusado de covardia.

Todos os escritores militares entendiam as recompensas e punições como aquilo que provê o fundamento do controle das tropas. De modo geral, os Legalistas oferecem as análises mais extensas de sua sistematização e psicologia, mas os teóricos militares também adotavam, em comum com eles, observações fundamentais e princípios psicológicos. Dois dos mais básicos, já vistos nos capítulos anteriores, são os que asseveram que a implementação de recompensas e punições deve ser imediata e efetuada sem levar em consideração postos ou posições. (De fato, muitos deles enfatizavam que as punições devem ser visivelmente impostas em especial aos nobres e poderosos, com o intuito de fazer estremecer todo o exército e de mostrar que ninguém pode se prevalecer de sua posição para fugir à punição ou deve pretender ser ignorado por conta de seu baixo posto.) O *Ssu-ma Fa* é citado por seu paralelo com este capítulo: "As recompensas não devem se demorar para além do tempo apropriado, pois queres que o povo lucre rapidamente por fazer o bem. Quando punires alguém, não mudes tua posição, pois queres que o povo veja rapidamente o prejuízo de se fazer o que não é bom."

25
As derrotas do general

將敗

QUANTO ÀS DERROTAS (DEFEITOS) DO GENERAL:

Primeiro, ele é incapaz, mas se acredita capaz.
Segundo, arrogância.
Terceiro, ganância por posição.
Quarto, ganância por riqueza.
....
Sexto, ligeiro
Sétimo, obtuso.
Oitavo, pouca coragem.
Nono, corajoso, mas fraco.
Décimo, pouca credibilidade.
....
Décimo quarto, raramente resoluto.
Décimo quinto, lento.
Décimo sexto, indolente.
Décimo sétimo, opressivo.
Décimo oitavo, brutal.
Décimo nono, egoísta.
Vigésimo, induz à confusão.

Quando as derrotas (os defeitos) forem inúmeras, as perdas serão muitas.

COMENTÁRIO

Este conciso capítulo identifica vinte defeitos comuns e importantes de comandantes. O título do capítulo – "As derrotas do general" – foi traduzido para preservar o significado fundamental do caractere *pai* (derrota) e com isso se coadunar tanto com o contexto militar quanto com o modo como aparece no capítulo anterior; mas, assim empregado, *pai* é evidentemente sinônimo de "defeitos".

Como já foi mencionado, a maioria dos escritos militares identificava falhas de caráter que afetariam adversamente o comando e influenciariam batalhas e campanhas. Alguns poucos livros antigos também ofereciam critérios de avaliação dos oficiais, que, embora algumas vezes fossem específicos, concordavam, na maior parte das vezes, com a tradição geral de "conhecer os homens" e desqualificavam aqueles que fossem precipitados, covardes, gananciosos, estúpidos e desleais. Um capítulo de *Seis ensinamentos secretos* também explicita as razões por que certas combinações de defeitos podem mostrar-se comportamentalmente inapropriadas no campo de batalha e sujeitas à exploração por um inimigo astuto: "Quem é corajoso e trata a morte com leveza pode ser destruído pela violência. Quem é precipitado e impaciente pode ser destruído pela persistência. Quem é ganancioso e ama os lucros pode ser subornado. Quem é benevolente mas incapaz de infligir sofrimento pode se esgotar. Quem é sábio mas temeroso pode se afligir. Quem é digno de confiança e gosta de confiar nos outros pode ser enganado. Quem é escrupuloso e incorruptível mas não ama os homens pode ser insultado. Quem é sábio mas indeciso pode ser subitamente atacado. Quem é resoluto e autoconfiante pode ser surpreendido pelos acontecimentos. Quem é temeroso e gosta de confiar a responsabilidade a outros pode ser iludido."

Sun Tzu também identificou inúmeros traços inadequados e enumerou cinco excessos encontrados em generais, juntamente com seus perigos específicos: "Quem se propõe a morrer pode ser assassinado. Quem se propõe a viver pode ser capturado. Quem facilmente se exaspera e se precipita para agir pode ser insultado. Quem é obcecado por agir de maneira escrupulosa e imaculada pode ser humilhado. Quem ama o povo pode ser abalado." Wu Ch'i enfatizava, entre outros, a importância de avaliar os comandantes do inimigo e então explorar defeitos reconhecíveis, como estupidez e ganância, ao passo que *Três estratégias* contém um parágrafo que explicita concretamente a conclusão de Sun Pin de que inúmeros defeitos resultarão em muitas perdas: "Se o general tiver uma única dessas faltas, as massas não se submeterão; se for marcado por duas delas, o exército carecerá de ordem; se três, seus subordinados o abandonarão; se quatro, a desgraça se estenderá por todo o estado."

As perdas do general

將失

AS PERDAS DO GENERAL:

Primeiro, se perde os meios para ir e vir, pode ser derrotado.

Segundo, se reúne o povo turbulento e o emprega imediatamente; se para a retirada das tropas e com elas trava batalha imediatamente; ou se carece de recursos mas age como se tivesse recursos, então pode ser derrotado.

Terceiro, se alterca acerca do certo e do errado e ao planejar as atividades é controverso e disputativo, pode ser derrotado.

Quarto, se seus comandos não são implementados, as massas não são unificadas, pode ser derrotado.

Quinto, se seus subordinados não são submissos e as massas não são empregáveis, pode ser derrotado.

Sexto, se o povo olha o exército com amargura, pode ser derrotado.

Sétimo, se o exército é velho, pode ser derrotado.

Oitavo, se o exército está pensando em seu lar, pode ser derrotado.

Nono, se os soldados estão desertando, pode ser derrotado.

Décimo, se os soldados estão desordenados, pode ser derrotado.

Décimo primeiro, se o exército esteve inúmeras vezes aterrorizado, pode ser derrotado.

Décimo segundo, se a rota dos soldados exige uma marcha difícil e as massas sofrem, pode ser derrotado.

Décimo terceiro, se o exército está concentrado nas ravinas e em pontos estratégicos e as massas estão fatigadas, pode ser derrotado.

Décimo quarto, se trava batalha mas está despreparado, pode ser derrotado.

Décimo quinto, se o sol está se pondo e a estrada está longe, enquanto as massas estão desalentadas, pode ser derrotado.

Décimo sexto, ... pode ser derrotado.

Décimo sétimo, se as tropas estão inquietas e as massas amedrontadas, pode ser derrotado.

Décimo oitavo, se se mudam frequentemente as ordens e as massas são furtivas, pode ser derrotado.

Décimo nono, se o exército está se desintegrando enquanto as massas não consideram capazes seus generais e oficiais, pode ser derrotado.

Vigésimo, se tiveram sorte diversas vezes e as massas estão indolentes, pode ser derrotado.

Vigésimo primeiro, se tem inúmeras dúvidas e portanto as massas estão duvidosas, pode ser derrotado.

Vigésimo segundo, se odeia ouvir sobre seus excessos, pode ser derrotado.

Vigésimo terceiro, se nomeia os incapazes, pode ser derrotado.

Vigésimo quarto, se seu *ch'i* (espírito) foi prejudicado por terem sido longamente expostos em campanha, pode ser derrotado.

Vigésimo quinto, se suas mentes estão divididas no momento designado para a batalha, pode ser derrotado.

Vigésimo sexto, se confia em que o inimigo se tornará desalentado, pode ser derrotado.

Vigésimo sétimo, se se concentra em prejudicar os outros e confia em emboscadas e logros, pode ser derrotado.

Vigésimo oitavo, se os carros do exército não são organizados, pode ser derrotado.

Vigésimo nono, se deprecia as tropas e as mentes das massas são malignas, pode ser derrotado.

Trigésimo, se é incapaz de dispor com êxito suas forças ao passo que a via de saída é constrita, pode ser derrotado.

Trigésimo primeiro, se nos postos de frente do exército estão soldados dos postos de retaguarda e não estão coordenados e unificados com a disposição de frente, pode ser derrotado.

Trigésimo segundo, se ao travar batalha se preocupa com a frente e a retaguarda fica desse modo desocupada; ou, preocupado com a retaguarda, a frente fica desocupada; ou, preocupado com a esquerda, a direita fica desocupada; ou, preocupado com a direita, a esquerda fica desocupada – sendo seu comprometimento com a batalha pleno de preocupação, ele pode ser derrotado.

COMENTÁRIO

Este capítulo parece ser um amálgama de materiais de diversas fontes, em lugar de uma simples série de observações da escola do próprio Sun Pin. Embora muitas delas sejam encontradas esparsas entre as longas listas incorporadas em outros escritos militares, a evidência mais eloquente é o uso de três diferentes caracteres chineses para "exército" nas tiras originais. Entretanto, "As perdas do general" mantém aproximadamente trinta critérios para avaliar os cursos potenciais de ação contra um inimigo, algumas que podem ser atribuídas a falhas de comando, outras simplesmente a condições de desordem e fraqueza. Ademais, como observado em capítulos anteriores, os comandantes astutos imediatamente obtêm vantagens de quaisquer oportunidades possíveis de se explorar, por mais passageiras que sejam. Muitas daquelas identificadas por Sun Pin são tão fundamentais, com frequência resultantes de profundas falhas de comando e controle, que inevitavelmente condenam um inimigo à derrota.

Cidades masculinas e femininas

雄牝城

𝑆E UMA CIDADE SE ENCONTRA EM MEIO A PEQUE-
NOS PÂNTANOS, não apresenta altas montanhas e vales
eminentes, mas há colinas de tamanho médio em seus quatro lados, é uma "cidade masculina" e não pode ser atacada.

Se um exército bebe água corrente, é a água que sustentará a vida, e não pode ser atacado.

Se há um grande vale antes de uma cidade e uma alta
montanha atrás dela, é uma cidade masculina e não pode ser
atacada.

Se uma cidade se encontra em um terreno alto cujo en-
torno é descendente, é uma cidade masculina e não pode ser
atacada.

Se em uma cidade há colinas de tamanho médio, é uma
cidade masculina e não pode ser atacada.

Um exército que está acampado depois de ter estado
no pântano sem evitar grandes rios, cujo *ch'i* foi prejudicado e determinação enfraquecida, pode ser atacado.

Uma cidade com um grande vale atrás de si, que não
apresenta montanhas altas à sua esquerda e direita, é uma
cidade desprotegida e pode ser atacada.

Um terreno inteiramente incinerado é um solo morto;
o exército que o ocupe pode ser atacado.

Se um exército bebe água estagnada, é a água que o le-
vará à morte, e ele pode ser atacado.

Se uma cidade se encontra em meio a vastos pântanos
e não apresenta grandes vales nem colinas, é uma "cidade
feminina" e pode ser atacada.

Se uma cidade se encontra entre altas montanhas e não
apresenta vales eminentes nem colinas, é uma cidade feminina e pode ser atacada.

Se há uma montanha alta em frente a uma cidade e um
grande vale às suas costas, enquanto antes dela o solo ascende e para trás descende, esta é uma cidade feminina e pode
ser atacada.

COMENTÁRIO

Este capítulo é amplamente citado – inclusive por aqueles cuja tradução para as edições chinesas modernas são falhas – como evidência de que o escopo e os conceitos de combate evoluíram significativamente ao longo do século entre Sun Tzu e Sun Pin. Como é geralmente aceito, Sun Tzu advertiu enfaticamente contra o ataque precipitado e imprevidente a cidades em uma famosa passagem de "Planejando ofensivas". Durante séculos que se seguiram sua concepção foi muitas vezes simplificada, de modo incorreto, como meramente "não ataca cidades". No entanto, a seção inicial dessa passagem indica que, em lugar de simplesmente condenar esses francos ataques, ele defendeu a implementação de táticas mais eficazes e com relutância aprovou, apenas quando inevitáveis, os assaltos urbanos: "A mais alta realização da guerra é atacar os planos do inimigo; depois atacar suas alianças; em seguida atacar seu exército; e a mais baixa é atacar suas cidades fortificadas. Essa tática de atacar cidades fortificadas é adotada apenas quando inevitável."

Além disso, fragmentos tumulares recuperados com os *Métodos militares* de Sun Pin, que parecem ser integralmente uma parte da *A arte da guerra* de Sun Tzu, levam sua concepção adiante: "Quanto às cidades fortificadas que não são assaltadas: Estimamos que nossa força é suficiente para nos apoderarmos de uma cidade. Se nos apoderarmos dela, não será de nenhuma vantagem para a frente; se a ganharmos, não seremos capazes de a proteger pela retaguarda. Se nossa força equivale à do inimigo, a cidade certamente não será tomada. Se, ao obtermos as vantagens de uma posição dianteira, a cidade se render por si mesma, ao passo que, se não obtivermos essas vantagens, a cidade não causará dano à retaguarda – nesses casos, mesmo que uma cidade possa ser assaltada, não a assaltes." Sun Tzu enfatizou, dessa forma, o cálculo das vantagens potenciais e o emprego de métodos diversos dos ataques frontais, como retardar o inimigo de modo que ele seja forçado a lutar em um terreno mais aberto e vantajoso.

A categorização dual de Sun Pin em cidades "masculinas" e "femininas" é geralmente contrastada à relutância de Sun Tzu em assaltar cidades fortificadas e interpretada como refletindo o crescimento das cidades como centros econômicos e estratégicos. Diferentemente da era de Primavera e Outono, quando os exércitos em campanha podiam se mover de maneira relativamente desimpedida através de campos abertos com população esparsa, no período dos Reinos Combatentes eles podiam ser ameaçados pelas cidadelas fortificadas que simultaneamente assumiram valor militar e econômico muito maior. Entre essas cidades, as estrategicamente mais fracas, classificadas como femininas, podiam e – por implicação – deviam ser atacadas, enquanto as mais fortes, ou masculinas, deviam ser evitadas. (No entanto, note-se que Sun Pin nunca declarou explicitamente que as cidades femininas deviam invariavelmente ser atacadas ou as designou como algo além de alvos preferidos.) Seus princípios classificatórios parecem ser simplesmente topográficos; entretanto, outras situações similarmente categorizadas quanto a seu potencial de ataque também foram incluídas. Estas são semelhantes àquelas levantadas em capítulos anteriores e às análises táticas encontradas em outros escritos, inclusive no *Wu-tzu*.

O *Wei Liao-tzu*, um clássico militar escrito provavelmente no século que se seguiu à morte de Sun Pin, discute especificamente a importância das cidades e ressalta a importância econômica de seus mercados para sustentar as forças armadas. O texto ainda declara que "a terra é o meio de alimentar a população; as cidades fortificadas são o meio de defender a terra; o combate é o meio de defender as cidades." Consequentemente, identifica cidades a alvos primários, particularmente se "as cidades são grandes e a terra restrita": "Assim, geralmente, tendo as tropas se reunido e o general se apresentado, o exército deve penetrar profundamente no território inimigo, interditar suas estradas e ocupar suas grandes cidades e grandes vilas. Faz com que as tropas transponham os muros e compilam o inimigo a posições arriscadas. Faz com que cada uma das várias unidades de homens e mulheres pressionem o inimigo de acordo com a configuração do terreno e ataquem qualquer obstáculo estratégico. Se ocupas o terreno em torno de uma cidade ou vila e interditas suas várias estradas, segue atacando a própria cidade." Desse modo, é possível uma clara progressão histórica que caminha de Sun Tzu a Wei Liao-tzu, passando por Sun Pin, da concepção de assalto a cidades como a mais baixa opção tática à ênfase na necessidade de as defender e atacar como a mais elevada.

Os princípios de Sun Pin para a categorização das cidades são menos evidentes. Na antiguidade, era axiomático que se devia "valorizar terreno alto e desdenhar solo baixo". Nesse sentido, o T'ai Kung disse: "Ocupar solo alto é o meio para estar alerta e assumir uma postura defensiva." O próprio Sun Tzu disse: "Não te aproximes de altas montanhas, não confrontes aqueles que têm colinas atrás de si." Ademais, como princípio geral, asseverou: "Para atravessar montanhas, segue os vales, busca solos sustentáveis e ocupa as alturas. Se o inimigo se apossou das alturas, não escales para travar combate. Esse é o caminho para dispor o exército nas montanhas. Evidentemente, na medida em que é decididamente desvantajoso preparar um assalto em um aclive, investir contra um inimigo que direciona seu ataque para baixo ou tira vantagem da gravidade ao manejar suas armas de choque, ao mesmo tempo que se beneficia da rápida exaustão do agressor, devida ao grande esforço necessário para alçar-se a terrenos elevados, seria até mesmo mais temerário atravessar um vale profundo e então tentar atacar as muralhas. Não apenas as tropas ficariam cansadas como também o terreno constringiria o número de homens que devem se concentrar nas muralhas, tornando difícil alcançar a proporção historicamente atestada de cerca de quatro para um para que o ataque triunfe.

Sempre que uma cidade incorpora terrenos mais elevados (como colinas de tamanho médio), tornando possível direcionar armas e projéteis para baixo, ao mesmo tempo que os agressores são forçados a dirigir seu ataque para cima, a cidade deve ser considerada forte e, por conseguinte, difícil de ser alcançada e subjugada. Mesmo que se transponham as muralhas, o terreno interior proporcionará pontos de vantagem natural para que se prepare uma defesa aniquiladora.

Não tão evidente é a relação das montanhas que se localizam nas laterais da cidade. Montanhas atrás poderiam evitar o emprego de grande número de homens, do mesmo modo que os pântanos, mas ao mesmo tempo – se sem defesa – concedem ao inimigo a provável vantagem do terreno elevado. A simples possibilidade de empregar flechas incendiárias traria, de cima, perigo para a cidade; essa espécie de concepção tática talvez tenha motivado Sun Pin a classificar "uma cidade que se situa entre altas montanhas" como uma cidade feminina. No entanto, a relação reflexa entre a terceira e a última classificações suscita questões: "Se há um grande vale antes de uma cidade e uma alta montanha atrás dela, é uma cidade masculina e não pode ser atacada... Se há uma montanha alta em frente a uma cidade e um grande vale às suas costas, enquanto antes dela o solo ascende e para trás descende, esta é uma cidade feminina e pode ser atacada."

No segundo caso, se todas as defesas forem direcionadas para a frente – um erro implausível e portanto inconcebível –, um efetivo ataque em declive em suas posições fixas seria possível. Frente e trás, entretanto, quando refletindo a orientação da cidade, representam simplesmente uma rotação em perspectiva para um agressor. Uma cidade com uma montanha atrás seria igualmente presa fácil para forças agressoras que lançassem projéteis para baixo, particularmente se os defensores não tiverem estabelecido nela posições defensivas antecipadas. Embora Sun Tzu tenha prevenido contra a existência de vales, desfiladeiros e depressões similares atrás do exército e enfatizado manobrar o inimigo a fim de fazer com que se encontre pressionado contra eles pela retaguarda, como um princípio tático, este se aplica às forças em campo, não às cidadelas fixas. Infelizmente, o raciocínio aqui permanece obscuro, talvez na expectativa da descoberta de outros textos relativos a topografia e configuração.

A presença de colinas aparece como o fator distintivo na primeira cidade masculina (situada em meio a pequenos pântanos), na medida em que mais abaixo Sun Pin declara explicitamente que uma cidade com colinas de tamanho médio é uma cidade masculina. Do mesmo modo, uma cidade que não apresente colinas e outras defesas naturais, mesmo que protegida por pântanos (os quais todos os escritores militares advertiram que impediriam o progresso e atolariam os veículos, como foi previamente discutido), se classifica como feminina.

As situações restantes, que devem ter sido incluídas por compiladores posteriores, encobrindo a discussão central sobre "cidades masculinas e femininas", indicam a importância da água potável para a sobrevivência do exército e levantam os problemas apresentados pelo solo totalmente árido, incapaz de sustentar qualquer tipo de vida. Finalmente, há uma passagem ressaltando a condição dos exauridos pelo esforço de caminhar ao longo de grandes rios ou atravessá-los, esgotados e sofrendo de uma perda moral e de determinação, o que os torna presa fácil.

28
Cinco critérios, nove apropriações

五度九奪

*F*REQUENTEMENTE UM EXÉRCITO, encontrando-se sob um ataque severo, requer o despacho de forças de resgate vindas de longe, mas, quando os homens de apoio chegam, também são severamente derrotados. Assim, o princípio essencial para o exército é que aqueles que se encontram separados por uma distância de cinquenta quilômetros não socorrem um ao outro. Tanto mais se o mais próximo estiver a cem quilômetros de distância e o mais afastado a várias centenas de quilômetros. Esses são os extremos para ponderar as possibilidades do exército. Desse modo, as *Táticas* declaram: "Se tuas provisões não são como as deles, não traves batalhas prolongadas. Se tuas massas não são como as deles, não traves batalha. Se tuas armas e forças componentes não são como as deles, não lutes em terreno limitado. Se tua organização não é como a deles, não lutes em uma frente de batalha extensa. Se teu treinamento não é como o deles, não os desafies em sua força. Quando esses cinco critérios estiverem claros, o exército será capaz de avançar vigorosamente sem impedimentos."

Quanto às técnicas para compelir o inimigo a debandar: A primeira é chamada apropriação das provisões. A segunda é chamada apropriação da água. A terceira é chamada apropriação dos vaus. A quarta é chamada apropriação das estradas. A quinta é chamada apropriação das ravinas. A sexta é chamada apropriação do terreno fácil... A nona é chamada apropriação daquilo que ele valoriza exclusivamente. Em geral, esses nove "arrebatamentos" são o meio para forçar o inimigo a debandar.

COMENTÁRIO

Apenas um pouco mais de um quarto deste capítulo se manteve, sem indicação do que os outros tópicos, além dos dois claramente expostos nestas seções, podem ter sido. O início reflete uma ênfase encontrada no primeiro capítulo de Sun Tzu, "Estimativas iniciais", sobre a análise do inimigo e o cálculo das possibilidades de vitória e derrota. Embora os termos difiram até certo grau, o conceito de "medida" é encontrado ao longo da obra de Sun Tzu e em outros escritores militares, particularmente com respeito à determinação do número de homens apropriado às configurações de terreno e campanhas.

A porção perdida da discussão inicial de Sun Pin provavelmente citava exemplos históricos de forças derrotadas após tentativas de resgate apressadas, mas mal concebidas, levando à conclusão de que forças separadas por apenas cinquenta quilômetros já ultrapassam a distância que possibilita ajuda mútua. Assumindo que uma força se apressa para dar assistência a uma unidade separada em batalha (e não que ambas as forças corram uma em direção à outra, dividindo desse modo suas respectivas distâncias pela metade), os cinquenta quilômetros totais poderiam requerer até dois dias, baseando-se em uma velocidade de marcha normal de trinta quilômetros por dia. Portanto, dependendo das características do terreno, o local da batalha poderia teoricamente ser alcançado em um único dia a passo dobrado, precisamente como na batalha de Ma-ling. Entretanto, o famoso general Wu Ch'i enfatizou a necessidade de um avanço comedido para não esgotar os homens e cavalos, ao passo que entre as medidas de Sun Pin para cansar um inimigo está a marcha dobrada compulsória: "Aqueles que excelem na guerra podem fazer com que o inimigo abandone sua armadura e corra para longe; viaje a distância normal de dois dias de uma só vez; se torne exausto e doente, mas incapaz de descansar; faminto e sedento, mas incapaz de comer. Um inimigo de tal forma emaciado certamente não será vitorioso." Sun Tzu declarou de modo ainda mais explícito: "Se abandonares tua armadura e equipamentos pesados para correr dia e noite sem acampar, cobrindo de uma vez a distância normal de dois dias, marchando cem quilômetros para lutar por ganhos, os generais dos Três Exércitos serão capturados. Os fortes serão os primeiros a chegar, e os exaustos os seguirão. Com essa tática, apenas um em dez alcançará o local da batalha. Se se lutar por ganhos, marchando cinquenta quilômetros de distância, o general do Exército Superior tropeçará, e seguindo essa tática somente a metade dos homens alcançará o objetivo. Se lutares por ganhos marchando trinta quilômetros, dois terços do exército alcançarão o objetivo."

A conclusão fundamental, expressa em termos concretos pelos *Métodos militares*, é simples: não enfrente forças com as quais não se iguala. Isso incorpora o princípio básico de Sun Tzu segundo o qual se deve avaliar o inimigo e depois implementar as táticas adequadas, e a advertência de Sun Pin para não atacar força com fraqueza. Enfrentar diretamente um inimigo potente poderia também transgredir radicalmente o dito de Sun Tzu: "Se não for vantajoso, não te movas. Se os objetivos não puderem ser alcançados, não empregues o exército." No entanto, Sun Pin se voltou à necessidade de manipular forças superiores de modo que seja possível enfrentá-las com sucesso em dois capítulos: "A distinção entre hóspedes e anfitrião" e "Aqueles que excelem". O próprio Sun Tzu forneceu previamente alguns parâmetros básicos: "Em geral, a estratégia para empregar a força militar é essa: Se tua força equivale a dez vezes a deles, cerca-os; se cinco, ataca-os; se duas, divide teus exércitos. Se em força és igual ao inimigo, podes enfrentá-lo. Se inferior, podes usar de artimanha. Se em franca desvantagem, podes evitá-lo. Assim um inimigo pequeno que age de forma inflexível se tornará prisioneiro de um inimigo maior."

A última parte deste capítulo discute alguns meios concretos para manipular o inimigo – literalmente forçá-lo a debandar – praticamente idênticos às próprias medidas de Sun Tzu. O intuito dessas "apropriações" é compelir o inimigo a agir precipitadamente por meio da apropriação daquilo que ele valoriza, daquilo que lhe é essencial, tomando com isso a iniciativa e assegurando que qualquer combate se dará com um oponente enfraquecido, confuso e cansado. Em "Dez questões" Sun Pin declarou: "Assalta as posições que eles precisam resgatar." A lista de alvos críticos, vários previamente identificados em "Aqueles que excelem", abarca aqueles que são indispensáveis, como mantimentos, água e pontos estratégicos. Através do assalto e apropriação destes, o exército não apenas impede o inimigo de deles se beneficiar como também o obriga a preparar esforços defensivos centrados nesses recursos simplesmente para sobreviver.

29
O denso e o difuso

積疏

O DENSO SUBJUGA O DIFUSO; o pleno subjuga o vago, caminhos secundários subjugam estradas principais; o veloz subjuga o lento; o numeroso subjuga o escasso; os descansados subjugam os exaustos.

Se eles são densos, torna-os mais densos; se são difusos, dispersa-os; se são plenos, torna-os mais plenos; se são vagos, torna-os mais vagos; se estão tomando caminhos curtos, torna-os mais curtos; se estão na estrada, torna a estrada mais longa; se são velozes, torna-os mais velozes; se são lentos, torna-os mais lentos; se são numerosos, torna-os mais numerosos; se eles são poucos, torna-os ainda menos; se estão descansados, torna-os mais descansados; se estão cansados, torna-os mais cansados.

O denso e o difuso se convertem mutuamente um no outro; o pleno e o vago se convertem mutuamente um no outro; o veloz e o lento se convertem mutuamente um no outro; o numeroso e o escasso se convertem mutuamente um no outro; o descansado e o cansado se convertem mutuamente um no outro.

Não oponhas o denso ao denso; não oponhas o disperso ao disperso; não oponhas o pleno ao pleno; não oponhas o vago ao vago; não oponhas o veloz ao veloz; não oponhas o lento ao lento; não oponhas o numeroso ao numeroso; não oponhas o escasso ao escasso; não oponhas o descansado ao descansado; não oponhas o exausto ao exausto.

O denso e o difuso se opõem um ao outro; o pleno e o vago se opõem um ao outro; atalhos e estradas se opõem um ao outro; o veloz e o lento se opõem um ao outro; o numeroso e o escasso se opõem um ao outro; o descansado e o exausto se opõem um ao outro.

Um inimigo denso pode ser dispers45; o pleno pode ser tornado vago; o que toma atalhos pode ser forçado a tomar estradas principais; o veloz pode ser tornado lento; o numeroso pode ser tornado escasso; o descansado pode ser exaurido.

COMENTÁRIO

Embora os caracteres e frases deste capítulo sejam todos simples e claros, o significado permanece um tanto enigmático, de acordo com o modo como os referentes são definidos. Ademais, devido à predileção por empregar paralelos lacônicos em série, parece que alguns termos podem ter sido incluídos de maneira inapropriada, como caminhos secundários (os diretos?) e estradas principais (os indiretos?). Dependendo da perspectiva e da inferência, interpretações radicalmente diferentes são possíveis.

O capítulo inteiro gira em torno de seis pares correlatos, todos originalmente encontrados em *A arte da guerra* de Sun Tzu. O primeiro parágrafo os introduz fixando relações de conquista entre o primeiro e o segundo itens: denso/difuso; pleno/vago; atalho/estrada; veloz/lento; numeroso/escasso; e descansado/cansado. Exceto talvez pelo par problemático atalho/estrada, todos são obviamente derivados da experiência do campo de batalha empírico e foram sistematizados como teoria fundamental e ortodoxa por Sun Tzu e outros. As próprias sentenças de Sun Pin seguem o padrão básico "densidade subjuga dispersão", mas a implicação, como expressa na tradução, é simplesmente sua incorporação concreta, "o denso subjuga o disperso".

O segundo parágrafo, em sua essência, expande uma concepção taoista para um princípio tático – qualquer que seja a situação ou condição de um inimigo, desestabilize-o levando adiante ou aumentando essa condição, e então aplique força militar de maneira decisiva e apropriada para subjugá-lo. O Capítulo 36 da tradicional revisão do *Tao Te Ching* afirma:

> Se desejas reduzir algo, deves certamente distendê-lo.
> Se desejas enfraquecer algo, deves certamente fortalecê-lo.
> Se desejas abolir algo, deves fazê-lo florescer.
> Se desejas te apossar de algo, deves certamente cedê-lo.
> A isto nos referimos como sutil esclarecimento.
> O maleável e fraco subjugará o rijo e forte.

Esse ponto de vista é claramente baseado na ideia de que os extremos são instáveis, de que "reverso é o movimento do Tao". Os *Seis ensinamentos secretos* adotaram-no como um princípio operativo em um capítulo sobre batalhas psicológicas intitulado "Três dúvidas": "A fim, pois, de atacar o forte, deves nutri-lo para o tornar ainda mais forte e aumentá-lo para o tornar ainda mais extenso. Aquilo que é demasiadamente forte certamente ruirá; aquilo que é demasiadamente extenso deverá ter deficiências. Ataca o forte por sua força." O Wei Liao-tzu apontou: "Observando o inimigo na frente de batalha pode-se empregar sua própria força. Se o inimigo é branco, então branqueie-o; se o inimigo é vermelho, então avermelhe-o", enquanto o *Ssu-ma Fa* preveniu contra tornar mais rijas formações sólidas, sem dúvida porque elas se fariam ingovernáveis e inflexíveis. De acordo com isso, a fórmula poderia ser lida como traduzida acima: "Se eles são densos, torna-os mais densos." Nesse caso particular, o objetivo pode ser alcançado forçando-os a áreas restritas nas quais sua densidade os tornaria incapazes de manejar suas armas ou implementar quaisquer táticas. O único termo problemático nessa interpretação continua sendo "atalhos/estradas", podendo ser talvez compreendido como "forçá-los a caminhos ainda menores". Felizmente, a despeito dos parágrafos seguintes que versam sobre a mútua transformação, a relação de conquista não se apresenta como simétrica, mesmo que o segundo termo possa ser empregado para superar o primeiro.

O terceiro parágrafo elucida concretamente o princípio de que uma condição pode se transformar em seu correlativo ou condição complementar. O denso pode certamente ser dispersp, o dispersp unido para se tornar denso. O exausto pode ser descansado, o descansado, exaurido. Os que tomam caminhos mais curtos ou mais rápidos podem ser forçados a caminhos indiretos. Isso concorda com o princípio de Sun Tzu (aplicado no último parágrafo do capítulo): "No combate militar, o que é mais difícil é tornar reto o tortuoso, e transformar em vantagem a adversidade. Assim, se tornas o caminho do inimigo tortuoso e o atrais com lucros, ainda que partas depois dele chegarás antes dele. Isso resulta do conhecimento das táticas do tortuoso e do direto."

De acordo com o próximo capítulo intitulado "O heterodoxo e o ortodoxo", condições complementares são de fato a base das táticas heterodoxas. O princípio fundamental exposto no quarto parágrafo – de que atributos idênticos não devem ser usados para se contraporem – é claramente manifesto em uma de suas seções: "Coisas iguais são inadequadas para subjugar uma à outra. Portanto, emprega o diferente para criar o heterodoxo. Assim, toma o imóvel como o heterodoxo do movimento; o bem-estar como o heterodoxo da exaustão; a saciedade como o heterodoxo da fome; a ordem como o heterodoxo do caos; e o numeroso como o heterodoxo do escasso." Além disso, o quarto parágrafo reflete a filosofia básica de Sun Tzu e Sun Pin, segundo a qual não se deve opor força à força, pois opor o denso ao denso torna-se uma questão de dar cabeçadas e de atrito, mais um teste de força e uma perda de poder do que uma tática efetiva. Coerente com esse princípio tático, em "Dez indagações do Rei Wei" e "Dez disposições" Sun Pin esboçou várias formações e relacionou algumas delas com as disposições contra as quais deveriam provar-se efetivas. Embora não sejam necessariamente condições complementares, elas certamente nunca descrevem táticas que requeiram confrontos diretos de força.

O segmento final conclui o capítulo com afirmações do tipo "se o inimigo é X, então pode ser complemento de X". "Se o inimigo é denso, então pode ser dispersso" seria a mais simples e direta compreensão. Entretanto, a interpretação de "se o inimigo é denso, pode ser tornado esparso" é coerente com a proposta de Sun Pin de manipular o inimigo e por meio disso criar uma vantagem que possa ser explorada pelas tropas em uma condição particular. Obviamente, a situação inicial delimita o domínio de possibilidades: se se tem menos tropas que o inimigo, elas não podem simplesmente ser multiplicadas. Em vez disso, cumpre empregar táticas para criar vantagens localizadas e realizáveis. Mesmo quando os dois lados são numerosos e densos, devem-se evitar ataques frontais ortodoxos. Em lugar disso, se uma formação densa está para ser empregada, o inimigo deve então ser forçado a se dispersar ao ponto de possibilitar uma penetração profunda e rápida e uma minuciosa subjugação de suas tropas. Truques e ardis podem ser empregados para compeli-los a se deslocar, para os dividir e fragmentar. De modo inverso, outra resposta heterodoxa seria empregar uma formação difusa para os controlar e atacar. Implementando essas táticas, a sabedoria do segundo parágrafo se evidencia: quando se emprega uma formação difusa contra um inimigo denso, quanto mais concentrado ele for, mais eficaz é a metodologia que emprega o difuso. No Capítulo 17, "Dez questões", as formações dispersas são empregadas para atacar as formações circulares e quadradas, e outras análises concretas que sustentam esse argumento são encontradas esparsas ao longo do livro. De acordo com o que expressa o Capítulo 16, por exemplo, o difuso proporciona uma capacidade de resposta flexível, ao passo que o Capítulo 14 sugere a utilização do pesado para atacar o leve, um exemplo perfeito do emprego do complementar e, portanto, heterodoxo.

30
O heterodoxo e o ortodoxo

奇 正

Os padrões do Céu e da Terra, que alcançam um extremo e então se invertem, que se tornam plenos e então se revertem, assim são o *yin* e o *yang*.

Ora florescendo, ora declinando, assim são as quatro estações.

Com aquilo que conquistam, com aquilo que não conquistam, assim são as cinco fases.

Vivendo e morrendo, assim são as incontáveis coisas.

Ora capazes, ora incapazes, assim são as incontáveis coisas vivas.

Tendo aquilo que é demais, tendo aquilo que é insuficiente, assim são o poder estratégico e o poder da forma.

Assim, quanto aos adeptos da forma, não há nenhum que não possa ser nomeado. Quanto aos adeptos que são nomeados, não há nenhum que não possa ser subjugado. O Sábio, pois, conquista as incontáveis coisas com as incontáveis coisas; por essa razão, sua conquista não é empobrecida.

Em combate, aqueles que possuem forma subjugam uns aos outros. Não há nenhuma forma que não possa ser subjugada, mas ninguém conhece a forma pela qual se conquista. As mudanças nas formas de conquista se encerram juntamente com o Céu e a Terra e são inesgotáveis.

Quanto às formas de conquista, até as varas de bambu de Ch'u e Yuen seriam insuficientes para descrevê-las. Aqueles que têm forma, todos conquistam de acordo com seu modo de vitória. Empregar uma forma de conquista para subjugar as incontáveis coisas não é possível. Aquilo por que se controla a forma é singular; aquilo por que se conquista não pode ser único.

Desse modo, aqueles que excelem no combate avaliam a força do inimigo; sabem onde é seu ponto fraco. Quando distinguem a insuficiência de um inimigo, sabem onde ele é copioso. Percebem a vitória tão facilmente quanto veem o Sol e a Lua. As medidas que utilizam para alcançar a vitória se assemelham ao uso da água para subjugar o fogo.

Quando a forma é usada para responder à forma, isso é ortodoxo. Quando o informe controla o que tem forma, isso é heterodoxo. Que o heterodoxo e o ortodoxo sejam inesgotáveis é devido à diferenciação. Diferencia de acordo com as técnicas heterodoxas, exerce controle através das cinco fases, trava combate com três forças. Uma vez que as diferenciações tenham sido determinadas, as coisas tomam forma. Uma vez que as formas tenham sido determinadas, elas têm nomes.

Coisas iguais são inadequadas para subjugar uma à outra. Portanto, emprega o diferente para criar o heterodoxo. Assim, toma o imóvel como o heterodoxo do movimento; o bem-estar como o heterodoxo da exaustão; a saciedade como o heterodoxo da fome; a ordem como o heterodoxo do caos; e o numeroso como o heterodoxo do escasso.

Quando a ação é iniciada, torna-se ortodoxa; o que ainda não foi iniciado é o heterodoxo. Quando o heterodoxo é introduzido e não recebe resposta, é então vitorioso. Aquele que tem heterodoxia em abundância alcançará insuperáveis vitórias.

Assim, se quando uma junta é lesada e as cem juntas não são utilizadas, é porque são o mesmo corpo. Se quando a frente de batalha é derrotada a retaguarda não é empregada, é porque são a mesma forma.

Logo, para realizar o poder estratégico na guerra, grandes formações não devem ser rigorosas, pequenas formações não devem ser divididas. A retaguarda não deve invadir a frente de batalha, a frente não deve comprimir a retaguarda. Aqueles que avançam devem ter uma rota de fuga, aqueles que se retiram devem ter uma rota para avançar.

Se as recompensas não foram ainda implementadas e as punições não foram ainda empregadas, mas o povo obedece aos comandos, é porque é capaz de os realizar. Se as recompensas são altas e as punições são generalizadas, mas o povo não obedece aos comandos, é porque não é capaz de os realizar. A despeito das circunstâncias desvantajosas, fazer com que o povo avance em direção à morte sem se voltar é algo que até Meng Pen acharia difícil; exigir isso do povo é o mesmo que tentar inverter o fluxo das águas.

Portanto, para concretizar o poder estratégico de combate, amplia os vitoriosos; modifica os derrotados; descansa os exaustos; alimenta os famintos. Assim, o povo verá o inimigo dos homens, mas não perceberá ainda a morte; pisará em lâminas nuas e não se voltará. Quando os padrões do fluxo das águas são compreendidos, então pode-se fazer pedras flutuar e afundar barcos. Quando, ao empregar o povo, se percebe a sua natureza, os comandos serão implementados como a água corrente.

COMENTÁRIO

O último dos capítulos originais de Sun Pin é sem dúvida a expressão paradigmática e a culminação filosófica da estratégia do heterodoxo e ortodoxo. Entre os *Sete clássicos militares*, somente *A arte da guerra* de Sun Tzu e as *Questões e respostas* da Dinastia T'ang adotam explicitamente esses métodos, embora os *Seis ensinamentos secretos* defendam muitos fundamentos táticos para colocar esses conceitos em prática. O próprio Sun Tzu pode bem ser considerado o precursor do conceito, pelo menos na medida em que o material remanescente permite a atribuição, e certamente seu primeiro proponente. Neste capítulo, entretanto, Sun Pin não apenas adota os conceitos básicos como os elucida e expande, sistematizando-os e melhorando-os por integrá-los aos conceitos do informe de Sun Tzu e à filosofia cosmogênica do *Tao Te Ching*. Embora grande parte do material provenha de *A arte da guerra* de Sun Tzu, inclusive algumas das analogias explicativas, a abrangente formulação de Sun Pin transcende o original, e o capítulo continua sendo a discussão mais expressiva que pode ser encontrada entre os vários escritos militares da China.

Embora toda *A arte da guerra* esteja baseada e reflita amplamente a implementação do heterodoxo e do ortodoxo, Sun Tzu desenvolveu primeiramente o conceito no capítulo intitulado "Poder estratégico militar". A essência dessa concepção consiste em que travar batalha com o inimigo de maneiras previsíveis, convencionais, representa táticas "ortodoxas", enquanto empregar ataques e movimentos imprevisíveis, de surpresa, é heterodoxo. Naturalmente, tudo depende das suposições e avaliações do inimigo em uma situação particular: se é esperado um ataque de flanco em vez da usual investida frontal pela força, o primeiro se torna então o "previsível" e portanto, por definição, antes "ortodoxo" que "heterodoxo", como concebido inicialmente. A questão é então reduzida a um problema de tática: como criar falsas expectativas e explorá-las. Quanto a isso, os escritos militares estão repletos de técnicas para desconsertar e confundir o inimigo; realizá-las depende de má direção e da habilidade do exército de manipular, segmentar e reagrupar e de executar uma velocidade imprevisível através, por exemplo, do emprego da cavalaria, que surgiu quase na época de Sun Pin.

O segundo conceito que repercute na formulação de Sun Pin sobre o heterodoxo e o ortodoxo se origina provavelmente do *Tao Te Ching*, mas também aparece em outros escritos do período, inclusive (em um menor grau) em *A arte da guerra*. As famosas linhas iniciais do *Tao Te Ching* afirmam:

> O Tao de que se pode falar não é o Tao constante;
> O nome que pode ser nomeado não é um nome constante.
> O inominado é o início do Céu e da Terra;
> O nomeado é a mãe das incontáveis coisas.

Adotando a terminologia, se não necessariamente toda a filosofia do *Tao Te Ching*, Sun Pin incorpora o conceito de Sun Tzu do informe e a perspectiva taoísta sobre nomes: "Assim, quanto aos adeptos da forma, não há nenhum que não possa ser nomeado. Quanto aos adeptos que são nomeados, não há nenhum que não possa ser subjugado." A chave está na natureza do visível, daquilo que conquistou forma. Uma vez que algo está visivelmente formado, pode ser descrito; uma vez descritível, podem-se fixar características, fazer previsões e formular planos. No reino das coisas concretas – o qual, para Sun Pin e os outros estrategistas militares, incluía preparativos e disposições militares –, qualquer forma tangível pode ser enfrentada e subjugada por outra. A propensão normal no Oeste, talvez proveniente da tradição grega, tem sido contrapor força a força, poder a poder. Sun Pin, pelo contrário, aqui e em capítulos anteriores, advertiu contra essa aproximação imprevidente, em geral vã, defendendo em lugar disso determinar e empregar conscientemente a posição complementar, o heterodoxo. Exemplos de disposições complementares encontradas nos capítulos imediatamente precedentes (como "imobilidade"/"movimento") são aqui reiterados, embora agora explicitamente identificados como correlativos heterodoxos. O princípio de empregar o heterodoxo deve governar as táticas a serem implementadas para alcançar a vitória e é o princípio "singular" ao qual se refere a sentença: "Aquilo por que se controla a forma é singular; aquilo por que se conquista não pode ser único." Por conseguinte, é necessário apenas desenvolver táticas apropriadas para cada batalha particular, encontrar a "coisa" – isto é, a forma ou disposição – entre as incontáveis coisas cuja força necessariamente irá contrapor e subjugar o inimigo.

Em "O heterodoxo e o ortodoxo", Sun Pin adere igualmente ao conceito do informe de Sun Tzu, tendo ambos absorvido a ideia taoista de que o informe não pode ser nomeado, não pode ser caracterizado. Em "Vacuidade e substância", o próprio Sun Tzu enfatizou a importância de ser informe – o que é realizado através do engodo, de numerosas técnicas enganosas e manobras secretas – com o objetivo de evitar que o inimigo discirna suas intenções e disposição, impedindo por meio disso o desenvolvimento de táticas efetivas para ataque e defesa. Sun Pin, entretanto, embora obviamente adote sua doutrina, torna-a explicitamente mais abrangente através dos argumentos desenvolvidos nos vários parágrafos intermediários, que concluem que, "quando o heterodoxo é introduzido e não recebe resposta, é então vitorioso. Aquele que tem heterodoxia em abundância alcançará insuperáveis vitórias". É claro que isso se aplica mais às situações em que a força se iguala ou é sobrepujada pela do inimigo do que àquelas em que se excede significativamente o inimigo em termos de número, situação essa em que as táticas mais "ortodoxas", como os ataques convergentes, descritos em outros capítulos, podem ser empregados.

Os últimos parágrafos se aventuram na área da motivação e dos meios para realizar o poder estratégico. Sun Pin enfatiza criteriosamente a necessidade de organização e disciplina nas formações; caso contrário, qualquer disposição será tomada pela possibilidade de gerar internamente o caos. Não obstante, se as tropas são bem tratadas e não são compelidas a empreender o impossível, uma enorme força pode ser forjada. Não manifesto, mas sem dúvida subjacente ao pensamento de Sun Pin, é o conceito de poder estratégico de Sun Tzu e seus efeitos na coerção dos homens para que façam o que se espera, assegurando que o exército obterá êxito, já que as condições necessárias para se executar as táticas – um desequilíbrio no poder – são alcançadas.

31
Cinco instruções

五教法

SUN PIN DISSE:

"Aquele que excele na instrução dos fundamentos não faz mudanças quando dirige o exército em combate. Assim, diz-se que há cinco instruções: instruções para controlar o Estado; instruções para ordenar as linhas; instruções para controlar o exército; instruções para controlar as disposições; e instruções para tornar o combate vantajoso quando os exércitos estão escondidos e não mutuamente visíveis.

"Quais são as instruções para controlar o Estado? Quanto às cinco virtudes de respeito filial, fraternidade e bondade, falta alguma aos combatentes? Então, mesmo que possam manejar um arco, não podem montar um carro. Sendo assim, aqueles que excelem na manobra do arco e da flecha se posicionam à esquerda do carro, aqueles que excelem na condução atuam como condutores, e aqueles a quem faltam ambas as habilidades se posicionam à direita. Assim, três homens são dispostos em um carro; cinco homens compõem um pelotão; dez homens fazem uma linha; cem homens fazem uma companhia; mil homens fazem uma bateria; dez mil homens compõem uma força marcial e as massas podem ser empregadas de numerosas maneiras. As instruções para controlar o Estado são essas.

"Quais as instruções para ordenar as linhas? Os homens do general devem se responsabilizar até por carros quebrados e cavalos exaustos, pois assim fornecem meios para avançar de modo eficiente. Se o general se posiciona em ravinas e pontos fortes, fornece os meios para ser respeitado e assegurar que a força será adequada. As instruções para ordenar as linhas são essas.

"Quais as instruções para controlar o exército? A couraça dos soldados e os assentos metálicos dos carros são os instrumentos que possibilitam a disposição contra o inimigo... Recompensas e honras são os meios de tornar gloriosos aqueles que excelem. Com isso, a disposição será sempre vantajosa e as formações serão sólidas e abundantes. As instruções para controlar o exército são essas.

"Quais as instruções para tornar o combate vantajoso quando as forças estão escondidas e não mutuamente visíveis?..."

COMENTÁRIO

Este capítulo apareceu apenas com a reconstrução revista de 1985 do texto, que aumentou a parte diretamente atribuída a Sun Pin (devido à presença de seu nome no início do capítulo) no material principal para dezesseis capítulos. Embora o capítulo esteja seriamente danificado, o tema básico – cinco instruções destinadas a assegurar que os fundamentos das artes militares sejam bem praticados e compreendidos – permanece claro. O princípio dominante consiste em que o comandante e suas tropas devem estar de acordo, plenamente informados uns sobre o outro, precisamente como na analogia da mente e os quatro membros. Desse modo, como Wu Ch'i e outros apontaram, a instrução para as bases devem ser estritas; por conseguinte, as ordens não devem ser mudadas. Isso possibilita uma abordagem racional e deliberada dos encetamentos de combate, que assegura a capacidade das tropas de executar de modo eficiente um plano de batalha determinado, em vez de se debaterem em uma tentativa falha e desordenada de traduzir improvisações extemporâneas e mesmo confusas em táticas de sobrevivência.

Os princípios subjacentes à divisão das instruções e o conteúdo exato de cada categoria permanecem um tanto enigmáticos, em parte como resultado das graves perdas ocorridas ao longo dos séculos. Entretanto, o primeiro tópico, instruções para controlar o Estado, é centrado não no governo ou em medidas administrativas, mas, em lugar disso, enfatiza a necessidade de valores éticos, para que os soldados sejam marcados por características que os tornem confiáveis e exemplares. Isso é talvez único, já que a maioria dos escritos militares fala sobre a virtude como essencial aos administradores e generais, e mesmo aos oficiais de patente mais baixa, mas não aos soldados ordinários, que eram normalmente treinados para resposta imediata e obediência, não para o cultivo da virtude. É claro que o parágrafo pode não estar tratando das massas de tropas ordinárias, mas talvez de apenas uns poucos escolhidos, os combatentes de elite, ou mesmo os oficiais. Qualquer que seja o escopo, a importância é clara e os méritos notáveis.

O primeiro parágrafo também reflete a atribuição de deveres nas guerras com carros do modo como eram efetuadas a partir de Shang: três homens, com o arqueiro (que era também o comandante) à esquerda, o condutor no centro e o especialista em armas de choque à direita para manejar a alabarda. O sistema de organização em décadas era também proeminente, baseado em um pelotão de cinco, mas que se expandia a companhias de cem e exércitos de dez mil, em lugar da sequência piramidal comum de cinco – vinte e cinco – cento e vinte e cinco que alcança exércitos de até 12.500. O sistema baseado em décadas caracterizou os estados periféricos, ao contrário do período inicial de Chou e dos estados planos centrais influenciados por este, o que será discutido em nossos outros trabalhos.

As instruções para ordenar e preparar as linhas são infelizmente fragmentadas, mas mais uma vez a importância de ocupar ravinas e explorar pontos fortes, como discutido em outros capítulos, é evidente. A necessidade de conservar o material de guerra, como carros e cavalos, reflete a ênfase dada pela família Sun à economia da guerra, e também uma nova abordagem (ao menos conforme o material escrito remanescente) à prática do maneio de materiais, para assegurar meios logísticos adequados quando necessário.

O terceiro parágrafo aparentemente enfatizaria as virtudes da defesa em munir o inimigo de um sentimento de segurança, em garantir que ele esteja disposto a se arriscar ao perigo e à batalha. Como disse Wu Ch'i em "Controlando o exército": "Se as armas estão afiadas e a defesa vigorosa, os homens facilmente travarão batalha." É provável que Sun Pin construa uma ponte de efeitos na parte que está faltando, partindo do vigor da defesa aos homens que manifestam uma segurança inconteste em suas disposições, e que com isso concretizam o potencial estratégico do exército no combate.

Os dois últimos tópicos foram irreparavelmente perdidos. Dos dois, o método para controlar um exército quando o inimigo não pode ainda ser visto – ao contrário de um inimigo visto, cujas capacidades e táticas, embora não ainda perceptíveis, possam ser investigadas e por outro lado submetidas a análise e avaliação –, mas do qual se sabe que se posiciona a alguma distância, seria de grande interesse, já que não é tratado em nenhuma outra passagem dos *Métodos militares* ou nos outros escritos militares.

32

Empregando a cavalaria
(Suplemento extraído do *T'ung Tien*)

騎兵

SUN PIN DISSE:

"Ao empregar o exército, há dez objetivos táticos para os quais a cavalaria é vantajosa:

"Primeiro, quando se deslocando para se contrapor a um inimigo com o intuito de chegar na frente.

"Segundo, para explorar lacunas na retaguarda do inimigo.

"Terceiro, para perseguir os dispersos e assaltar os caóticos.

"Quarto, quando se deslocando para se contrapor a um inimigo, para atacar sua retaguarda e o forçar a fugir.

"Quinto, para deter provisões e mantimentos, para interceptar as estradas do exército.

"Sexto, para derrotar forças em vaus e estreitos, para abrir grandes e pequenas pontes.

"Sétimo, para surpreender tropas despreparadas, para assaltar brigadas quando desorganizadas.

"Oitavo, para atacar a lassidão e a indolência, para avançar onde não se espera.

"Nono, para incinerar suprimentos armazenados e esvaziar rotas de mercado.

"Décimo, para pilhar os campos e o interior, para constranger suas crianças.

"Para esses dez objetivos táticos é vantajoso empregar a cavalaria na guerra. A cavalaria é, pois, capaz de separar e combinar, dispersar e agregar. Cem quilômetros compreendem um período de marcha; mesmo que percorra mil quilômetros, seu ir e vir é ininterrupto. Assim, é denominada 'a arma para separar e combinar'."

COMENTÁRIO

Esta passagem altamente coerente, preservada no *T'ung Tien*, discute explicitamente as circunstâncias em que seria vantajoso explorar a velocidade e a flexibilidade da cavalaria para atingir objetivos táticos. Por séculos acreditou-se que esta era a única passagem remanescente do trabalho de Sun Pin, a qual foi tomada como evidência de sua existência por aqueles que continuaram a acreditar que tanto Sun Tzu quanto Sun Pin redigiram trabalhos militares originais, em lugar de crer que Sun Pin apenas editara o esforço do primeiro.

O tema do capítulo concorda com o que foi preservado em *A arte da guerra* e nos *Métodos militares* de Sun Pin, creditando a sua atribuição à família Sun. Além disso, faz paralelo com um capítulo intitulado "A cavalaria em batalha" encontrado nos *Seis ensinamentos secretos*, repetindo as condições sob as quais a cavalaria mais deve ser empregada.

Naturalmente, a questão real é a de se a cavalaria já havia se tornado um braço operacional na época de Sun Pin, o que se opõe à opinião dos estudiosos (ao menos no Oeste) até hoje. A inclusão de determinadas afirmações nos próprios *Métodos militares*, exceto se inseridas ou emendadas por editores posteriores, sugere fortemente essa possibilidade, assim como o remanescente de *T'ung Tien*. Entretanto, a proveniência e transmissão deste último é imperscrutável e, embora altamente congruente com os escritos de Sun Pin, pode ser simplesmente uma formulação posterior atribuída a ele apenas para emprestar um ar de autenticidade, particularmente porque seu trabalho havia desaparecido das bibliotecas imperiais. (Isso não nega completamente a possibilidade de que tenha sido mantido em bibliotecas secretas ou famílias com tradições militares, mas indica que não era mais encontrado nem mesmo em círculos limitados.)

33
Atacando o coração
(Um fragmento do *T'ai-p'ing Yu-lan*)

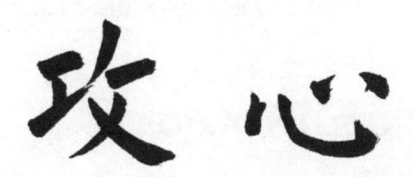

攻心

Sun Pin de Ch'i se dirigiu ao rei de Ch'i dizendo: "Pois bem, no Tao para atacar outros estados, assaltar seus corações é o mais importante. Concentra em primeiro fazer com que seus corações capitulem. Aquilo, pois, que Ch'in confia como seu coração são Yen e Chao. Eles estão prestes a se apoderar da autoridade de Yen e Chao. Então, se hoje exercitares tua persuasão sobre as regras de Yen e Chao, não utilizes palavras vagas e frases vazias. Deves virar seus corações com a perspectiva de lucros substanciais. Isto é o que é denominado atacar o coração."

COMENTÁRIO

Esta discussão sucinta presente no *T'ai-p'ing Yu-lan* evidencia um jogo de palavras mais característico dos escritos do final do período dos Reinos Combatentes do que propriamente da época de Sun Pin e pode mesmo ter sido escrito muitos séculos após sua morte. Entretanto, ajudou a preservar sua imagem como uma figura histórica e parece pertencer ao gênero discursivo chinês. O parágrafo simplesmente remete ao significado dual do termo *hsin*: "coração" e "mente". Obviamente, quando significa uma localização física, compreende-se imediatamente "coração". Porém, para além desse caso restrito, um significado nunca exclui completamente o outro, como quando Sun Pin menciona "assaltar seus corações" e "fazer com que seus corações (mentes) capitulem".

Índice de conceitos estratégicos e princípios táticos

Este índice engloba apenas os conceitos estratégicos e os princípios táticos incorporados nos textos originais de *A arte da guerra* e *Métodos militares*, excluindo, assim, a introdução geral ou os comentários do tradutor. As referências designam individualmente os números dos capítulos no interior de cada livro: "*AG*" indica *A arte da guerra*, e "*MM*", *Métodos militares*. Foi privilegiada não a compreensão plena, mas a identificação de princípios táticos significativos, conceitos militares fundamentais e passagens esclarecedoras. Ao se utilizar o índice, devem-se também buscar conceitos relacionados. Muito embora alguns princípios táticos tenham sido explicitamente observados, na maioria dos casos há várias possibilidades para quaisquer situações particulares – como a defasagem em número – e portanto apenas uma categoria geral foi indicada. Conceitos fundamentais, como "configurações de terreno", invariavelmente implicam inúmeras possibilidades táticas e são, portanto, classificadas sob "conceitos", em lugar de princípios associados.

ÍNDICE

CONCEITOS, TEORIAS E PRÁTICAS MILITARES ESSENCIAIS

Agouros: *AG* 11; *MM* 22
Ataque e defesa
　Ataque: *AG* 1, 3, 4, 6, 10, 11, 14; *MM* 1, 3, 7, 8, 9, 10, 14, 16, 17, 19, 20, 21, 22, 27, 29, 32, 33
　Defesa: *AG* 1, 4, 6, 8, 11, 14; *MM* 2, 3, 4, 8, 12, 14, 16, 19, 21, 22
Avaliar o inimigo: *AG* 1, 6, 9; *MM* 3, 5, 7, 30
　Estimar chances: *AG* 1, 3, 4, 6, 8, 10, 13; *MM* 3, 4, 7, 19
　Determinar o terreno: *AG* 6, 7, 11; *MM* 5, 7
　Empregar espiões: *AG* 13; *MM* 5
　Evitar forças inimigas potentes: *AG* 1, 3, 7; *MM* 8, 28
　Reunir inteligência militar: *AG* 7, 11, 13; *MM* 3, 4, 5, 7
　Travar guerra apenas quando a vitória é possível: *AG* 1, 12; *MM* 3, 6, 7, 12, 19, 20
Batalhas noturnas: *AG* 7; *MM* 14
Bem-estar do povo (essencial): *AG* 2; *MM* 5, 15
Comando e controle
　Avaliar e selecionar homens: *AG* 5; *MM* 11
　Disciplina militar: *AG* 1, 4, 9, 10; *MM* 14
　Fundamentos: *AG* 7, 8, 9, 11; *MM* 5, 9, 10, 20
　Generais
　　Conhecimento: *AG* 1, 2, 3, 4, 8, 10; *MM* 7, 9, 23
　　Credibilidade: *MM* 23
　　Falhas: *AG* 1, 3, 8, 10; *MM* 7, 9, 10, 25, 26
　Independência: *AG* 3, 8, 10; *MM* 5, 24
　Qualificações: *AG* 1, 4, 10, 11, 13; *MM* 5, 7, 9, 10, 12, 23, 24
　Virtude: *MM* 2, 5, 23, 31
Instrumentos de controle
　Bandeiras e flâmulas: *AG* 2, 7, 9; *MM* 9, 14, 16
　Gongos: *AG* 7; *MM* 14, 16
　Tambores: *AG* 7; *MM* 3, 4, 9, 17, 31
　Motivando os homens: *AG* 1, 2, 14; *MM* 3, 9, 11, 12, 13, 14, 16, 30
　Organização militar: *AG* 1, 3, 4, 5, 7, 10, 11; *MM* 14, 31
　Recompensas e punições: *AG* 1, 2, 7, 9, 11, 13, 14; *MM* 3, 5, 11, 12, 13, 24, 30
Dúvida: *AG* 11; *MM* 14, 22, 26
Exército: *MM* 9, 10, 21
Forças componentes
　Carros: *AG* 2, 9, 14; *MM* 7, 31
　Cavalaria: *AG* 14; *MM* 7, 32
　Elite: *AG* 14; *MM* 3, 5, 7, 14, 16, 17, 18
　Empregar apropriadamente: *MM* 14
　Infantaria: *MM* 14
Formações, conceitos fundamentais: *MM* 3, 7, 9, 10, 14, 16, 29
Grupos de armas: *AG* 2, 14; *MM* 4, 9, 10, 14, 16, 17, 19
Guerra, Tao da: *AG* 1, 3, 4, 6, 7, 10, 12; *MM* 2, 6, 9, 19, 21, 22, 30
Logística: *AG* 1, 2, 3, 7, 13; *MM* 8
Medidas defensivas
　Estrepes: *MM* 4
　Fortificações (muralhas, baluartes): *AG* 14; *MM* 16, 20, 22

Fossos: *AG* 14; *MM* 4, 16
Valas: *MM* 4, 16, 20
Ortodoxo e heterodoxo
  Heterodoxo: *AG* 5, 14; *MM* 14, 29, 30
  Ortodoxo: *AG* 5; *MM* 30
Poder estratégico: *AG* 1, 4, 5, 6, 10, 14; *MM* 2, 5, 9, 14, 16, 18, 19, 21, 30
  Desequilíbrio de, explorar: *AG* 1, 7; *MM* 14, 19
Psicologia do *ch'i* (espírito) na guerra: *AG* 2, 3, 7, 10, 11, 14; *MM* 13, 16, 19
Unidade: *AG* 1, 3, 7, 11; *MM* 3, 9, 10, 11, 14, 16, 22
Vacuidade e substância: *AG* 5, 6
  Vacuidade: *AG* 11
Wen e Wu (civil e marcial): *AG* 9

PRINCÍPIOS TÁTICOS ESSENCIAIS

Alianças, formar e atacar: *AG* 3, 7, 8, 11, 14
Amorfo, ser: *AG* 6, 11; *MM* 30
Ardiloso, ser: *AG* 1, 5, 7, 14; *MM* 3, 14, 17
Atacar os planos do inimigo: *AG* 3
Atacar quando e onde não se espera: *AG* 1, 6, 14; *MM* 3, 7, 32
Campanhas prolongadas e batalhas numerosas – evitar: *AG* 2, 3; *MM* 2, 5, 6, 28
Cercar o inimigo: *MM* 14
Condições sanitárias, manter: *AG* 9; *MM* 8
Confundir, separar e desordenar o inimigo: *MM* 3, 9, 14, 17
Desestabilizar o inimigo levando-o ao movimento: *AG* 6, 14; *MM* 1, 3, 14, 17, 20, 28

Dividir as forças do inimigo: *AG* 6, 11; *MM* 1, 3, 16, 17, 19, 20
Emboscadas, empregar: *AG* 14; *MM* 3, 14, 17
Enfraquecer o inimigo, explorar pelo ataque
  Aqueles que vadeiam rios: *MM* 8, 14
  Controlar as deficiências: *AG* 8; *MM* 23, 25, 26
  Expectativas: *MM* 26
  Os cansados e debilitados: *AG* 6, 7; *MM* 1, 26, 27
  Os confusos: *AG* 3; *MM* 7, 17
  Os desalentados: *MM* 13, 14, 19, 26
  Os desordenados: *AG* 3, 7; *MM* 17, 26, 32
  Os despreparados: *AG* 6, 10, 11; *MM* 3, 17, 26, 32
  Os desunidos: *MM* 13, 17, 26
  Os duvidosos: *AG* 3; *MM* 14, 17
  Os esfomeados: *AG* 7
  Os fracos: *MM* 5, 7, 8
  Os ignorantes: *MM* 26
  Os lassos e negligentes: *AG* 11, 14; *MM* 17, 26, 32
  Os lentos: *MM* 29
  Os limitados: *MM* 8, 14
  Os temerosos e aterrorizados: *MM* 21, 26
  Os vulneráveis e expostos: *MM* 27, 28, 30
  Vazios (vacuidades): *AG* 6, 14; *MM* 17, 26, 27, 29, 30, 32
Flexível, ser: *MM* 2, 3, 16, 22, 30
Força concentrada: *AG* 6; *MM* 17
Formações específicas
  Aguda: *MM* 17, 18
  Alongada: *MM* 14, 17
  Aquática: *MM* 16
  Ascensão Obscura: *MM* 16

ÍNDICE

Circular: *AG* 5; *MM* 14, 16, 17
Composição em Nuvem: *MM* 14
Concentrada: *MM* 16
Densa: *MM* 29
Difusa: *MM* 16, 17, 19
Emaranhada: *MM* 14
Em forma de cesta: *MM* 17
Em Gancho: *MM* 16, 18
Fechada: *MM* 14
Frente forte: *MM* 9, 10, 14, 16
Gansos Selvagens: *MM* 3, 16
Horizontal Extensa: *MM* 17
Incendiária: *MM* 16
Oito: *MM* 7
Pântano Flutuante: *MM* 14
Penetrante: *MM* 14
Quadrada: *MM* 14, 16, 17
Sólida: *MM* 3
Sovela: *MM* 3, 14, 16
Temerária: *MM* 14
Tufão: *MM* 14
Vento Feroz: *MM* 3
Inesperado: *AG* 6, 14; *MM* 3
Iniciativa, apoderar-se da: *MM* 14
Interromper as linhas de suprimento do inimigo: *AG* 14
Limite e medida (ser controlado): *AG* 11; *MM* 3, 5
Manipular (compelir) o inimigo: *AG* 1, 5, 6, 7; *MM* 1, 3, 14, 20, 28, 29
   Ameaçando-o: *AG* 5, 6, 8
   Apoderando-se do que ele valoriza ou necessita: *AG* 6, 11, 14; *MM* 1, 17, 28
   Aproveitando-se de seu caráter e emoções: *AG* 1; *MM* 1, 3, 17, 21
   Atraindo-o com lucro aparente: *AG* 1, 5, 6, 7, 8, 14; *MM* 1, 3, 7, 14, 17, 18, 21
   Cansando e debilitando-o: *AG* 1; *MM* 3, 14, 20, 29
   Confundindo-o: *MM* 9, 14, 16, 21
   Desorganizando-o: *AG* 1; *MM* 9, 14, 16, 20, 21
   Enganando-o: *AG* 14; *MM* 1, 3, 14, 17
   Estorvando-o e enfraquecendo-o psicologicamente: *MM* 19, 20, 28
   Fingindo derrota e retirada caótica: *MM* 17
   Frustrando-o: *AG* 6, 8; *MM* 20
   Incitando-o à ação: *AG* 1, 5, 14
   Mantendo-o ignorante: *AG* 6, 11; *MM* 3
   Transformando força em fraqueza: *AG* 1, 6; *MM* 20
Manter o esforço: *MM* 3, 5, 6
Oportuno, ser: *MM* 19, 22
Percepção errônea e desordem, empregar métodos para causar
   Multiplicar bandeiras e fogueiras: *MM* 9, 14, 16
   Produzir alarido e ruído: *MM* 21
Planejar e se preparar minuciosamente: *AG* 1, 3, 6, 8, 9; *MM* 2, 3, 14, 20, 22
Postura defensiva, assumir uma fortificada: *AG* 14; *MM* 3, 4, 8, 14, 16
Pressionar o inimigo, explorar a vitória: *AG* 12; *MM* 3, 14, 16, 19, 21
Proteger suprimentos essenciais, manter linhas de suprimento: *AG* 2, 10, 11, 14; *MM* 8, 14
   Pilhar e saquear: *AG* 2, 7, 11, 14; *MM* 8
Resoluto, ser: *AG* 2; *MM* 18, 19, 22, 23, 26
Segmentar suas forças e reunir: *AG* 7, 14; *MM* 7, 14, 17, 32
   Estabelecer uma força de reserva: *MM* 3, 7, 9, 16
Segurança, organizar e assegurar: *MM* 9, 14

Surpresa, empregar: *MM* 14, 32
Terreno, conceito de: *AG* 1, 4, 8, 10, 11; *MM* 8
    Evitar terrenos desvantajosos: *MM* 8
    Explorar: *AG* 7; *MM* 3, 4, 6, 7, 17, 19
Variar as táticas: *AG* 6, 11; *MM* 2
Veloz e explosivo, ser: *AG* 2, 7, 11, 14; *MM* 5, 14, 19
Vento, clima e condições naturais, explorar: *AG* 1, 12, 14; *MM* 6, 8

SITUAÇÕES COMUMENTE ENCONTRADAS E TÁTICAS SELECIONADAS

Medidas Ofensivas

Ataques
    Aquático: *AG* 12; *MM* 14, 16
    Contra: *MM* 16
    Incendiário: *AG* 12; *MM* 14, 16, 32
    Surpresa: *MM* 32
Ataques, objetivos:
    Cidades (inclusive cercos): *AG* 3, 8, 11; *MM* 14, 17, 27
    Flancos: *MM* 3, 14, 16, 17
    Forças de elite: *MM* 3
    Formações. *Ver formações específicas*
    Fortificações: *MM* 3
    Linhas de suprimento: *MM* 14
    Os cercados: *MM* 14
    Os dispersos: *MM* 14
    Os flexíveis: *MM* 21
    Os fortes, bem ordenados: *MM* 7
    Os limitados: *MM* 26
    Os pesados: *MM* 14
    Os sólidos: *MM* 3
    Tropas vadeando: *MM* 8
Configurações de terreno – conceitos e táticas associadas
    Acessível: *AG* 10
    Alturas: *AG* 9, 10; *MM* 8
    Atravessável: *AG* 11, 14
    Capcioso: *AG* 8, 11, 14
    Circundado: *AG* 8, 11, 14
    Contencioso: *AG* 8, 11, 14; *MM* 17
    Delimitado: *AG* 8, 11, 14
    Desfiladeiros: *AG* 11, 14
    Desvantajoso: *MM* 8
    Difícil: *AG* 1, 14
    Dispersivo: *AG* 11, 14
    Distante: *AG* 1, 10
    Extenso: *AG* 1, 10
    Fácil: *AG* 1, 9; *MM* 7, 13, 14, 17
    Fatal: *AG* 1, 6, 7, 8, 9, 11, 14; *MM* 7, 8
    Florestas: *AG* 7, 9, 11; *MM* 8, 14
    Íngreme: *AG* 10, 14
    Isolado: *AG* 8
    Leve: *AG* 11, 14
    Limitado: *AG* 1
    Montanhas: *AG* 7, 9, 11, 14; *MM* 8, 14, 17
    Mortal: *AG* 8
    Pantanais: *AG* 7, 9, 11; *MM* 3, 8
    Paralisado: *AG* 10
    Pesado: *AG* 8, 11, 14
    Próximo: *AG* 1, 10
    Ravinas e estreitos: *AG* 7, 9, 10, 11, 14; *MM* 14, 17
    Restrito: *AG* 10; *MM* 26
    Rios e lagos: *AG* 9, 14; *MM* 3, 8
    Suspenso: *AG* 10
    Sustentável: *AG* 1, 6, 9; *MM* 7, 8
    Vales: *AG* 7, 9, 14
    Vegetação densa: *AG* 9, 14; *MM* 14
Força relativa:
    Equivalente: *AG* 3, 4, 10, 14; *MM* 3, 17
    Inferior à do inimigo: *AG* 1, 3, 4, 6, 9, 10, 14; *MM* 3, 4, 7, 8, 14, 16, 17, 19, 20, 21, 28

Reserva: *MM* 3, 17
Retiradas: *AG* 10, 14; *MM* 3, 14
Superior à do inimigo: *AG* 3, 4, 6; *MM* 3, 7, 14, 29
Invadindo e ocupando território inimigo ("hóspede"): *AG* 7, 8, 11, 14; *MM* 19, 21
Mobilizando o exército: *MM* 13
Perscrutando o inimigo: *MM* 3
Perseguindo um inimigo que se retira: *AG* 7, 14; *MM* 14, 32

Medidas Defensivas

Conflito intenso: *MM* 14
Contra a infantaria: *MM* 14
Contra ataques aquáticos: *MM* 16
Contra ataques incendiários: *MM* 16
Contra ataques laterais: *MM* 12
Contra cercos: *AG* 14; *MM* 2
Contra emboscadas: *AG* 9
Contra impedir de ser cercado: *AG* 14
Contra inimigos superiores: *MM* 4, 14, 16, 17, 21
Contra invasores e súbitos incursores: *AG* 9, 14; *MM* 3, 14
Grupos de armas: *MM* 14
Para evitar travar combate com o inimigo: *MM* 3
Para resgatar suas próprias forças: *MM* 14, 28
Para retiradas: *AG* 6; *MM* 3, 14
Para terrenos fatais: *MM* 4
Para terrenos restritos: *MM* 4, 17

Impressão e acabamento:

Orgrafic
Gráfica e Editora
tel.: 25226368